安徽省高等学校"十四五"省级规划教材
普通高等学校经管类精品教材

管理学基础

第 3 版

主编 郑承志

中国科学技术大学出版社

内容简介

本书针对财经及商贸类专业的培养目标,围绕中层及基层管理岗位对综合管理技能的要求,以强化管理基础知识与先进管理思想的学习,提升学习者的计划与决策能力、组织与人事管理能力、领导与沟通能力和控制与绩效考核能力等为目标,本着"原理先行、实务跟进、案例同步"的原则,从认知管理入手,系统地阐释了管理思想的演进、计划与决策、目标与战略、组织设计与变革、领导、沟通、激励、控制和创新等内容。

图书在版编目(CIP)数据

管理学基础/郑承志主编.—3版.—合肥:中国科学技术大学出版社,2020.3
(2023.10重印)
ISBN 978-7-312-04872-2

Ⅰ.管… Ⅱ.郑… Ⅲ.管理学 Ⅳ.C93

中国版本图书馆 CIP 数据核字(2020)第 022418 号

出版	中国科学技术大学出版社 安徽省合肥市金寨路 96 号,230026 http://press.ustc.edu.cn https://zgkxjsdxcbs.tmall.com
印刷	安徽国文彩印有限公司
发行	中国科学技术大学出版社
经销	全国新华书店
开本	710 mm×1000 mm　1/16
印张	16.25
字数	337 千
版次	2008 年 1 月第 1 版　2020 年 3 月第 3 版
印次	2023 年 10 月第 9 次印刷
定价	36.00 元

前　　言

在安徽省教育厅和中国科学技术大学出版社的支持下,2014年,我们编写的安徽省高等学校"十二五"省级规划教材《管理学基础》(第2版)由中国科学技术大学出版社出版。几年来,该教材得到了广大同行和读者的充分肯定,对于传播管理学基础理论和培养学生的基本管理技术技能作出了积极的贡献。

2019年1月,国务院印发《国家职业教育改革实施方案》(国发〔2019〕4号),为职业教育改革发展指明了方向。根据教学改革和教材建设新要求,我们启动了教材的修订工作,经过认真的调研、论证、修改,形成了第3版教材。同时,该教材申报了安徽省高等学校"十三五""十四五"省级规划教材,皆获安徽省教育厅批准立项。

本教材的修订,以全面贯彻落实《国家职业教育改革实施方案》为指针,按照"服务需求、促进发展"的要求,以能力培养为主线,突出对管理学基本原理、基本方法的讲述与管理技能的培养,体现了高等职业教育的应用性、技术性与实用性的特点。为反映本教材的"基础"特色,在内容上,以基层管理工作岗位对管理技术技能的需求作为取舍标准,努力引入最新的管理知识与本土企业的优秀管理成果;在形式上,基于"能力本位",大幅增加图、表、案例的比例,设置"引例""小思考""同步案例""补充阅读材料""本章小结""基本训练"等栏目,努力激发学生的学习兴趣,增强学生的学习效果,并提高其实践能力。

本书由郑承志教授主编,其具体承担拟定提纲、组织编写及统稿等工作。汤飚教授担任副主编,协助主编完成了部分工作。具体编写分工如下:郑承志教授编写第1、2、3、4章,郭伟副教授编写第5、6、7章,汤飚教授编写第8、9、10章。

本书在编写过程中,参阅了不少文献,得到了安徽省教育厅、安徽商贸职业技术学院、中国科学技术大学出版社等有关单位领导、专家的支持,在此一并致谢!

因时间及精力有限,书中不妥与疏漏之处在所难免,敬请广大的同行、读者指正。

编　者

目　　录

前言 ……………………………………………………………（ⅰ）
第1章　认知管理 ………………………………………………（1）
　1.1　管理与管理者 …………………………………………（2）
　　1.1.1　什么是管理 ………………………………………（2）
　　1.1.2　管理的属性 ………………………………………（3）
　　1.1.3　管理职能 …………………………………………（5）
　　1.1.4　管理者的类型与技能 ……………………………（6）
　1.2　管理机制与管理方法 …………………………………（9）
　　1.2.1　管理机制 …………………………………………（9）
　　1.2.2　管理方法 …………………………………………（13）
　1.3　管理道德与社会责任 …………………………………（16）
　　1.3.1　管理者的社会道德 ………………………………（16）
　　1.3.2　企业社会责任 ……………………………………（18）
第2章　管理思想的演进 ………………………………………（25）
　2.1　近代管理理论 …………………………………………（26）
　　2.1.1　科学管理理论 ……………………………………（26）
　　2.1.2　一般管理理论 ……………………………………（28）
　　2.1.3　行政组织理论 ……………………………………（30）
　　2.1.4　人际关系理论 ……………………………………（31）
　2.2　现代管理理论 …………………………………………（33）
　　2.2.1　系统管理理论 ……………………………………（33）
　　2.2.2　权变管理理论 ……………………………………（35）
　　2.2.3　行为科学理论 ……………………………………（37）
　　2.2.4　数理理论 …………………………………………（38）
　2.3　当代管理思想 …………………………………………（39）
　　2.3.1　人本管理思想 ……………………………………（39）
　　2.3.2　学习型组织理论 …………………………………（42）
　　2.3.3　组织再造理论 ……………………………………（43）

2.3.4　虚拟企业 …………………………………………………（45）

第3章　计划与决策 ………………………………………………（50）
　3.1　计划 …………………………………………………………（51）
　　3.1.1　计划的概念与特点 …………………………………………（51）
　　3.1.2　计划的表现形式与类型 ……………………………………（54）
　　3.1.3　计划的编制过程与方法 ……………………………………（56）
　3.2　决策 …………………………………………………………（61）
　　3.2.1　决策的概念与类型 …………………………………………（61）
　　3.2.2　决策的程序 …………………………………………………（63）
　　3.2.3　决策的方法 …………………………………………………（66）

第4章　目标与战略 ………………………………………………（78）
　4.1　目标 …………………………………………………………（79）
　　4.1.1　组织的使命与目标 …………………………………………（79）
　　4.1.2　制定目标的原则 ……………………………………………（81）
　　4.1.3　目标管理 ……………………………………………………（82）
　4.2　战略 …………………………………………………………（86）
　　4.2.1　战略的特征与层次 …………………………………………（86）
　　4.2.2　战略环境分析 ………………………………………………（90）
　　4.2.3　战略的制定 …………………………………………………（94）

第5章　组织设计与变革 …………………………………………（98）
　5.1　组织工作概述 ………………………………………………（100）
　　5.1.1　组织工作的内容与特点 ……………………………………（100）
　　5.1.2　组织的类型 …………………………………………………（101）
　　5.1.3　组织工作的原则 ……………………………………………（103）
　5.2　组织设计 ……………………………………………………（105）
　　5.2.1　组织设计的程序 ……………………………………………（105）
　　5.2.2　组织设计的任务 ……………………………………………（108）
　5.3　组织结构 ……………………………………………………（117）
　　5.3.1　组织结构的构成与特征 ……………………………………（117）
　　5.3.2　组织结构的基本形式 ………………………………………（118）
　5.4　组织变革 ……………………………………………………（124）
　　5.4.1　组织变革的动因 ……………………………………………（124）
　　5.4.2　组织变革的类型与目标 ……………………………………（125）
　　5.4.3　组织变革的障碍 ……………………………………………（126）

  5.4.4 组织变革的途径 …………………………………………… (127)

第6章 领导 ………………………………………………………… (133)
 6.1 领导的本质与作用 ……………………………………………… (134)
  6.1.1 领导的含义 ………………………………………………… (134)
  6.1.2 领导的作用 ………………………………………………… (136)
 6.2 领导权力与素养 ………………………………………………… (138)
  6.2.1 领导权力 …………………………………………………… (138)
  6.2.2 领导素养 …………………………………………………… (142)
 6.3 领导方式与理论 ………………………………………………… (147)
  6.3.1 人性假设理论 ……………………………………………… (147)
  6.3.2 领导行为理论 ……………………………………………… (149)
  6.3.3 领导权变理论 ……………………………………………… (152)

第7章 沟通 ………………………………………………………… (159)
 7.1 沟通的过程与作用 ……………………………………………… (160)
  7.1.1 沟通的概念与过程 ………………………………………… (160)
  7.1.2 沟通的作用 ………………………………………………… (163)
 7.2 沟通的路径 ……………………………………………………… (164)
  7.2.1 正式沟通 …………………………………………………… (165)
  7.2.2 非正式沟通 ………………………………………………… (169)
 7.3 有效沟通的实现 ………………………………………………… (171)
  7.3.1 有效沟通的障碍 …………………………………………… (171)
  7.3.2 有效沟通的原则与方法 …………………………………… (175)

第8章 激励 ………………………………………………………… (181)
 8.1 激励的原理 ……………………………………………………… (182)
  8.1.1 激励的概念与构成要素 …………………………………… (182)
  8.1.2 激励过程 …………………………………………………… (183)
  8.1.3 激励的功能 ………………………………………………… (184)
 8.2 激励理论 ………………………………………………………… (185)
  8.2.1 内容型激励理论 …………………………………………… (186)
  8.2.2 过程型激励理论 …………………………………………… (190)
  8.2.3 行为改造理论 ……………………………………………… (192)
 8.3 激励方式 ………………………………………………………… (195)
  8.3.1 物质利益激励 ……………………………………………… (195)
  8.3.2 社会心理激励 ……………………………………………… (196)

  8.3.3 工作激励 ……………………………………………………… (198)

第9章 控制 ……………………………………………………………… (203)

 9.1 控制的作用与类型 ………………………………………………… (204)
  9.1.1 控制的作用 ……………………………………………… (204)
  9.1.2 控制的类型 ……………………………………………… (206)
 9.2 控制原理与要求 …………………………………………………… (209)
  9.2.1 控制工作原理 …………………………………………… (209)
  9.2.2 有效控制的要求 ………………………………………… (212)
 9.3 控制过程 …………………………………………………………… (214)
  9.3.1 建立标准 ………………………………………………… (215)
  9.3.2 衡量绩效 ………………………………………………… (218)
  9.3.3 纠正偏差 ………………………………………………… (219)
 9.4 控制技术与方法 …………………………………………………… (221)
  9.4.1 预算控制 ………………………………………………… (221)
  9.4.2 非预算控制 ……………………………………………… (224)

第10章 创新 ……………………………………………………………… (230)

 10.1 创新的概念与类型 ………………………………………………… (231)
  10.1.1 创新的概念 ……………………………………………… (231)
  10.1.2 创新的类型 ……………………………………………… (233)
 10.2 创新的内容 ………………………………………………………… (236)
  10.2.1 思维创新 ………………………………………………… (236)
  10.2.2 技术创新 ………………………………………………… (237)
  10.2.3 制度创新 ………………………………………………… (239)
  10.2.4 结构创新 ………………………………………………… (240)
 10.3 创新过程与组织 …………………………………………………… (241)
  10.3.1 创新过程 ………………………………………………… (241)
  10.3.2 创新组织 ………………………………………………… (243)

参考文献 ……………………………………………………………………… (251)

第 1 章 认知管理

 学习目标

知识目标：掌握管理的概念与属性，明确管理的职能、管理者的技能与素质要求，认识管理的机制、企业的社会责任。

技能目标：领会管理的方法，能结合实际，分析和把握具体管理活动的属性与职能，提高对管理的认识。

基本素养：养成关注管理的习惯，明确管理者的社会道德要求，树立企业的社会责任意识。

 引 例

"格力电器"上榜《财富》"世界500强"

珠海格力电器股份有限公司成立于1991年，是目前全球最大的集研发、生产、销售、服务于一体的国有控股专业化空调企业，2018年实现营业总收入2000.24亿元，成为中国营收冲破2000亿元大关的上市家电公司。格力空调是中国空调业唯一的"世界名牌"产品。格力电器业务遍及全球100多个国家和地区，其飞速发展源于对自主创新实力的锻造，即自主创新助力高质量发展。截至目前，格力拥有24项"国际领先"技术，在家用空调、中央空调、智能装备等多个领域上占据技术高地。

作为一家专注于空调产品的大型电器制造商，"格力电器"确立了"打造百年企业"的发展目标，致力于为全球消费者提供技术领先、品质卓越的空调产品，格力电器在管理上"以制求存，以治谋远"，倡导12字的管理方针（"三公方针"）——公平公正、公开透明、公私分明；提出"三讲"——讲真话，干实事；讲原则，办好事；讲奉献，成大事。公司管理上的合理化、科学化、标准化和网络化特色，为其用自己的"工业精神"缔造"世界最大的空调帝国"奠定了良好基础。

资料来源：根据格力电器股份有限公司官方网站和有关资料整理。

> **思 考**
> 1. 格力电器的管理给你留下了哪些印象？
> 2. 格力空调的发展为其他企业打造"世界名牌"提供了什么样的经验？

1.1 管理与管理者

美国著名管理学家彼得·德鲁克曾经说过："在人类历史上，还很少有什么事比管理学的出现和发展更为迅猛，对人类具有更为重大和更为激烈的影响。"管理是一种常见的活动，现代社会中，人人都在参与管理。管理又是一个十分复杂的过程，与经济、社会、政治、文化、历史、技术等紧密相关，研究与学习管理学，必须博采众长、融会贯通，才能学到其精髓。

1.1.1 什么是管理

1. 管理的必然性

（1）管理是共同劳动的产物。劳动分工是共同劳动的客观要求，在多个人进行集体劳动的条件下，为使劳动有序进行和获取更多的劳动成果，就必须对有分工的劳动进行组织与协调，这就是管理。因此，管理是共同劳动的客观要求。

（2）管理在社会化大生产条件下得到强化和发展。随着生产力的发展，生产社会化程度的提高，企业规模的扩大，资源配置越来越复杂，各生产环节相互依赖性越来越强，这些都要求更高水平和更加规范的管理。管理在社会化大生产条件下迅速得到强化与发展。

（3）管理广泛适用于社会的一切领域。简而言之，凡有人群的地方都需要管理。从人类历史的野蛮时代到现代社会，从工商企业到政府机关、事业单位及其他一切组织，从治国安邦到生产经营、社会生活，无不存在管理，无不需要管理，无不依赖管理。因此，管理具有普遍性。

（4）管理已成为现代社会极为重要的社会机能。随着生产力的发展，人类文明的进步，经济社会日益现代化，管理作为不可缺少的社会机能，其作用日益增强。管理是保障社会与经济秩序，合理配置资源，有效协调与指挥社会各类活动，调动人的积极性，实现社会及各组织目标的关键性手段。没有现代化的管理，就没有现代化的社会。

2. 管理的概念

在人类社会发展的历史上，管理学者们对管理的定义做了大量的研究，并从不同的角度和侧重点,给出了大量的关于管理的定义。泰勒认为,管理是一门研究怎样建立目标,然后用最好的方法经过他人的努力来达到目标的艺术;法约尔认为,管理就是计划、组织、指挥、协调、控制;西蒙提出管理就是决策;美国管理协会则将管理定义为通过他人的努力来达到目标。

到底什么是管理呢?管理就是通过计划、组织、领导和控制,协调以人为中心的组织资源与职能活动,以有效实现目标的社会活动。据此,管理的定义包括了以下涵义:

(1) 管理的目的是有效实现目标。所有的管理行为,都是为实现目标服务的。因为实现目标的管理才是有意义的管理。

(2) 实现目标的手段是计划、组织、领导和控制。任何管理者,大到国家总理,小到企业班组长,要实现管理目标就必须实施计划、组织、领导、控制等管理行为与过程。

(3) 管理的本质是协调。要实现目标,就必须使资源与职能活动协调,而执行具体职能的直接目标与结果就是使资源与活动相协调,以提高效率。因此,所有的管理行为在本质上都是协调问题。

(4) 管理的对象是以人为中心的组织资源与职能的活动。一方面,管理的对象是各种组织资源与各种实现组织功能目标的职能活动;另一方面,人是管理的核心要素,所有的资源与活动都是以人为中心的。所以,管理最重要的是对人的管理。

1.1.2 管理的属性

管理的属性,也就是管理的性质。在社会化大生产条件下,管理具有两重性。这是由生产过程本身的两重性决定的。由于生产过程是由生产力和生产关系组成的统一体,决定了管理也具有组织生产力与协调生产关系两重功能,从而使管理具有两重性。

1. 管理两重性原理

一方面,管理是人类共同劳动的产物,具有同生产力和社会化大生产相联系的自然属性;另一方面,管理同生产关系、社会制度相联系,具有社会属性。

2. 管理的自然属性

管理的自然属性也称管理的生产力属性或一般性。在管理过程中,为有效实现目标,要对人、财、物、技术、信息等资源进行合理配置,对产、供、销及其他职能活动进行协调,以实现生产力的科学组织。这种组织生产力的管理功能,是由生产力引起的,反映了人同自然的关系,故称为管理的自然属性。管理的自然属性只由生产力决定,而与生产关系、社会制度无关。在历史的发展过程中,管理的自然属性不随社会形态的变化而变化,具有历史长期性,故又称管理的一般性。例如,一些资本主义企业所采用的现代化管理方法与技术,在社会主义企业管理中,只要是适合生产的,也是完全可以应用的。

3. 管理的社会属性

管理的社会属性也称管理的生产关系属性或管理的特殊性。在管理过程中,为维护生产资料所有者利益,需要调整人们之间的利益分配,协调人与人之间的关系。这种调整生产关系的管理功能,反映的是生产关系与社会制度的性质,故称管理的社会属性。管理的社会属性是由与管理相联系的生产关系和社会制度的性质决定的。在历史发展的过程中,管理的社会属性体现着统治阶级的意志,带有明显的政治性。故管理的社会属性又称生产关系属性或管理的特殊性。社会主义企业管理与资本主义企业管理的区别也主要反映在管理的社会属性上。资本主义企业管理是为了维护资本主义生产关系,是资本家榨取工人创造的剩余价值的一种手段;而社会主义企业管理则是在维护社会主义生产关系条件下,充分发挥职工的积极性、智慧和创造力,搞活经营,提高效益,实现社会主义生产目的。因此,两者有本质区别。尽管如此,对于一些资本主义企业用来调节生产关系的技术与方法,只要具有科学实用性,在社会主义企业管理中也是可以应用的。

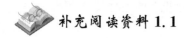
补充阅读资料 1.1

管理既是科学又是艺术

管理是一门科学。管理是人类重要的社会活动,存在着客观规律性。管理作为科学,是指人们发现、探索、总结和遵循客观规律,在逻辑的基础上,建立系统化的理论体系,并在管理实践中应用管理原理与原则,使管理成为在理论指导下的规范化的理性行为。如果不承认管理的科学性,不按规律办事,违反管理的原理与原则,随心所欲地进行管理,必然受到规律的惩罚,导致管理的失败。

管理又是一门艺术。管理虽然需要遵循一定的原理或规范办事,但它绝不是"按图索骥"的照章操作行为。管理理论作为普遍适用的原理、原则,必须结合实际应用才能奏效。管理者在实际工作中,面对千变万化的管理对象,因人、因事、因时、因地制宜,灵活多变地、创造性地运用管理技术与方法解决实际问题,从而在实践与经验的基础上,创造了管理的艺术与技巧。这就是所谓管理是艺术的涵义。把管理只当成科学,排斥管理的艺术,完全按管理原理与原则去刻板地解决管理问题,也必然碰壁,不能取得成功。

1.1.3 管理职能

1. 管理职能的涵义

管理者的管理行为,主要表现为管理职能。管理是人们进行的一项实践活动,是人们的一项实际工作、一种行动。管理职能是"管理者所行使的计划、组织、领导和控制等职能的统称",是管理者实施管理的功能或程序,即管理者在实施管理中所体现出的具体作用及实施程序或过程。管理者的管理职能具体包括管理者的基本职责及执行这些职责的程序或过程。

对于管理职能,管理学界有过许多研究,人们发现在不同管理者的管理职能工作中,管理者往往采用程序类似、内容具有某些共性的管理行为,比如计划、组织、控制等,人们对这些管理行为加以系统性归纳,逐渐形成了"管理职能"这一被普遍认同的概念。所以,普遍接受的观点是,管理职能包括计划、组织、领导和控制。任何管理者,为实现目标,实施有效管理,都要履行计划、组织、领导、控制的职能。

2. 四大管理职能

(1) 计划。计划职能是指管理者为实现组织目标对工作所进行的筹划活动。计划职能一般包括:调查与预测、制定目标、选择活动方式等一系列工作。凡事预则立,不预则废。任何管理者都要执行计划职能,而且要想将管理工作做好,无论大事还是小事都不能缺少事先的筹划。计划职能是管理者首先应具备的职能。

(2) 组织。组织职能是管理者为实现组织目标而建立与协调组织结构的工作过程。组织职能一般包括:设计与建立组织结构,合理分配职权与职责,选拔与配置人员,推进组织的协调与变革等。合理、高效的组织结构是实施管理、实现目标的组织保证。因此,不同层次、不同类型的管理者总是或多或少地承担不同性质的组织职能。

(3) 领导。领导职能是指管理者指挥、激励下级,以有效实现组织目标的行为。领导职能一般包括:选择正确的领导方式;运用权威,实施指挥;激励下级,调动其积极性;进行有效沟通等。凡是有下级的管理者都要履行领导职能,不同层次、类型的管理者领导职能的内容及侧重点各不相同。领导职能是管理过程中最常用、最关键的职能。

(4) 控制。控制职能是指管理者为保证实际工作与目标一致而进行的活动。控制职能一般包括:制定标准、衡量工作、纠正出现的偏差等一系列工作过程。工作失去控制就要偏离目标,没有控制很难保证目标的实现,所以,控制是管理者必不可少的职能。但是,不同层次、不同类型的管理者控制的重点内容和控制方式有很大差别。

3. 正确处理各管理职能之间的关系

（1）要正确理解各管理职能之间的关系。一方面，在管理实践中，计划、组织、领导和控制职能一般是按顺序履行的，即先要执行计划职能，然后是组织、领导职能，最后是控制职能。另一方面，上述顺序不是绝对的，在实际管理过程中这四大职能又是相互融合、相互交叉的。

（2）正确处理管理职能的普遍性与差异性。首先，这四大职能是一切管理者，即不论何种组织、所处何种层次、属于何种管理类型的管理者，都要履行的主要职能。但是，同时也必须认识到，不同组织、不同管理层次、不同管理类型的管理者，在具体履行管理职能时，又存在着很大差异性。例如，高层次管理者更关注计划和组织职能，而基层管理者则更重视领导和控制职能。即使对同一管理职能，不同层次的管理者关注的重点也不同。例如，对于计划职能，高层管理者更重视长远、战略性计划，而基层管理者则更多地考虑短期内执行的计划或者具体的作业计划。

补充阅读资料 1.2

亨利·法约尔

(Henri Fayol, 1841—1925)

法约尔的管理五大职能说

法国的法约尔最早系统提出管理职能。法约尔认为管理的职能包括计划、组织、指挥、协调、控制五个职能，其中计划职能是重点。他认为，组织一个企业就是为企业的经营提供所有必要的原料、设备、资本、人员。指挥的任务要分配给企业的各种不同的领导人，每个领导人都承担各自单位的任务和职责。协调就是指企业的一切工作都要和谐地配合，以便于企业经营的顺利进行，并且有利于企业取得成功。控制就是要证实各项工作是否都与已制订的计划相符合，是否与下达的指示及已定原则相符合。

资料来源：根据有关资料整理。

1.1.4 管理者的类型与技能

1. 管理者的类型

就一般意义而言，管理者是指全部或部分从事管理工作的人员。美国学者德鲁克认为：在一个现代组织里，每一个知识工作者如果能够由于他们的职位和知识，对组织负有贡献的责任，因而能够实质性地影响该组织经营及成果的能力者，即为管理者。这一定义强调管理者首要的标志是必须对组织的目标负有贡献的责任,而不是权力;只要共同承担职能责任,对组织的成果有贡献,他就是管理者,而不在于他是否有下属人员。所以,管理者是指履行管理职能,对实现组织目标负有贡献责任的人。

管理者可以按多种标准进行分类:

(1) 按管理层次划分,管理者可分为高层管理者、中层管理者和基层管理者。

高层管理者是指一个组织中最高领导层的组成人员。他们对外代表组织,对内拥有最高职位和最高职权,并对组织的总体目标负责。他们侧重于组织的长远发展计划、战略目标和重大政策的制定,拥有人事、资金等资源的控制权。他们以决策为主要职能,故也称为决策层。例如,一个工商企业的总经理就属于高层管理者。

中层管理者是指一个组织中中层机构的负责人员。他们是高层管理者决策的执行者,负责制订具体的计划、政策,行使高层授权下的指挥权,并向高层报告工作,也称为执行层。例如,一个工厂的生产部部长、一个商场的商品部经理。

基层管理者是指工作在生产经营第一线的管理人员。他们负责将组织的决策在基层落实,制订作业计划,负责现场指挥与现场监督,也称为作业层。例如,生产车间的工段长、班组长。

(2) 按管理工作的性质与领域划分,管理者可分为综合管理者和职能管理者。

综合管理者是指负责整个组织或其所属单位的全面管理工作的管理人员。他们是一个组织或其所属单位的主管,对整个组织或该单位目标实现负有全部的责任;他们拥有这个组织或单位所必需的权力,有权指挥该组织或该单位的职能活动,有权支配全部资源,而不是只对单一资源或职能负责。例如,工厂的厂长、车间主任、工段长都是综合管理者,而工厂的计财处长则不是综合管理者,因为他只负责财务这个单一职能的管理。

职能管理者是指在组织内只负责某种职能的管理人员。这类管理者只对组织中某一职能或专业领域的工作目标负责,只在本职能或专业领域内行使职权、指导工作。职能管理者大多具有某种专业或技术专长。例如,一个工厂的总工程师、设备处处长等。就一般工商企业而言,职能管理者主要包括以下类别:计划管理、生产管理、技术管理、市场营销管理、物资设备管理、财务管理、行政管理、人事管理、后勤管理、安全保卫管理等。

(3) 按职权关系的性质划分,管理者可分为直线管理人员和参谋人员。

直线管理人员是指有权对下级进行直接指挥的管理者。他们与下级之间存在着领导隶属关系,是一种命令与服从的职权关系。直线管理人员的主要职能是决策和指挥。直线管理人员主要指组织等级链中的各级主管,即综合管理者。例如,企业中的总经理—部门经理—班组长,他们是典型的直线管理人员,主要是由他们组成组织的等级链。

参谋人员是指为上级提供咨询服务和建议,对下级进行专业指导的管理者。他们与上级的关系是一种参谋、顾问与主管领导的关系,与下级是一种非领导隶属的专业指导关系。他们的主要职能是提供咨询服务、建议和指导。参谋人员通常是指各级职能管理者。

值得指出的是,直线管理人员与参谋人员,是依职权关系进行的区分,是相对于职权作用对象而言的,在实际管理中并非一成不变,两者经常转化。例如,计财处处长对其他各部门来说是参谋性管理者,因为他只是在计财领域内进行专业指导;而对于计财处内部人员来说,计财处处长却又是直线管理者,因为他对本处工作人员有直接指挥的权力。

2. 管理者的技能

管理者的技能是对管理者从事管理工作的客观要求。按照管理学者卡兹的观点,管理者必须具备三方面技能,即技术技能、人际技能和概念技能。

(1) 技术技能。技术技能是指管理者掌握与运用某一专业领域内的知识、技术和方法的能力。技术技能包括:专业知识、经验、技术、技巧,对程序、方法、操作流程的熟悉程度与运用工具的熟练程度等。这是管理者对相应专业领域进行有效管理所必备的技能。管理者虽不能完全成为内行、专家,但必须懂得本行业的基本知识,必须具备一定的技术技能。特别是一线管理者,更应如此。

(2) 人际技能。人际技能是指管理者处理人事关系的技能。人际技能包括:观察人、理解人、掌握人的心理规律的能力;在人际交往中与他人融洽相处和与人沟通的能力;了解并满足下属需要,进行有效激励的能力;团结他人及增强组织向心力、凝聚力的能力等。在以人为本的今天,人际能力对于现代管理者来说是一项极其重要的基本功。没有人际技能的管理者是不可能做好管理工作的。

(3) 概念技能。概念技能又称构想技能,指管理者观察、理解和处理各种全局性的复杂关系的抽象能力。概念技能包括:对复杂环境和管理问题的观察、分析的能力,对全局性的、战略性的、长远性的重大问题的处理与决断的能力,对突发性紧急处境的应变能力等。其核心是一种观察力和思维力。这种能力对于组织的战略决策和发展具有极为重要的意义,是组织高层管理者所必须具备的,也是最为重要的一种技能。

上述三种技能,对任何管理者来说,都应当具备。但不同层次的管理者,由于所处位置、作用和职能不同,对三种技能的需要程度明显不同。高层管理者尤其需要概念技能,而且所处层次越高,对概念技能要求越高。概念技能的高低,已成为衡量一个高层管理者素质高低的最重要的尺度。而高层管理者对技术技能的要求就相对低一些。与之相反,基层管理者更重视的却是技术技能。由于他们的主要职能是现场指挥与监督,所以若不熟练掌握技术技能,就难以胜任基层管理工作。当然,相比之下,基层管理者对概念技能的要求就不是太高。各层次管理者对管理技能的需要比例如图1.1所示。

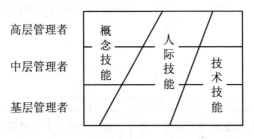

图1.1 各层次管理者对管理技能的需要比例

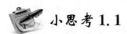

问 题

对于某公司的业务经理助理,他更应该学习与把握技术技能,这种说法正确吗?为什么?

分析提示

1. 观点正确。

2. 担任业务经理助理的,多为工作时间较短的年轻人,基本属于基层管理者。作为一线管理者,应该在学习与把握技术技能的基础上,提高人际技能,为自己的成长积累经验、创造条件。

1.2 管理机制与管理方法

1.2.1 管理机制

1. 管理机制的涵义与特征

(1) 管理机制的涵义。机制原意是指机器的构造及其工作原理,有关学者将这一概念引入管理领域,提出了管理机制的概念。所谓管理机制,是指管理系统的结构及其运行机理,包括运行机制、动力机制和约束机制。管理系统是指由相互联系、相互作用的若干要素和子系统,按照管理的整体功能和目标结合而成的有机整体,如图1.2所示。管理机制的外在表现主要体现为管理制度。如建立健全现代企业的经营管理机制,主要是建立现代企业制度。

(2) 管理机制的特征。管理机制的特征主要包括以下几方面:

① 内在性。管理机制是管理系统的内在结构与机理,其形成与作用完全是由自身决定的,是一种内在的运动过程。如制度规定的职责与要求,决定了运行与约束条件。

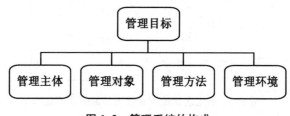

图1.2 管理系统的构成

② 系统性。管理机制是一个完整的有机系统,即运行机制、动力机制和约束机制相互联系与作用,具有保证其功能实现的结构与作用系统。

③ 客观性。任何组织,只要其客观存在,其内部结构、功能既定,必然要产生与之相应的管理机制。这种机制的类型与功能是一种客观存在,是不以任何人的意志为转移的。

④ 自动性。管理机制一经形成,就会按一定的规律、秩序,自发地、能动地诱导和决定企业的行为。如奖励机制会直接影响到成员的工作积极性。

⑤ 可调性。机制是由组织的基本结构决定的,只要改变组织的基本构成方式或结构,就会相应改变管理机制的类型和作用效果。

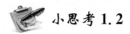小思考 1.2

问 题

管理机制是抽象的,管理制度是具体的,所以管理更应该注重管理制度的建立。这种说法正确吗?为什么?

分析提示

1. 观点不正确。

2. 任何管理制度的建立都是基于管理机制的完善,管理制度是管理机制的外在表现,并且制度的落实是制度存在的真正意义。

2. 管理机制形成的依据

(1) 管理机制以客观规律为依据。管理机制的形成及其功能的实现,总是以一定的客观规律为依据的。例如,依据市场经济规律,会形成相应的利益驱动机制;依据社会和心理规律,会形成相应的社会推动机制。违反客观规律的管理行为,必然会受到管理机制的惩罚。

(2) 管理机制以管理结构为基础和载体。这里讲的管理结构,是指管理系统内部各构成要素的组合及其构成方式。管理结构是管理机制形成及发挥功能的基础和载体。管理结构决定组织的功能与管理机制,有什么样的管理结构,就有什么样的管理机制。一个组织的管理结构如表1.1所示。

表 1.1 组织的管理结构

组成部分	内　涵
组织功能与目标	组织存在的出发点和归宿,它决定着组织的整个构成
组织的基本构成方式	组织的目标与各要素是按什么样的准则和方式组合到一起的
组织结构	管理者和被管理者依据组织目标所建立起来的组织实体及构成方式
环境结构	组织的环境、条件及各种因素对管理机制形成及功能实施也发挥着一定的影响或制约作用

(3) 管理机制本质上是管理系统的内在联系、功能及运行原理。管理机制反映的是一个管理系统内各子系统及要素之间的各种必然联系,由这种联系决定其相应功能,以及功能实现和系统运行的原理。机制不是具体的管理办法,也不是具体的管理行为,而是管理办法的内在机理,是管理行为的内在驱动力。管理机制的这种内在联系、功能和运作原理,通过一系列子机制,即管理机制的主要内容体现出来。

3. 管理机制的主要内容

一般的管理系统,主要包括运行机制、动力机制和约束机制三个子机制。这三大机制也是管理机制的一般外显形态,即在实际管理中,特别是在工商企业的管理中,主要表现为这三大机制。

(1) 运行机制。这是组织中最基本的管理机制,是管理机制的主体。运行机制主要指组织基本职能的活动方式、系统功能和运行原理。运行机制具有普遍性,任何组织,大到一个国家,小到一个企业、单位或部门,都有其特定的运行机制。例如,国家有政权运行机制、国民经济运行机制、社会活动运行机制等;工业企业有生产经营运行机制;商业企业有商品经营与服务活动运行机制;学校有教学运行机制;文化团体有文化活动运行机制;军队有军事训练、军事活动运行机制等。

(2) 动力机制。动力机制是一种极为重要的管理机制,是为管理系统运行提供动力的机制。所谓动力机制,是指管理系统动力的产生与运作的机理。动力机制的构成如图 1.3 所示,其中,利益驱动是社会组织动力机制中最基本的力量。人们在物质利益的吸引下,采取有助于组织功能实现的行动,从而有效推动整个系统的运行。例如,在一个企业中,有激励作用的分配制度,会有效地调动员工的生产积极性,多劳多得,少劳少得。政令推动是由社会规律决定的。管理者凭借行政权威,强制性地要求被管理者采取有助于组织功能实现的行动,以此推动整个系统的运行。显然,这是靠行政权威提供动力,来推动系统运行的。社会心理推动是由社会与心理规律决定的。管理者利用各种管理手段或措施,形成竞争,对被管理者进行富有成效的教育和激励,以调动其积极性。

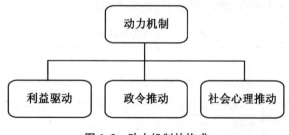

图 1.3　动力机制的构成

(3) 约束机制。约束机制是对管理系统行为进行修正的机制,其功能是保证管理系统正确运行以实现管理目标。所谓约束机制,是指对管理系统行为进行限定与修正的功能与机理。任何社会组织和管理系统,如果失去约束,放任自流,就会失去控制,偏离目标,最终导致失败。有效的约束机制,对于保证系统顺利运行、有效实现目标,具有极为重要的作用。约束机制主要包括以下几方面的约束因素:

一是权力约束。权力约束是双向的。一方面,要利用权力对系统运行进行约束。如下达保证实现目标的命令,对偏差行为采取有力处罚,从而凭借权力保证系统的顺利运行;另一方面,要对权力的拥有与运用进行约束,以保证正确地使用权力。失去约束的权力是危险的权力。

二是利益约束。利益约束是约束机制极为有效的组成部分,故常被称为"硬约束"。利益约束也是双向的。一方面,以物质利益为手段,对运行过程施加影响,奖励有助目标实现的行为,惩罚偏离目标的行为;另一方面,要对运行过程中的利益因素加以约束,突出的表现是对分配过程的约束。

三是责任约束。责任约束主要指通过明确相关系统及人员的责任,来限定或修正系统的行为。例如,明确规定企业法人代表对国有资产保值、增值负有的责任,并加以量化和指标化。

四是社会心理约束。这主要是指运用教育、激励、社会舆论、道德和价值观等手段,对管理者及有关人员的行为进行约束。

同步案例 1.1

"江淮汽车"的员工福利

安徽江淮汽车集团股份有限公司(简称"江淮汽车"或 JAC),是一家集商用车、乘用车及动力总成研发、制造、销售和服务于一体"先进节能汽车、新能源汽车、智能网联汽车"并举的综合型汽车企业集团。"江淮汽车"前身是创建于 1964 年的合肥江淮汽车制造厂。"江淮汽车"1999 年 9 月改制为股份制企业,2001 年在上海证券交易所挂牌上市。"江淮汽车"具有年产70万辆整车、50万台发动机及相关核心零部件的生产能力。江淮汽车全面践行"敬客经营,质量为本、求真务实"的核心价值观,矢志为全球客户制造更好的产品,创建世界知名汽车品牌。"江淮汽车"为了吸引和留住人才,制定了良好的员工福利政策,如图1.4所示。正是这些员工福利政策,为"江淮汽车"的员工营造了一个良好的工作氛围,促进了企业的可持续发展。

图1.4　安徽江淮汽车股份有限公司的员工福利

资料来源:安徽江淮汽车股份有限公司官方网站,2019年7月。

问　题

1. "江淮汽车"的员工福利政策体现了哪一种管理机制?为什么?

2. 联系"江淮汽车"的发展实际(可查询"江淮汽车"官方网站),谈谈你对员工福利政策的认识。

分析提示

1. "江淮汽车"的员工福利政策体现了动力机制的利益驱动。

2. 良好的员工福利政策是吸引与留住人才,营造良好工作氛围的有效措施,有利于企业的可持续发展。同时,员工福利政策要与运行机制、约束机制相结合,形成合力。

1.2.2　管理方法

管理方法是管理机制的实现形式,管理机制的功能与作用是通过具体的管理方法实现的。尽管管理机制具有客观性,但如何选择和运用管理方法则是具有主观性的。

1. 管理方法的涵义与类型

(1)管理方法的涵义。管理方法是指管理者为实现组织目标,组织和协调管理要素的工作方式、途径或手段。管理方法是实现目标的中介和桥梁,是管理者管理行为的工作方式,对于管理功效及目标实现,具有重要的意义。

(2) 管理方法的类型。管理方法可按多种标志分类,如表1.2所示。

表1.2 管理方法的类型

分类标志	类　　型
作用的原理	经济方法、行政方法、法律方法和社会学与心理学方法
适用的普遍程度	一般管理方法和具体管理方法
定量化程度	定性方法和定量方法
管理对象的范围	宏观管理方法、中观管理方法和微观管理方法
管理对象的类型	人事管理方法、物资管理方法、财务管理方法和信息管理方法

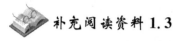

补充阅读资料1.3

管理方法的现代化

实现管理方法的现代化,有利于提高管理的效率与质量。管理方法的现代化包括:管理方法的科学化,即按照客观经济规律和生产技术规律的要求进行组织和管理,正确指挥,科学决策;管理方法的最优化,即通过尽可能的量化管理,对多种方案进行比较和优选,寻求最佳方案,达到尽可能高的经济效益;管理方法的文明化,即通过文明生产与经营,形成良好、优美的工作环境,讲究文明礼貌和道德风尚的氛围,实现文明管理;管理手段的现代化,即广泛采用计算机及各种信息、网络技术,努力实现管理和办公手段的现代化。

资料来源:根据有关资料整理。

2. 主要的管理方法

(1) 经济方法。经济方法是指依靠利益驱动,利用经济手段,通过调节和影响被管理者的物质需要而促进管理目标实现的方法。经济方法的特点有:① 利益驱动性。被管理者是在经济利益的驱使下采取管理者所预期的行为的。② 普遍性。经济方法被整个社会所广泛采用,而且也是管理方法中最基本的方法,特别在经济管理领域,是最重要的管理方法。③ 持久性。作为经济管理的最基本方法,经济方法被长期采用。而且,只要科学运用,其作用也是持久的。但是,经济方法也有其局限性:可能产生明显的负面作用,即会使被管理者过分关注金钱,影响其工作主动性和创造性的发挥。经济方法的主要形式有:价格、税收、信贷、经济核算、利润、工资、奖金、罚款、定额、经营责任制等。

(2) 行政方法。行政方法是指依靠行政权威,借助行政手段,直接指挥和协调管理对象的方法。行政方法的特点包括：① 强制性。行政方法依靠行政权威强制被管理者执行。② 直接性。行政方法是采取直接干预的方式进行的，其作用明显、直接、迅速。③ 垂直性。行政方法反映了明显的上下行政隶属关系，是完全垂直领导的。④ 无偿性。行政方法是通过行政命令方式进行的，不直接与报酬挂钩。行政有其局限性：由于强制干预，容易引起被管理者的心理抵抗，单纯依靠行政方法很难进行持久的有效管理。行政方法的主要形式有：命令、指示、计划、指挥、监督、检查、协调等。

（3）法律方法。法律方法是指借助国家法规和组织制度，严格约束管理对象为实现组织目标而工作的一种方法。法律方法的特点有：① 高度强制性。法律方法凭借依靠国家权威制定的法律来进行强制性管理，其强制性大于行政方法。② 规范性。它是采用规范进行管理的一种形式，属于"法治"，而非"人治"，这增强了管理的规范性，但限制了人的主观能动性。其局限性在于对于特殊情况有适用上的困难，缺乏灵活性。法律方法的主要形式有：国家的法律、法规，国际惯例；组织内部的规章制度；司法和仲裁等。

（4）社会学与心理学方法。这是指借助社会学和心理学原理，运用教育、激励、沟通等手段，通过满足管理对象社会心理需要的方式来调动其积极性的方法。社会学与心理学方法的特点主要有：① 自觉自愿性。这是通过被管理者内心受激励，而使其自觉自愿去实现目标的方法，不带有任何强制性。② 持久性。这种方法是建立在被管理者觉悟和自觉服从的基础上的，因此，其作用持久，没有负面影响。其局限性主要表现为难以应对紧急情况，而且，单纯使用这一种方法常常无法达到目标。社会学与心理学方法的形式主要有：宣传教育、思想沟通、各种形式的激励等。

3. 管理方法的完善与有效应用

（1）明确管理方法的科学依据。在管理实践中，要不断促进管理方法的探索与完善，使管理方法更加科学有效。其中，最重要的就是要明确管理方法的科学依据，要使其符合相关客观规律的要求，更好地体现管理机制的功能和作用。

（2）掌握管理方法的性质和特点，正确地运用管理方法。管理者如果决定采用某种管理方法，必须弄清其发挥作用的客观依据是什么，管理方法将作用于被管理者的哪个方面，是否能产生明显的效果，以及方法本身的特点与局限，以便正确有效地加以运用。

（3）研究管理者与管理对象的性质与特点，提高针对性。管理方法是管理者作用于管理对象的方式或手段，其最后效果，不仅取决于方法本身的因素，还取决于管理双方的性质与特点。既要研究管理对象，又要研究管理者自身，这样才能使管理方法既适用于管理对象，又有利于管理者优势的发挥，从而使管理方法针对性强、成效大。

(4) 了解与掌握管理环境因素,采取适宜的管理方法。由于管理环境是影响管理成效的重要因素,因此,管理者在选择与运用管理方法时,一定要认真了解与掌握环境变量,包括时机的把握,使管理方法与所处环境相协调,从而更有效地发挥其作用。

(5) 注意管理方法的综合运用。不同的管理方法,各有长处和局限,各自在不同领域发挥其优势,没有哪种方法绝对适用于一切场合,也没有哪种场合只依靠一种方法来管理。因此,要科学、有效地运用管理方法,就必须依据目标和实际需要,灵活地选择多种方法,综合地、系统地运用各种管理方法,以求实现管理方法的整体功效。

1.3 管理道德与社会责任

1.3.1 管理者的社会道德

1. 管理道德的涵义

道德是指依靠社会舆论、传统习惯、教育和人的信念的力量去调整人与人、个人与社会之间关系的一种特殊的行为规范,是规定行为是非的惯例和原则,通常包括社会公德、家庭美德、职业道德三类。一般来说,道德是社会基本价值观一个约定俗成的表现,人们一般都会根据自己对社会现象的理解,形成社会大多数人所认同的道德观。

管理道德是特殊的职业道德规范,是管理者的行为准则与规范的总和,是对管理者提出的道德要求。与管理者的行为相关,管理道德通常包括组织管理目标的道德、实现目标手段的道德、人际关系管理的道德、人事管理的道德、财务管理的道德等。管理道德的主要规范如表1.3所示。

表1.3 管理道德的主要规范

类别	规范
管理目标	公平与效率兼顾,效率优先;经济效益与社会效益兼顾
实现目标手段	公平竞争、诚信经营、手段正当
人际关系管理	平等、和睦、协调
人事管理	坚持用人的德才兼备和知人善任
财务管理	遵纪守法,廉洁自律

2. 管理道德的特征

（1）普遍性。通常，管理道德是人们在管理活动中依据一定社会的道德和基本规范而提升、概括出来的管理行为规范，适用于各个领域的管理。无论是行政管理、经济管理、企业管理，还是单位、部门、家庭和邻里的人际关系管理，都应当遵守管理道德的原则和要求。

（2）非强制性。人类最初的管理，是属于公权的，是人人都可以平等参加的管理，没有强制性。与之相应，调整管理行为的规范，即管理道德也没有强制性。人类社会进入阶级社会后，管理被打上阶级的烙印，具有阶级的性质和内容。它依靠国家或组织的权力实行管理活动，具有强制的性质。但是，与此相适应的管理道德并没有改变其非强制的性质。

（3）变动性。管理活动随着人类社会实践的发展而不断变化，作为调整管理行为和管理关系的管理道德规范，也必然随着管理的变化和发展而不断改变自己的内容和形式。现代社会，管理内容的复杂化、管理方式的制度化和管理目标的多样化，使得与此相应的管理道德的内容也随之增加和丰富，形式也随之多样化。特别是当代科学管理迅速发展，进一步推动了管理道德的变化和发展。

（4）教化性。道德教化是一个古老的概念，重视教化是中国传统文化的优良传统。中国古代的思想家大都重视德治，所以都强调道德教化的作用。当代中国的社会主义管理道德，应当吸收中国传统文化中合理的道德教化思想，高度重视管理道德的教化作用。尤其应当强调组织管理者的道德示范和引导作用，使管理道德的意识、信念、意志、情感更加深入人心，并内化为人们的自觉行为，这对于有效促进社会主义管理目标的实现具有非常重要的作用。

3. 管理道德的失衡

在市场经济条件下，市场竞争激烈，经济体制与市场体系的不完善、信息的不对称、企业价值取向的偏颇，往往使得市场失灵。一些单纯以经济利益为导向的企业唯利是图，在企业经营管理活动中，经常出现应该遵守的道德规范与实际上不讲道德的经营高度分裂，由此产生了企业管理的道德失衡。管理道德的失衡主要表现在以下几方面：

（1）欺骗与误导顾客。欺骗性的广告宣传，在产品或服务推广上夸大其词，生产与经营不安全或有损健康的产品。有些经营者明知产品含有危害人体健康的成分，但"报喜不报忧"，向消费者隐瞒真相，只大力宣传其对消费者有利的内容而隐瞒不利的内容。有的经营者以次充好，或擅自夸大产品的功效。

（2）不平等竞争。假冒其他企业的商标，生产假冒伪劣产品，侵犯他人商业秘密，损害竞争对手商业声誉，不遵守市场游戏规则，偷税漏费、官商勾结、"挖墙脚"、大搞商业贿赂等。特别是企业间不讲信誉、彼此拖欠账款和赖账、不履行合同等。

(3) 损害企业员工利益。企业盲目追求利润,不顾员工的生存和工作环境,侵犯员工的健康权利;有些企业在招聘、提职和支付报酬上存在性别、种族歧视及侵犯隐私的情况;有些企业对员工的工作评价不公正,滥用职权克扣薪水等。

(4) 破坏生态环境。企业缺乏绿色意识,为追求高利润,对治理污染采取消极态度。对排放的"三废"等造成的污染不实施治理而是趁人不备偷偷排放。特别是一些化工、印染、造纸等小规模企业,未对废水进行必要的处理,严重污染环境。

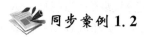
同步案例 1.2

两企业唯利是图使用过期的原材料

南京冠生园本是我国食品行业的名牌企业,2001 年 8 月,这家企业因为将隔年变质的月饼加工成新月饼销售,在新闻曝光后被视为过街老鼠,人人喊打,并因此导致企业的垮台。时隔十多年,同样的事例又有发生。2014 年 7 月 20 日,上海电视台记者卧底调查后曝光,为多家知名快餐企业供货的上海福喜公司大量使用变质过期肉类原料,其中包括碾碎再加工过期半个月的鸡皮、鸡胸肉,回炉使用过期一年、发绿发臭的冷冻小牛排等,并用更改保质期标志、做内外两本账的方式掩盖事实真相。

资料来源:根据有关网络资料整理。

问 题

南京冠生园的垮台与上海福喜公司大量使用变质过期原材料反映了什么问题?管理道德的失衡该如何整治?

分析提示

1. 这两家公司的行为是典型的管理道德失衡。

2. 应该将处罚与强化管理道德教育、建立管理规范、加强食品监督和实施管理道德考核等结合起来。

1.3.2 企业社会责任

1. 什么是企业社会责任

企业社会责任是指企业在创造利润、对股东承担法律责任的同时,还要承担对员工、消费者、社区和环境的责任。企业应该是一个双重责任主体,不仅要对盈利负责,而且要对环境负责,并承担相应的社会责任。企业的社会责任要求企业必须超越把利润作为唯一目标的传统理念,强调在生产过程中对人的价值的关注,强调对环境、消费者和社会的贡献。

世界上一些国际组织对推进企业承担社会责任非常重视,并成立了相关机构和组织,企业社会责任工作正在全球迅速扩展。如联合国2000年实施的"全球契约"计划,提倡包括人权、劳工、环境和反腐败等四个方面的十项原则,目前已有2900多家世界著名企业加入该计划。世界经济合作与发展组织、国际劳工组织、国际标准化组织、国际雇主组织等,也都积极推进企业承担社会责任,并就如何进一步推动企业承担社会责任达成共识。我国的公司法规定,公司从事经营活动,必须遵守法律法规,遵守社会公德、商业道德,诚实守信,接受政府和社会公众的监督,承担社会责任。但是,我国企业在承担社会责任方面,还存在着意识淡薄、行为缺失等问题,破坏环境、损害消费者利益、无视劳工权益、片面追求经济利益等现象屡有发生,企业对利益相关者的关注不够,对社会公益事业参与的广度与深度不足等多种问题。

2. 企业社会责任的范围

总体上看,企业社会责任的范围非常宽泛,因为企业作为社会的一员,其商业运作必须符合可持续发展的思想,企业除了考虑自身的财政和经营状况外,也要加入其对社会和自然环境所造成影响的考量。综合起来,企业社会责任主要涉及如下几个方面:

(1) 遵纪守法、照章纳税。这也是企业对政府的主要责任。在现代社会的政府制度框架下,企业要扮演好社会公民的角色,自觉按照政府有关法律、法规的规定,合法经营、照章纳税,承担政府规定的其他责任和义务,并接受政府的监督和依法干预。

(2) 诚信经营。为了维护市场秩序,保障人民群众的利益,企业必须承担起诚信责任,确保产品货真价实。即按照管理道德的要求,严格遵守有关法律规定,对消费者、商业伙伴等要做到诚信,对所提供的产品质量和服务质量承担责任,履行对消费者在产品质量和服务质量方面的承诺,不能以欺骗手段损害消费者和其他商业伙伴的利益。

(3) 可持续发展。企业的使命是追求卓越,打造"百年老店"。一方面,可持续发展要求企业科学决策,注重长远发展,增强核心竞争力,不断扩大规模,重质增效;另一方面,与节约资源相适应,企业应站在全局立场上,节约资源,降低能耗,降低生产成本。

(4) 绿色环保。实践证明,工业文明在给人类社会带来前所未有的繁荣的同时,也给我们赖以生存的自然环境造成了灾害性的影响。企业对自然环境的污染和消耗占了很大一部分。为了人类的生存和经济可持续发展,企业要树立绿色经济的观念,担当起保护环境、维护自然的重任。

(5) 关心员工。企业对员工的责任属于内部利益相关者问题。人力资源是社会的宝贵财富,也是企业发展的支撑力量。保障企业职工的生命健康和确保职工的工作与收入待遇,这不仅关系到企业的持续健康发展,而且也关系到社会的发展与稳定。企业必须高度关注雇员的地位、待遇和满足感,承担起保护职工生命健康、确保职工待遇、关心员工发展的责任。

(6)服务社区。企业是所在社区的组成部分,与所在社区建立和谐融洽的相互关系是企业一项重要的社会责任。企业对社区的责任就是回馈社区,如为社区提供就业机会,为社区的公益事业提供慈善捐助,向社区公开企业经营的有关信息等等。有社会责任感的企业意识到,通过适当的方式把利润中的一部分回报给所在社区是其应尽的义务。世界著名管理大师孔茨和韦里克认为,企业必须同其所处的社会环境密切联系,对社会环境的变化及时做出反应,成为社区活动的积极参加者。

补充阅读资料 1.4

政府具有推进企业承担社会责任的优势与能力

政府是公共行政权的直接掌握者和行使者,是各类重要社会资源的实际拥有者,且具有合法的强制力以及高度的权威性。斯蒂格利茨认为,政府纠正市场失灵有四大优势,即征税权、禁止权、处罚权与交易成本。具体到企业承担社会责任的推进,政府还具有信息、资金、技术、人才、组织及信用等方面的优势。政府有能力通过法律、法规、条款等正式制度将某些行为规则强加于企业,使企业必须承担基本的社会责任。政府也有能力对意识形态进行投资,通过教育、引导、示范等形式影响非正式制度的演进,使企业自觉遵守高于基本社会责任的伦理责任、慈善责任等。

资料来源:郑承志,刘宝.论企业社会责任推进中的政府行为[J].学术界,2009(4):202.

3.企业担当社会责任的要求

(1)承担并履行好经济责任。一般地,企业行为的目的是利润最大化,即尽可能扩大销售,降低成本,为国民经济的快速、稳定发展发挥自己应有的作用。因此,企业应正确决策,科学经营,保证利益相关者的合法权益。例如,2018年,安徽海螺集团有限责任公司以销售收入1885亿元、利润398.4亿元,成为安徽省国有(控股)企业中最赚钱的企业。2019年7月,海螺集团成为首家跻身世界500强的安徽本土企业,为地方经济发展作出了积极贡献。

(2)遵纪守法。作为市场主体,企业要遵守所有的法律、法规,包括环境保护法、会计法、统计法、税法、消费者权益法和劳动保护法等;完成所有的合同义务,诚信经营,合法经营,兑现自己的承诺。

(3)履行企业伦理责任。企业伦理责任要求重视人性,不与社会发生冲突与摩擦,积极实施对社会有益的行为。当今时代,如果企业只追求利润而不考虑企业伦理,那么企业的经营活动会越来越为社会所不容,必定会被时代所淘汰。所以,伦理责任是社会对企业的期望。中国企业处于公平、开放的国际化竞争中,这更要求企业以诚信为本,在创造经济利益的同时,将企业伦理作为体制改革的一个重要部分,在组织内建立一套行之有效的伦理监督机制,增大企业吸纳就业的能力,为环境保护和社会安定尽职尽责,实现企业的可持续发展。

(4) 不断强化企业的慈善责任。现阶段构建和谐社会的一个重要任务是要大力发展社会事业,教育、医疗卫生、社会保障等事业的发展直接关系人民的最直接利益,也直接决定着社会的安定与和谐。很多地区在发展社会事业上投资不足或无力投资,这就需要调动一切可以调动的资本,企业应充分发挥资本优势,热心慈善事业,积极为社会提供捐助,支持社区教育、健康、人文关怀、文化与艺术、城市建设等项目的发展。

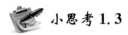
小思考 1.3

问 题

海尔集团董事长张瑞敏曾经抡起铁锤砸掉了 76 台冰箱,在家电行业里以"挥大锤的企业家"而闻名,也正是这把大锤,使海尔以"精细化,零缺陷"走向世界。张瑞敏挥大锤显现了哪一种社会责任?为什么?

分析提示

1. 企业伦理责任。
2. 在公平、开放的国际化竞争中,企业以诚信为本,追求"精细化,零缺陷",对消费者负责,助推了企业的发展。

本章小结

管理是由共同劳动引发的,并在社会化大生产条件下得到强化和发展。管理是通过计划、组织、领导和控制,协调以人为中心的组织资源与职能活动,以有效实现组织目标的社会活动。管理具有自然属性和社会属性。管理既是科学,又是艺术。管理的四大职能是计划、组织、领导和控制。

管理的主体是管理者,管理者是指履行管理职能,对实现组织目标负有贡献责任的人。管理者可以按管理层次、管理工作的性质和职权关系的性质划分为不同类型。管理者的技能包括技术技能、人际技能和概念技能。

建立科学有效的管理机制,是深化企业改革、推行科学管理的核心内容和本质要求。管理机制以客观规律为依据,以管理结构为基础和载体。管理机制本质上是管理系统的内在联系、功能及运行原理。管理机制具体包括运行机制、动力机制和约束机制。运行机制是管理机制的主体。管理方法是管理机制的实现形式。管理方法主要包括经济方法、行政方法、法律方法和社会学心理学方法。

管理道德是管理者的行为准则与规范的总和,是对管理者提出的道德要求。管理道德的特征包括:普遍性、非强制性、变动性和教化性。在市场经济条件下,往往会出现管理道德失衡的现象。

企业社会责任是指企业在创造利润、对股东承担法律责任的同时,还要承担对员工、消费者、社区和环境的责任。企业社会责任的范围包括遵纪守法与照章纳税、诚信经营、可持续发展、绿色环保等多方面,企业要勇于承担社会责任。

 基本训练

一、知识训练

(一)复习题

1. 单项选择题

(1) 管理的本质是( )。

A. 实现目标　B. 协调　C. 控制　D. 领导

(2) 孟子曰:"凡事预则立,不预则废。"这指的是管理的( )职能的重要性。

A. 计划　B. 组织　C. 控制　D. 协调

(3) 罗伯特·卡茨认为管理者应具备技术技能、人际技能、( )等三类技能。

A. 信息技术技能　B. 决策技能　C. 管理技能　D. 概念技能

(4) 管理机制的主体是( )。

A. 运行机制　B. 动力机制　C. 约束机制　D. 领导机制

2. 多项选择题

(1) 管理者实行有效管理,都要履行( )职能。

A. 计划　B. 组织　C. 指挥　D. 领导　E. 控制

(2) 管理者按管理的性质和领域划分为( )。

A. 高层管理者　B. 中层管理者　C. 基层管理者
D. 综合管理者　E. 职能管理者

(3) 管理机制具有以下基本特征( )。

A. 内在性　B. 系统性　C. 客观性　D. 自动性　E. 可调性

(4) 下列内容中,属于管理的经济方法的是( )。

A. 价格　B. 税收　C. 信贷　D. 计划　E. 奖金

(5) 管理道德的特征包括( )。

A. 社会性　B. 普遍性　C. 非强制性　D. 变动性　E. 教化性

3. 简答题

(1) 如何完善与有效应用管理方法？

(2) 管理道德的失衡主要表现在哪些方面？

（二）讨论题

背景资料

全国人大常委会原副委员长成思危说："中国企业正面临企业社会责任的挑战性考验。那种资本无道德、财富非伦理、为富可以不仁的经济理论和商业实践，不仅国际社会难以接受，中国社会也已经不能容忍。"

问　　题

请联系我国出现的一系列食品安全事件，结合本章所学知识，谈谈你对企业社会责任的认识。

二、能力训练

房地产市场"限价令"的尴尬

我国自从20世纪末推行住房制度改革以来，房地产市场开始形成并取得飞速发展，房地产价格也不断走高。这种发展的背后有地方政府的推动作用，特别是在将房地产市场作为拉动地方经济的一个重要工具以后，这个市场已经成为地方政府手中的一张"王牌"，即所谓的"土地财政"。由于我国房地产市场在发展过程中过于重视其投资功能，这个市场已经在相当程度上被投机投资势力所操控，其本应该具有的保障功能受到了严重的挤压。对于房地产市场出现的这种偏误，地方政府确实负有一定的责任。面对日益上升的房价，各地政府根据2011年1月国务院颁行的"新国八条"的要求，陆续公布了年度新建住房价格控制目标。尽管如此，地方政府并不是住房价格的最终决定者，现在要求其将这个责任承担起来，实际上是要求其运用行政的手段来干预市场，这与前一时期各地推出的"限购令"在逻辑上是一致的，从某种意义上说，目前的"限价令"甚至比"限购令"走得更远。但是，令人感到难以理解的是，当"限购令"出台的时候，舆论中有不少批评的声音，认为其破坏市场的自由交易原则；而当"限价令"出台的时候，舆论却又认为政府做得还很不够，没有体现"房子是用来住的，不是用来炒的"的要求。

资料来源：根据有关资料整理。

问　　题

1. 房地产市场"限价令"属于什么管理方法？简单分析其特点。

2. 针对房地产市场"限价令"的尴尬,请依据管理方法理论,结合房地产市场的实际,提出个人见解。

分析提示

1. 明显属于行政方法,具有强制性和直接性。

2. 房地产市场的价格,与需求、供给、消费者的收入水平、市场预期等多种因素紧密相关,其管理应该以经济手段为主,配套使用法律、行政、社会等多种手段。

第 2 章　管理思想的演进

学习目标

知识目标：了解管理理论与思想发展的基本脉络，掌握科学管理理论、系统管理理论和"人本管理"思想；理解现代管理理论对管理科学发展的影响；明确现代管理思想的新发展。

技能目标：能结合企业的实际，认识和分析管理理论，初步具备管理理论分析与处理实际管理问题的能力。

基本素养：初步养成关注管理理论发展的习惯，树立理论传承和创新的意识。

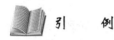引　　例

不断做大做强的安徽海螺集团

八百里皖江，浩荡东流，见证了一个企业巨人的成长。连云港核电站、秦山核电站、福清核电站；上海南浦大桥、南京长江三桥；京福高速公路、上海磁悬浮列车轨道梁；上海东方明珠、金茂大厦……这些耳熟能详的重大工程，无不与一个名字相联系——"海螺水泥"。千家万户清晨推开的那一扇扇窗，可能大多数都叫"海螺塑窗"。

这个企业巨人，就是安徽海螺集团有限责任公司，一个从皖南山沟里走出来的国有水泥厂，通过不断改革创新，搏击国内外市场，引领中国水泥工业攀登上世界水泥行业的顶峰。目前，海螺集团水泥产销量居亚洲第一、世界第三，塑钢型材产能位列世界第一。《世界水泥》杂志评价说：世界水泥看中国，中国水泥看海螺。

海螺集团的成功，来源于其具有前瞻性、可行性的战略规划，来源于资本市场的有效运作。坚持技术创新，是引领行业进步的"发动机"；完全适应市场竞争的体制机制，是促进持续发展的"稳定器"。

海螺集团建立了一套比较完整与健全的规章制度，使规章制度在企业经营和改革创新中始终起着引领、调控、协调、监督、约束的作用。针对集团公司规模不断扩大、兼并与新扩建企业的企业文化和制度与海螺集团的企业文化和制度之间存在差异的情况，海螺集团不失时机地将企业文化和经营管理理念融入不同地域和不同类型的企业，使远离总部的各子公司的企业管理理念和规章制度都纳入海螺

集团的运行轨道中,形成了统一的价值取向和行为准则。

资料来源:苏民.海螺是怎样做大做强的:安徽海螺集团改革发展与自主创新纪实[N].经济日报,2009-11-30.

> **思 考**
> 1. 海螺集团做大做强的路径是什么?
> 2. 海螺集团的成功显现出哪些管理思想?

2.1　近代管理理论

近代管理理论是从企业管理的角度开始建立的。在此之前,已经出现了一些管理理论的先驱,他们在其著作中提出了管理问题并进行了阐述,如英国的古典政治经济学代表人物亚当·斯密的《国家财富的性质和原因的研究》,英国数学家、机械学家和经济学家查尔斯·巴贝奇的《机器与制造业的经济学》,美国人汤恩的《作为经济学家的工程师》等。

古典管理理论的产生与发展时期,又被称为科学管理思想发展阶段,为19世纪末至20世纪的三四十年代。这一时期的管理理论主要是以泰罗的科学管理理论、法约尔的一般管理理论、韦伯的行政组织理论以及梅奥的人际关系理论为代表。这些管理思想的日渐成熟,是对社会化大生产发展初期管理思想较为系统的总结,标志着管理科学的建立。

2.1.1　科学管理理论

科学管理理论的代表人是泰罗。泰罗(1856—1915),美国人,年轻时进入工厂当学徒,从普通工人成长为工长、车间主任,直至总工程师。泰罗毕生致力于研究如何提高劳动效率。1911年,他出版了《科学管理原理》一书,奠定了科学管理理论基础,标志着科学管理思想的正式形成。泰罗也因此被西方管理学界称为"科学管理之父"。泰罗对管理理论的主要贡献是:认为一切管理问题都可以而且应当通过科学的方法来加以解决,从而否定了靠经验办事的传统管理思想,把管理工作从经验上升到理论层次。泰罗的主要观点包括:

1. 科学制定工作定额

泰罗提出要用科学的观测分析方法对工人的劳动过程进行分析和研究,从中归纳出标准的操作方法,并在此基础上制定出工人的"合理日工作量"。

2. 合理用人

泰罗认为,为了提高劳动生产率,必须为工作挑选"第一流的工人",并使工人的能力同工作相匹配;主张对工人进行培训,教会他们使用科学的工作方法,激发他们的劳动热情。

3. 推行标准化管理

泰罗主张用科学的方法对工人的操作方法、使用的工具、劳动和休息的时间,以及机器设备的安排和作业环境的布置进行分析,消除各种不合理的因素,将最好的因素结合起来,形成标准化的方法,并在工作中加以推广。

4. 实行有差别的计件工资制

泰罗主张按照工人是否完成其定额而采取不同的工资率。完成或超额完成定额就按高工资率付酬,未完成定额的则按低工资率付酬,从而激励工人的劳动积极性。

5. 管理职能和作业职能的分离

泰罗主张设立专门的管理部门,其职责是研究、计划、调查、训练、控制和指导操作者的工作。同时,管理人员也要进行专业分工,每个管理者只承担其中的部分管理职能。

6. 实行"例外原则"

泰罗强调高层管理者应把例行的一般日常事务授权给下级管理者去处理,自己只保留对重要事项的决定权和监督权。这种思想对后来的分权管理体制有着积极的影响。

 补充阅读资料 2.1

科学管理理论的贡献

泰罗的科学管理理论的贡献主要有两个方面:

一是在历史上第一次将管理从经验上升为科学。科学管理理论的最大贡献在于泰罗所提倡的在管理中运用科学方法和他本人的科学实践精神。泰罗科学管理的精髓是用精确的调查研究和科学知识来代替个人的判断、意见和经验。

二是讲求效率的优化思想和调查研究的科学方法。泰罗理论的核心是寻求最佳工作方法,追求最高生产效率。泰罗和他的同事创造和发展了一系列有助于提高生产效率的技术和方法,如时间与动作研究技术和差别计件工资制等。这些技术和方法不仅是过去,而且也是当今企业合理组织生产的基础。

资料来源:根据有关资料整理。

2.1.2 一般管理理论

法约尔提出的一般管理思想,被称为一般管理理论。法约尔(1841—1925),法国人,曾长期在企业中担任高级管理职务。1916年,法约尔出版了《工业管理和一般管理》一书,提出了他的一般管理理论。法约尔对管理理论的突出贡献是:从理论上概括出了一般管理的职能、要素和原则,把管理科学提到一个新的高度,使管理科学不仅在工商业界受到重视,而且,对其他领域也产生了重要影响。法约尔的管理思想主要体现在以下几个方面:

1. 企业的经营活动

法约尔通过对企业经营活动的长期观察和总结,提出了企业所从事的一切活动均可以归纳为六类,即技术活动、商业活动、财务活动、安全活动、会计活动及管理活动,并将其称为六大经营职能,如图 2.1 所示。

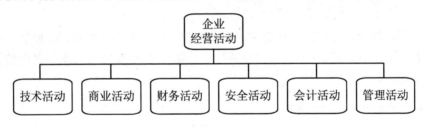

图 2.1　企业经营活动的内容

2. 管理的基本职能

法约尔在对管理活动进行详细分析的基础上,提出了管理的五要素,即计划、组织、指挥、协调和控制,如图 2.2 所示。如第一章所述,这也是现代管理中大家普遍接受的五项基本管理职能。

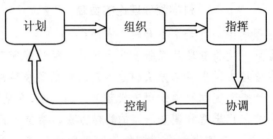

图 2.2　管理的五要素

3. 管理的一般原则

法约尔根据对企业管理实践的总结，提出了企业管理的14项原则，这些原则是：

(1) 劳动分工。劳动分工属于自然规律，不仅适用于技术工作，而且也适用于管理工作，应该通过分工来提高管理工作的效率。

(2) 权力和职责一致。责任是权力的孪生物，是权力的当然结果和必要补充。

(3) 纪律。纪律即企业与下属人员之间的协定和人们对这个协定的态度及其对协定遵守的情况。纪律是一个企业兴旺发达的关键，没有纪律，任何一个企业都不能兴旺繁荣。

(4) 统一指挥。一个下级人员只能接受一个上级的命令，如果两个领导人同时对同一个人或同一件事行使他们的权力，就会出现混乱的状况。因此，在任何情况下，都不会有适应双重指挥的社会组织。

(5) 统一领导。对于力求达到同一目的的全部活动，只能有一个领导人和一项计划。

(6) 个人利益服从整体利益。成功的办法是：领导人具有坚定的性格，形成好的榜样；尽可能签订公平的协定；认真地监督。

(7) 报酬的公平合理。首先要考虑的是维持职工的最低生活消费和企业的基本经营成本，这是确定人员报酬的一个基本出发点。在此基础上再考虑根据职工的劳动贡献来决定采用适当的报酬方式。

(8) 权力的集中与分散。影响一个企业权力集中还是分散的因素有两个：一个是领导者的权力；另一个是领导者对发挥下级人员积极性的态度。

(9) 组织层次与部门的协调。贯彻等级制度原则，有利于组织加强统一指挥，保证组织内信息联系的畅通。

(10) 维护秩序。维护秩序包括物品的秩序和人的社会秩序。对于物品的秩序，每一件物品都有一个最适合它存放的地方；对于人的社会秩序，就是要确定最适合每个人能力发挥的工作岗位，然后使每个人都在最能使自己的能力得到发挥的岗位上工作。

(11) 公平。在贯彻"公道"原则的基础上，根据实际情况对职工的劳动表现进行"善意"评价。

(12) 人员稳定。要使一个人的能力得到充分的发挥，就要使他在一个工作岗位上相对稳定地工作一段时间，使他能有一段时间来熟悉自己的工作，了解自己的工作环境，并取得别人对自己的信任。

(13) 首创精神。自我实现需求的满足是激励人们的工作热情和工作积极性的最有力的刺激因素。对于管理来说，"需要极有分寸地，并有某种勇气来激发和支持首创精神"。

(14) 团结精神。团结就是力量,团结就能形成合力。企业管理要发挥团队的作用,充分调动其积极性,形成心往一处想、劲往一处使的局面。

4. 管理者的素质与训练

法约尔认为对管理者素质的要求,在身体方面应包括健康,富有精力、风度;在智力方面应包括有良好的理解与学习的能力、判断力、适应能力,思维活跃;在精神方面应包括有干劲、乐于负责、富有首创精神、忠诚、机智、性格坚定;在教育方面应包括对不属于职责范围内的事情有一般性了解。此外,还包括经验等内容。

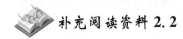

补充阅读资料 2.2

法约尔一般管理思想的光辉

法约尔提出的一般管理原则与职能,实际上奠定了后来在 20 世纪 50 年代兴起的管理过程研究的基本理论基础。法约尔提出一般管理理论迄今已近百年,仍经久不衰,闪耀着理论的光辉,至今还有相当大的影响力,对现代管理仍然具有现实的指导意义。这主要是因为:法约尔对现代管理学研究提出了总框架,对管理内涵的概括体现了全局性和战略性的特点,直到现在,管理学在很大程度上都基本遵循他的理论构架;法约尔把管理同其他容易混淆的术语区分开来,更加体现了管理的独立性和专业性,这对管理者正确理解自己的特殊职业含义很重要;法约尔提出的 14 条原则至今仍然是规范现代管理活动的重要准则。

资料来源:根据有关资料整理。

2.1.3 行政组织理论

行政组织理论的代表人是韦伯。韦伯(1864 — 1920),德国著名社会学家,他在管理学上的主要贡献是提出了理想的行政组织体系理论,被人们称为"组织理论之父"。其管理思想主要体现在:

1. 权力与权威是组织形成的基础

韦伯认为,组织中存在三种纯粹形式的权力与权威,如图 2.3 所示。一是法定的权力,即依法任命,并赋予行政命令的权力。它是以组织内部各级领导职位所具有的正式权力为依据的。二是传统的权力,是以古老传统的不可侵犯性和执行这种权力的人的地位的正统性为依据的。三是超凡的权力,是以对个别人的特殊的、神圣英雄主义或模范品德的崇拜为依据的。韦伯强调,组织必须以法定的权力与权威作为行政组织体系的基础。

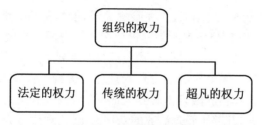

图 2.3　组织的权力构成

韦伯认为,这三种纯粹形态的权力中,传统权力的效率较差,因为其领导人不是按能力来挑选的,仅是单纯为了保存过去的传统而行事。超凡权力则过于带有感情色彩并且是非理性的,不是依据规章制度而是依据神秘或神圣的启示。所以,这两种权力都不宜作为行政组织体系的基础,只有法定权力才能作为行政组织的基础。法定权力具有较多的优点,如有明确的职权领域、执行等级系列,可避免职权的滥用,权力行使的多样性等,因此能保证经营管理的连续性和合理性,能按照人的才干来选拔人才,并按照法定的程序来行使权力,因而是保证组织健康发展的最好的权力形式。

2. 理想的行政组织体系的特点

韦伯提出的"理想的行政组织结构"可分为三层,其中最高领导层相当于组织的高级管理阶层,行政官员相当于中级管理阶层,一般工作人员相当于基层管理阶层。企业无论采用何种组织结构,都具备这三层基本的原始框架。韦伯认为理想的行政组织体系至少要做到:

(1) 组织的成员之间有明确的任务分工。
(2) 上下层次之间有职位、责权分明的结构。
(3) 组织中人员的任用,要根据职务的要求,给予正式的教育培训,考核合格后任命。
(4) 组织成员的任用必须一视同仁,严格掌握标准。
(5) 管理与资本经营分离,管理者应成为职业工作者,而不是所有者。
(6) 组织内人员之间的关系是工作与职位关系,不受个人感情影响。

2.1.4　人际关系理论

古典管理理论的杰出代表泰罗、法约尔等人在不同方面对管理思想和管理理论的发展作出了卓越的贡献,并对管理实践产生深远影响。但是,他们共同的特点是,着重强调管理的科学性、合理性、纪律性,而未给管理中人的因素和作用给予足够重视。因为他们的理论是基于"经济人"这样一种假设,即假设人的行为动机就是为了满足自己的私利,工作是为了得到经济报酬。美国行为科学家梅奥,通过著名的霍桑试验,提出了"社会人"概念,创立了人际关系理论。

梅奥(1880—1949),美国人,曾在哈佛大学任教,从事过哲学、医学和心理学方面的研究。1927年,梅奥应邀参加并指导在芝加哥西方电气公司霍桑工厂进行有关科学管理的实验,研究工作环境、物质条件与劳动生产率的关系,这个实验通常被称为"霍桑实验"。霍桑实验对古典管理理论进行了大胆的突破,第一次把管理研究的重点从工作和物的因素上转到人的因素上来,不仅在理论上对古典管理理论作了修正和补充,开辟了管理研究的新理论,还为现代行为科学的发展奠定了基础,而且对管理实践产生了深远的影响。梅奥经过研究,取得了一系列重要成果,在此基础上出版了他的代表作《工业文明中人的问题》和《工业文明中的社会问题》,提出了人际关系理论的一系列思想。

1. 人是"社会人"

梅奥否定了古典管理理论对人的假设,认为企业中的人首先是"社会人",而不是早期科学管理理论所描述的"经济人"。人们从事工作并不是仅仅追求金钱收入,他们还追求人与人之间的友情、安全感、归属感和受人尊重等等。

2. 生产效率主要取决于职工的工作态度和人们的相互关系

管理者不仅要具有解决技术、经济问题的能力,而且要具有与被管理者建立良好的人际关系的能力。应力求了解职工行为的原因,认识到满足职工各种需要的重要性;要改变传统的领导方式,使职工有机会参与管理,并建立和谐的人际关系。

3. 重视"非正式组织"的存在和作用

梅奥认为企业中不仅存在"正式组织",而且还存在着人们在共同劳动中形成的非正式团体,他们有着自己的规范、感情和倾向,并且左右着团体内每一个成员的行为。非正式组织以感情为其行为准则,其作用在于维护其成员的共同利益,使之免受内部个别成员的疏忽或外部人员的干涉所造成的损失。"非正式组织"的存在对组织既有利,也有弊。管理人员要想实施有效的管理,既要重视"正式组织"的作用,又要重视"非正式组织"的存在并加以作用。

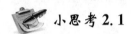
小思考2.1

问　题

为什么说提高工人满意度是提高劳动生产率的首要条件?

分析提示

梅奥认为,在决定劳动生产率的诸多因素中,置于首位的因素是工人的满意度,而生产条件、工资薪酬只是第二位的。高满意度来源于物质和精神两种需求。工人的满意度越高,其士气就越高,从而使生产效率提高。

2.2 现代管理理论

第二次世界大战后,现代管理思想开始形成。20世纪60年代以后,科学技术得到迅猛发展,科技成果的广泛采用,导致了企业生产过程的自动化、连续化及生产社会化程度的空前提高,现代管理理论有了迅速发展。因为这一时期的企业规模迅速扩大,激烈竞争的市场和变化多端的市场环境都对企业管理提出了更高的要求,从而推动了管理思想的新发展。现代管理思想的发展异常活跃,形成了许多管理理论学派。其中的一些管理学派对管理科学的发展有着重大的影响。

2.2.1 系统管理理论

系统管理理论源于一般系统论和控制论,侧重于用系统的观念来考察组织结构和管理的基本职能。代表人物为美国管理学者卡斯特、罗森茨韦克和约翰逊。系统管理理论认为,社会结构通常包括五个基本因素:一是个人,二是正式组织,三是非正式组织,四是前三者之间的相互关系和转换过程,五是进行活动的物质环境。但是,系统论更加重视因素之间的关系。按照系统论的说法,事物之间的关系决定着事物的性质,不同因素的关联会形成事物的"新质"。

1. 组织系统的特征

组织作为一个系统,具有如下特征:

(1) 整体性。组织是一个由目标价值、技术、社会心理、结构和管理等子系统组成的有机整体。整体不是个体的简单相加,而是有机整合。常言说"整体大于部分之和",就是对这种整体产生新质的简单说明。

(2) 层次性。任何一个系统,都有层级体系。层级体系,是由事物之间联系程度的强弱形成的。随着强弱程度的变化,就形成了组织系统的母子结构和系统边界。子系统的内部联系相当紧密,而子系统和母系统之间的联系程度就次一等。联系之"度",构成了系统层次划分的标准。从系统与外界的关系看,落差清晰的关联"度"就是所谓的封闭系统,而落差模糊的关联"度"就是所谓的开放系统。

(3) 相关性。组织内部各部分之间即子系统之间,组织与组织之间即系统之间,互相依赖、互相作用,这种作用的结果将影响组织的整体功能。

(4) 环境适应性。由于组织同社会环境的互相作用,一方面,组织只有适应社会环境的变化才能生存。从系统分析的基本方法来看,任何组织系统,都是同社会环境之间形成"输入→转换→输出→反馈"的闭环循环关系,进而产生作用;另一方面,组织活动都追求一定的目标,这种目标是社会环境的输入形成的,同时它又以输出影响环境。因而,组织并非消极地对社会环境做出反应,它也起着变革现状的作用。

2. 系统管理理论的主要观点

(1) 组织本身是一个以人为主体的系统。组织是由人、物资、机器和其他资源在一定的目标下组成的一体化系统,其成长和发展同时受到这些组成要素的影响。在这些要素的相互关系中,人是主体,是主动的,其他要素则是被动的。组织系统中任何子系统的变化都会影响其他子系统的变化,系统的运行效果是通过各个子系统相互作用的效果决定的。

(2) 组织是社会大系统中的一个子系统。组织不是一个封闭的人造系统,而是开放的社会技术系统,是更大的社会系统中的一个子系统,因而不可避免地会受到周围环境的影响。组织预定目标的实现,不仅取决于内部条件,还取决于企业外部条件,如资源、市场、社会技术水平、法律制度等。但是,组织反过来也影响环境,且在与环境的相互影响中达到自身的动态平衡。

(3) 管理必须建立在系统的基础之上。管理要善于将各种资源要素集合起来,在同一目标下形成一个整体。管理人员必须从组织的整体出发,研究组织各部分之间的关系,研究组织与外部环境的关系,以便做出正确的决策,进而进行组织与协调。

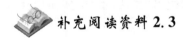

补充阅读资料2.3

系统管理理论的地位

系统管理理论为人们分析和处理各类组织的管理问题提供了一种很有意义的思想方法,不管是否承认卡斯特的个人贡献,没有人能否认系统思想在管理学研究中的作用。这一点得到了许多西方管理学家的承认。

西蒙指出:"'系统'这个术语越来越多地被用来指那些特别适用于解决复杂组织问题的科学分析方法。"

孔茨断言:"无论哪一部管理著作,也无论哪一个从事实务的主管人员,都不应忽视系统方法。"

蒂利斯说:"从某一局部来看管理,虽然存在着卓越的理论,但并不存在着包括整个范围的综合理论,因此,作为方法来说系统理论是最有效的。"

丘奇曼认为,系统方法是人类创造的最有力的"分析机器"之一。

美国组织理论家斯科特,称系统管理理论是管理学的真正革命,并把它比作是从牛顿的经典力学到爱因斯坦的相对论的转变。

运筹学家阿柯夫,甚至把"系统时代"的变化与文艺复兴时代、工业革命时代的变化相比拟。

资料来源:杨柯,刘文瑞.卡斯特:系统管理理论的大师[J].管理学家,2007(10).

2.2.2 权变管理理论

权变管理理论是在20世纪70年代开始形成和发展起来的,其代表人物是美国管理学家卢桑斯以及英国学者伍德沃德等人。所谓权变就是具体情况具体分析和具体处理。权变管理就是考虑到有关环境的变数同相应的管理观念和技术之间的关系,使采用的管理理论和技术能力有效地达到目标。权变理论认为不存在一成不变的、无条件适用于一切组织的最好的管理方法,强调在管理中要根据组织所处的内外环境的变化而随机应变,针对不同情况寻找不同的方案和方法。

在权变理论提出以后的几十年内,其理论价值和应用价值日益为管理实践所证明,因而得到了越来越多人的支持,成为具有重大影响的管理学派之一。

1. 权变理论的内容

权变理论主要内容包括三个方面,如图2.4所示。

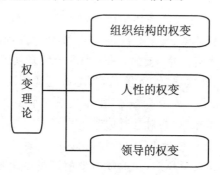

图2.4 权变理论的主要内容

(1) 组织结构的权变理论。这类理论都把企业组织作为一个开放系统,并试图从系统的相互关系和动态活动中,考察和建立一定条件下最佳组织结构的关系类型。

(2) 人性的权变理论。这类理论认为人是复杂的,要受多种内外因素的交互影响。因而,人在劳动中的动机特性和劳动态度,总要随其自身的心理需要和工作条件的变化而不同,不可能有统一的人性定论。

(3) 领导的权变理论。这类理论认为领导是领导者、被领导者、环境条件和工作任务结构等四个方面因素交互作用的动态过程,不存在普遍适用的一般领导方式,好的领导应根据具体情况进行适当的管理。

2. 权变理论的指导意义

根据权变理论,在管理工作中要注意下列问题:

(1) 环境变量与管理变量之间存在着函数关系,即权变关系。这里所说的环境变量,既包括组织的外部环境,也包括组织的内部环境。而管理变量则指管理者在管理中所选择和采用的管理观念和技术。所以,管理者在管理中要具体问题具体分析。

(2) 在一般情况下环境是自变量,管理观念和技术是因变量。因此,如果环境条件一定,为了更快地达到目标,必须采用与之相适应的管理原理、方法和技术。

(3) 管理模式不是一成不变的,要适应不断变化的环境而有所变革,要根据组织的实际情况来选择最适宜的管理模式。

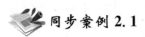

同步案例 2.1

国有企业改革成为"绕不过去的坎"

《中共中央关于全面深化改革若干重大问题的决定》提出:"紧紧围绕使市场在资源配置中起决定性作用深化经济体制改革,坚持和完善基本经济制度,加快完善现代市场体系、宏观调控体系、开放型经济体系,加快转变经济发展方式,加快建设创新型国家,推动经济更有效率、更加公平、更可持续发展。"我国的国有企业经历了放权让利、承包经营、产权明晰、市场竞争、垄断经营等几个阶段。有学者认为,凡是在前几个阶段生存下来的国有企业,主要有两个特点:一是自身竞争力强,具有市场活力;二是在国家保护、相对垄断的市场中经营。在中国新一轮全面深化改革的总体框架中,国有企业是一个"绕不过去的坎"。虽然已经有财团化、高管持股、劳动者利益联合体等改革概念,但具体有效的方案仍没有面世。

资料来源:根据有关资料整理。

问 题

我国的国有企业在市场在资源配置中起决定性作用的环境下,面临深化改革的新课题,请结合对权变理论的学习,就此谈谈自己的认识。

分析提示

权变管理就是考虑到有关环境的变数同相应的管理观念和技术之间的关系,使采用的管理理论和技术能力有效地达到目标。市场在资源配置中起决定性作用,必然淡化国家保护和相对垄断,国有企业必须适应不断变化的环境而进行变革。

2.2.3 行为科学理论

行为科学作为一种管理理论,开始于20世纪20年代末30年代初的霍桑实验,而真正得以发展却在20世纪50年代。行为科学理论是在早期人际关系理论的基础上发展起来的。该学派的代表人物很多,像美国的马斯洛、赫兹伯格等。

行为科学是一门研究人类行为的综合性科学。它研究人的行为产生、发展和相互转化的规律,以便预测和控制人的行为。按照美国管理百科全书的定义:"行为科学是运用自然科学的实验和观察方法,研究自然和社会环境中人的行为以及低级动物行为的科学,已经确认的学科包括心理学、社会学、社会人类学以及其他学科类似的观点和方法。"依据这一定义,行为科学的应用范围几乎涉及人类活动的一切领域,形成了众多的分支学科,如组织管理行为学、医疗行为学、犯罪行为学、政治行为学、行政行为学等。

行为科学已在管理上得到广泛的应用,并取得了明显的成效。它的成功改变了管理者的思想观念和行为方式。行为科学把以"事"为中心的管理,改变为以"人"为中心的管理,由原来对"规章制度"的研究发展到对人的行为的研究,由原来的专制型管理向民主型管理过渡。

1. 行为科学理论的主要观点

(1) 重视人在组织中的关键作用。行为科学理论认为,管理中最重要的因素是对人的管理,强调"以人为中心"研究管理问题,强调探索人类行为的规律,提倡善于用人、尊重人、关心人、满足人的需要,以调动人的积极性,并创造一种能使组织成员充分发挥力量的工作环境。

(2) 强调个人目标和组织目标的一致性。认为调动积极性必须从个人因素和组织因素两方面着手。使组织目标包含更多的个人目标,不仅要改进工作的外部条件,更重要的是要改进工作设计,把从工作本身满足人的需要作为最有效的激励因素。

(3) 主张民主型管理。要求在组织中恢复人的尊严,实行民主参与管理,改变上下级之间的关系,由服从命令变为支持帮助,由监督变为引导,实行组织成员的自主自治。

2. 行为科学理论的主要特点

(1) 把人的因素作为管理的首要因素,强调以人为中心的管理,重视满足职工的多种需要。

(2) 综合利用多学科的成果,用定性和定量相结合的方法探讨人的行为之间的因果关系及改进行为的办法。

(3) 重视组织的整体性和整体发展,把正式组织和非正式组织、管理者和被管理者作为一个整体来把握。

（4）重视组织内部的信息流通和反馈，用沟通代替指挥监督，注重参与式管理和职工的自我管理。

（5）重视内部管理，但忽视了市场需求、社会状况、科技发展、经济变化、工会组织等外部因素的影响。

（6）强调人的感情因素和社会因素，但忽视了正式组织的职能及理性和经济因素在管理中的作用。

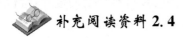补充阅读资料 2.4

"人性"问题的 X、Y 理论

这是一对基于两种完全相反假设的理论，是美国教授麦格雷戈于 1957 年前后提出的。他把传统管理学说称为"X 理论"，把他自己的管理学说称为"Y 理论"。X 理论认为人们有消极的工作原动力，而 Y 理论则认为人们有积极的工作原动力。

X 理论认为：多数人天生懒惰，尽一切可能逃避工作；多数人没有抱负，宁愿被领导，怕负责任，视个人安全高于一切；对多数人必须采取强迫命令、软（金钱刺激）硬（惩罚和解雇）兼施的管理措施；激励只在生理和安全需要层次上起作用。

Y 理论的看法则相反：人们并不天生厌恶工作；多数人愿意对工作负责，并有相当程度的想象力和创造才能；控制和惩罚不是使人实现企业目标的唯一办法，激励在需要的各个层次上都起作用；想象力和创造力是大多数人广泛具有的。

资料来源：根据有关资料整理。

2.2.4 数理理论

数理理论是泰罗科学管理理论的继续和发展。它强调以运筹学、系统工程、电子技术等科学技术手段解决管理问题，着重于定量研究，力图利用科学技术工具，为管理决策寻得一个有效的数量解。

1. 数理理论的主要观点

数理理论提出依靠建立一套决策程序和数学模型以增加决策的科学性，力求减少决策的个人艺术成分。在管理决策中利用数学工具建立数量模型，研究各因素之间的相互关系，决策的过程就是建立和运用数学模型的过程。

2. 数理理论的特点

（1）强调用数字说话。寻求将众多方案中的各种变数或因素加以数量化，用数量表示最优化的答案，各种可行方案要以经济效果作为评价的依据。

(2) 广泛使用电子计算机。现代组织管理涉及的信息量不断加大,使处理信息的工作量加大。充分利用电子计算机等现代科学技术,特别是应用软件的使用,可使决策建立在准确、及时和充分了解信息的基础之上。

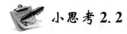
小思考2.2

问　题

按照数理理论,利用数学工具建立数量模型是重要的管理方法。因此,在管理中要加快推进管理手段现代化。这种观点正确吗?为什么?

分析提示

1. 观点正确。
2. 按照数理理论,利用科学技术工具,推进管理手段现代化是必然趋势,也是提高管理效率与水平的客观要求。

2.3　当代管理思想

2.3.1　人本管理思想

20世纪80年代以来,世界经济竞争日益激烈,随着以科学技术进步为基础的知识经济的迅速发展,社会的日益信息化以及全球经济一体化的发展趋势,迅速改变着人类社会的生产结构和关系。进入21世纪,各国在发展本国经济的同时,将目标瞄准国际市场,在与他国的竞争与合作中实现经济发展全球化的战略。在这一背景下,各国企业的管理理念、管理方法和管理体制互相借鉴,彼此交融,从而形成了基于现代企业文化的管理思想和新的理论。

人本管理是指在人类社会任何有组织的活动中,以人性为中心,按人性的基本状况来进行管理的一种普遍的管理方式。这一理论是在行为学派理论基础上发展而来的,显示了新环境下人本管理原则的形成和管理模式的创新。

1. 人本管理理论模式的基本依据

(1) 企业人是一个完整意义上的人,同时具有社会人的角色。人本管理应该始终坚持把企业人本身的全面发展和完善作为最高目标,为个人的发展和更好地完成其社会角色提供选择的自由。

(2) 企业人的心理、动机、能力和行为都是可以塑造、影响和改变的。社会和企业的环境、文化及价值观的变化也同样可以影响企业人的心理和行为方式。

(3) 作为管理主体和客体的人之间具有相关性,其目标是可协调的。

2. 人本管理的内容

总的来说,人本管理的内容就是对组织系统中所有涉及人的领域的研究,包括运用行为科学,重新塑造人际关系;增加人力资本,提高劳动力质量;改善劳动管理,充分利用劳动力资源;推行民主管理,提高劳动者的参与意识;建设组织文化,培育组织精神等。

(1) 人的管理第一。企业管理,从管理对象上看,分为人、财、物及信息。企业不是物的堆积,而是人的集合,是由以赢利为目的而构筑的经济性组织。企业的赢利性目的是通过对人的管理,进而支配物质资源的配置来达到的。因此,企业管理就必然是也应该是人本管理,以及对人本管理的演绎和具体化。企业必须调动企业员工创造财富和赢利的主动性、积极性和创造性。

(2) 以激励为主要方式。激励是指管理者针对下属所需,以外部诱因进行刺激,并使之内化为按照管理要求自觉行动的过程。激励是一个实施领导行为的过程,它主要是激发人的动机,使人产生一种内在动力,朝着所期望的目标前进的活动过程。未满足的需要,才会引起动机,所以它是激励的起点。人的需要分为物质层面和精神层面两种,外部诱因也应有物质的和精神的。我们应该用不同的诱因刺激人们相应的需要。所以说,激励的实现,必须使外部诱因内化为个人的自觉行为,激发人们按照管理的目标与要求行事。

(3) 建立和谐的人际关系。人们在一定的社会中生产、生活,就必然要同其他人结成一定的关系,不可能独立于社会之外。不同的人际关系会引起不同的情感体验。人际关系,会影响到组织的凝聚力、工作效率、人的身心健康和个体行为。实行人本管理,就是为了建立没有矛盾和冲突的和谐的人际关系,达成企业成员之间的目标一致性,从而建立和维持和谐关系。

(4) 积极开发人力资源。企业从事生产经营活动,需要具备两个最基本的条件:一是占有资金;二是拥有掌握专业技能从事管理和操作的人员。两者之间,人的因素更为重要。人力资源的核心问题,是开发人的智力,提高劳动者的素质。人力资源开发是组织和个人发展的过程,其重点是提高人的能力,核心是开发人的潜能。人力资源开发是一个系统工程,贯穿人力资源发展过程的始终,预测规划、教育培训、配置使用、考核评价、激励和维护,都是人力资源开发系统中不可缺少的环节。因此,制定和实施人才战略,是企业实现发展战略的客观要求,是现代企业人才发展规律的内在要求,也是现代科学知识和教育的客观要求和发展趋势。

(5) 培育和发挥团队精神。团队精神决定了集体的战斗力。形成坚强的团队需要满足以下条件:第一,要有共同的目标,并把目标进行分解,使每一个部门、每一个人都知道自己承担的责任和应作出的贡献,使之与企业总目标紧密结合在一起。第二,要增强领导者自身的影响力。因为领导是组织的核心,领导者的威望取决于他的人格魅力和思想修养,取决于他的知识、经验、胆略、才干和能力等。第三,要建立系统科学的管理制度,使管理工作和人的行为制度化、规范化、程序化。第四,要有良好的沟通和协调,这是形成优秀集体的必要条件。第五,要强化激励,形成利益共同体,即通过建立有效的物质激励体系,形成一种荣辱与共、休戚相关的企业命运共同体。

3. 人本管理的机制

有效地进行人本管理,关键在于建立一整套完善的管理机制和环境,使员工处于自动运转的主动状态,激励员工奋发向上、励精图治的精神。人本管理机制如表2.1所示。

表 2.1　人本管理机制

类　　别	内　　　　容
动力机制	物质动力、精神动力
压力机制	竞争的压力、目标责任压力
约束机制	法律与制度规范,伦理道德规范
保证机制	法律的保护,社会保障体系的保证
选择机制	企业和企业员工的双向选择的权力
环境影响机制	人际关系、工作条件和环境

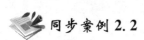
同步案例 2.2

人才战略为"海信"第一战略

海信集团成立于1969年,旗下拥有海信视像(600060)和海信家电(00921)两家上市公司,持有海信(Hisense)、科龙电器(Kelon)和容声(Ronshen)等3个中国著名商标。在全球设有20余个海外分支机构,海信产品远销欧洲、美洲、非洲、东南亚等地区的130多个国家,已形成了涵盖多媒体、家电、IT智能信息系统和现代地产的产业格局。

"海信"坚守技术立企,坚守质量,坚守对人的尊重。其中,"海信"将人视为企业最宝贵的资源,把人才战略视为海信第一战略。在"海信",企业有三大资源:一是人力资源,二是经济资源,三是信息资源。其中,人力资源被认为是第一大资源。"海信"认为,"一个成功的企业,首先生产的应该是人,其次才是产品"。就是这种"生产人"的理念赋予海信这样一种文化:把人当做主体,把人当做目的,一切以人为中心。"海信"的"敬人、敬业、创新、高效"企业精神中,"敬人"作为"海信"企业文化的核心,反映了海信集团的厚德载物的仁爱思想和人本主义,是企业精神的一种体现。"敬人"对内表现为尊重员工的人格与尊严,尊重员工创造的价值,提倡公平竞争,不断赋予员工有挑战性的工作目标和广阔的发展空间,达到企业和员工的双赢;对外表现为尊重外部公众的需求和经济利益,在研发上真正投入、设计上人性至上、制造上精益求精、服务上诚心诚意、宣传上实事求是。

资料来源:根据有关资料整理。

问 题

1. "海信"人才第一的战略在管理模式上实现了什么创新?
2. "海信"的人本管理对你有何启发?

分析提示

1. 人本管理创新。
2. 人才是企业最宝贵的资源,也是一种战略资源;一个成功的企业,首先生产的应该是人,其次才是产品;企业应该把人当做主体,把人当做目的,一切以人为中心;企业应该将"敬人"作为文化之核心,关心、帮助、培养与爱护员工。

2.3.2 学习型组织理论

学习型组织理论是美国麻省理工学院教授彼得·圣吉(Peter Senge)在其著作《第五项修炼》中提出来的。圣吉认为,学习型组织是指更适合人性的组织模式。这种组织由一些学习团队形成,有崇高而正确的核心价值、信念和使命,具有强韧的生命力与实现共同目标的动力,不断创新,持续蜕变。

1. 学习型组织理论产生的背景

学习型组织作为一种成功的组织发展模式,适应了各种社会组织提升持久竞争力、学习力、创新力的要求与加快发展的要求。它是在人类迈向信息时代、知识经济时代,发展成为主旋律、创新成为发展动力的背景下,各种社会组织寻求从工业文明社会形成的过时的、不合时宜的观念和体制突围的探索中找到的一条新路。20世纪80年代起就有许多企业在探索建立学习型组织。美国通用电气就是其中的佼佼者,他们运用创新的学习型组织理念改造企业的文化和组织结构,突破了企业发展的瓶颈,取得了惊人的成就。许多经济组织、公共组织都受到启发、鼓舞,纷纷加入创建学习型组织、学习型政府的行列。

2. "学习型组织"理论的主要内容

(1) 自我超越。组织的自我超越旨在实现突破各种现实因素限制的发展目标,它赋予组织中所有成员新的使命,以适应未来的变化和实现组织发展长远目标的需要。实现自我超越的要点是:建立个人愿景,弄清到底什么对我们最重要,清楚地认识目前的真实情况和今后的发展趋向;明确愿景与现实情况的差距,从现实出发寻求超越自我的发展动力;在努力工作的同时,克服不安情绪,不断提高超越自我的能力。

(2) 改善心智模式。由于人们在日常事务处理中习惯于以过去的经验行事,以已形成的心理模式去处理事务,而不顾及环境变化和行为的后果,往往使问题处理失败或使企业失去发展机遇。为了实现心智模式的改善,圣吉提出了通过反思和探询的方法在实践中进行修炼,其最终目的是使组织以共同的愿景为基础,产生亲和力,以提高组织适应环境变化和做出反应的能力。

(3) 建立共同愿景。圣吉指出,共同愿景体现组织未来发展远景目标和组织长远目标,是能够被其成员接受的愿望。建立共同愿景的关键是:通过组织内的沟通与交流,逐步形成明晰的组织发展理念和长期奋斗的目标;善于对冲突进行协调,有效地解决不同意见带来的分歧,进行共同愿景的修炼。

(4) 团队学习。团队学习是在"共同愿景""自我超越"基础上的修炼,其目的是使组织成员学会集体思考,以激发群体的智慧。开展团队学习后,由于团队成员理解彼此的思维和想法,因此,能提高综合效率。

(5) 系统思考。圣吉指出,在学习中可以从事业层次、行为变化层次和系统结构层次出发进行系统的修炼,并强调要把企业看成一个系统,并把它融入社会这个大系统中,考虑问题既要看到局部,又要看到整体;既要看到当前,又要看到长远。要把系统原则融入行为之中,必须从广角镜观察世界。

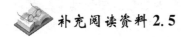

补充阅读资料 2.5

学习型组织的核心理念是创新与成长

彼得·圣吉认为,学习型组织的本质特征用两个字概括叫"创造",用四个字概括叫"持续创造"。据此,学习型组织的核心理念是创新和成长,即知识创新、学习方法创新、企业成长和员工成长。因为在知识经济时代,知识成为最重要的生产要素,是价值、财富的主要来源。企业的创新能力在很大程度上取决于自身的知识创新能力;取决于能够进行创造性劳动的高素质管理者和员工队伍的质量与数量;取决于管理者、员工学习力、创新力的提升和全面发展。

资料来源:根据有关资料整理。

2.3.3 组织再造理论

1990年美国现代管理学家、麻省理工学院教授迈克尔·哈默(Michael Hammer)在《哈佛商业评论》上发表了一篇名为《再造:不是自动化,而是重新开始》的文章,率先提出了组织再造的思想。组织再造理论以一种再生的思想重新审视企业,并对传统的管理学赖以存在的基础——分工理论提出了质疑,是管理学发展史上的一次巨大变革。

1. 组织再造的意义

组织再造理论是指企业要想适应信息技术的发展,就要抛弃传统的组织结构模式,重新建立适应当代信息化需求的新的企业组织结构模式。哈默和钱皮陆续出版的《再造革命》(1995)、《管理再造》(1995)、《超越再造》(1996)等著作,丰富和发展了企业再造理论。他们对组织再造下的定义是:"将组织的作业流程作根本的重新思考与彻底翻新,以便在成本、品质、服务与速度上获得戏剧化的改善。"其中心思想是强调组织必须采取激烈的手段,彻底改变原来的工作方法。

组织再造的意义表现在两个方面:

(1) 这是经济社会发展的客观要求。随着经济全球化进程的不断推进和信息技术的飞速发展,企业之间的竞争越来越呈现出复杂化、动态化的特征。长期以来,人们对企业生产经营系统、管理组织结构的变革都持一种比较慎重的态度,主张用改良、完善的办法来改善和加强管理,对管理组织结构也是要求保持稳定性和灵活性的统一,避免出现大的波动,造成工作秩序的混乱。而"组织再造"理论认为,在时代变迁的今天,传统的办法已成为束缚组织发展的障碍,为适应新环境对组织生存和发展的要求,必须对组织的工艺流程、管理组织系统进行重组、再造,强调组织流程要"一切重新开始",摆脱以往陈旧的流程框架。

(2) 这有利于提高效率与效益。"再造工程"在欧美的企业中受到了高度重视,迅速得到推广,带来了显著的经济效益,并涌现出大批成功的范例。例如,有关抽样问卷调查结果显示,流程再造为企业带来了惊人的变化:IBM 信贷公司通过对提供融资服务过程的改造,利用专家系统,将每个融资申请的处理时间缩短了 90%(由原来的 7 天减少为 4 小时),大大提高了工作效率和顾客满意度;波音公司通过实施"企业再造"方案,一架波音 737 飞机的生产周期由原来的 13 个月降低到 6 个月,经营成本也降了 20%—30%。

2. 企业再造过程

企业再造过程涉及两个方面,即对过去流程的再认识和新流程的设计。然而,再造不是简单的流程自动化和消除原有流程的过程,即不是简单地改变原流程,以适应信息技术的应用。事实上,它是企业管理思想和理论的创新,是一种动态化的企业流程管理模式。例如,改变企业内部层级式的组织结构,就要解决组织臃肿、扩大管理幅度和建立扁平组织等问题。在企业再造中,哈默等人特别强调以下几个影响流程功能的因素:

(1) 持续时间:整个流程持续时间以及每一环节、每一步骤的持续时间。

(2) 依赖关系:每一环节对其他环节的依赖和联系。
(3) 流程主体:完成每一流程规定任务的责任主体(责任人)。
(4) 问题区域:出现困难的环节(任务)以及经常出现的困难。
(5) 增值影响:各个环节对产品增值的影响。

与企业再造相类似,其他组织也存在流程再造的问题,如面对科技创新的科学研究组织的改革、重组,文化组织的重构以及社会团体活动方式的变革等。在组织再造上,应根据不同组织的需要决定流程再造的方式。

3. 企业再造应注意的问题

在企业再造方面,应该正确处理好以下四种关系:

一是总公司与子公司的关系。母子公司体制是目前大量企业所采用的一种组织框架,但是母子公司体制要真正做到能有效地协调母子公司的关系,而且能够使企业真正充满活力,而又不会失控,这实际上是很艰难的事,必须在产权、权力和责任方面进行明确地界定才能构建企业管理的最基本框架。

二是事业部制与分公司的关系。应该明确分公司不是一个独立法人,实际上只是一个比车间更具有相对独立性的非法人地位的公司。一个企业到底是实行事业部制还是母子公司制,并没有通用的模式,完全取决于企业的生产力发展状况。

三是纵向管理与横向管理的关系。一些企业之所以出现管理混乱、相互推诿的情况,主要是横向管理过宽造成的。企业组织再造必须注意这个问题,即使需要增加横向管理,也必须注意方式的科学性和规范性。

四是管理与决策的关系。这就要求建立规范的法人治理结构,不能搞一言堂。

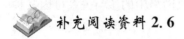
补充阅读资料 2.6

确立组织结构的原则

当代的管理大师德鲁克曾经强调,组织结构必须具备三个原则:一是对完成事业目标或组织使命有作用,二是人数尽可能少的管理层,三是能够训练和考验未来的高层经营者。

资料来源:根据有关资料整理。

2.3.4 虚拟企业

虚拟企业是伴随网络信息技术发展而产生的一种全新的企业经营方式,是供应链企业的一种典型组织形式,也称业务外包或战略联盟。虚拟企业依靠信息技术手段,将供应商、顾客甚至竞争对手等独立企业连接成企业供应链,目的是互享对方的技术、优势,分担成本以及市场渗透。例如,耐克公司虽然是世界最大的运动鞋生产公司,但却没有自己的工厂。公司将主要的财力、物力和人力投入到产品的设计和销售上,将产品生产外包给其他企业生产。它先后与马来西亚、英国、中国等地的公司开展合作,均取得了巨大成功,从1985年到1992年,利润增长了24倍。

1. 虚拟企业的特点

(1) 虚拟企业使得传统的企业界限模糊化。虚拟企业不是法律意义上完整的经济实体,不具备独立的法人资格。一些具有不同资源及优势的企业为了共同的利益或目标走到一起结成联盟,组成虚拟企业,这些企业可能是供应商,可能是顾客,也可能是同业中的竞争对手。

(2) 虚拟企业具有流动性与灵活性。多个企业出于共同的需要、共同的目标走到一起结盟,一旦合作目的达到,这种联盟便可能宣告结束,虚拟企业便可能消失。因此,虚拟企业可能是临时性的,也可能是长期性的,虚拟企业的参与者也是具有流动性的。

(3) 虚拟企业是建立在当今发达的信息网络基础之上的企业合作。在虚拟企业的运行中信息共享是关键,而使用现代信息技术和通信手段使得沟通更为便利。采用通用数据进行信息交换,使所有参与联盟的企业都能共享设计、生产以及营销的有关信息,从而能够真正协调步调,保证合作各方能够较好地开展合作,使虚拟企业集成出较强的竞争优势。

(4) 虚拟企业一般在技术上占有优势。由于虚拟企业是集合了各参与方的优势而形成的,尤其是技术上的优势,因此在产品或服务的技术开发上更容易形成强大的竞争优势,使其开发的产品或服务在市场上处于领先水平。

(5) 虚拟企业可以看作是一个企业网络。该企业网络中的参与关系可因某种市场机会迅速结盟,也会因某些原因变换组织成员。每一个成员都要贡献一定的资源,供大家共享,而且这个企业网络运行的集合竞争优势和竞争力水平大于各个参与者的竞争优势和竞争力水平的简单相加。

2. 虚拟企业的运作要求

随着现代科学技术迅速发展,在市场激烈竞争的压力下,企业实现虚拟化已成为一种必然趋势和自然的选择。企业虚拟化运作具体体现在以下几个方面:

(1) 要在供应商、制造商、销售商和用户之间建立新型关系。在激烈的市场竞争中,用户希望与厂商建立长期的、良好的关系,从而满足自己对产品和服务的要求;厂商若能保持与老用户的关系可以降低经营成本,有利于为用户提供更好的服务;同样,供应商不仅要向制造商及时提供价廉物美的零部件,还要积极参与制造商的产品开发和设计;制造商则要给供应商以充分的信任,吸引他们参加企业的产品开发设计等活动,分享有关的重要信息。这几个方面互相依赖,交互渗透,彼此联结,不同企业间的界限趋于模糊,很难加以区分。这种新型的关系体现在彼此间有着共同的命运和共享信息资源。

（2）企业内部的组织结构扁平化。组织结构的扁平化，要求担负着指挥和信息传递作用的基层管理者甚至中层管理者都大大减少，这种结构的优点就是企业对外界环境变化的反应速度大大加快。在组织结构扁平化的同时，管理者的角色由监督者变为带领下级的教练，充分信任自己的下属，授权给他们，对他们进行培训，帮助他们解决所遇到的问题，引导他们参与管理和决策，形成企业合力。

（3）正确运用信息技术。从虚拟企业的特点出发，运用信息技术使供应商、制造商、销售商和用户之间能迅速地交换和共享信息，为用户参与产品的开发设计提供条件，灵活地组织开发、设计、制造等工作，这都要求企业能迅速响应用户的不同要求和市场的变化。在信息技术提供的帮助下，实现企业的虚拟化，这才是运用信息技术的出发点。

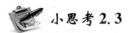

问　　题

我国许多经济技术开发区企业积极实现虚拟化，发展虚拟化企业外包业务，是"中国制造"的写真。你对此有何看法？

分析提示

一方面，企业实现虚拟化成为一种必然趋势和自然的选择；另一方面，建立自己的战略联盟，发展虚拟企业外包业务，是建设制造强国的科学选择。

管理作为一门科学，在上百年的发展过程中，经历了近代管理理论、现代管理理论和当代管理理论等发展阶段。古典管理理论的产生与发展时期，又被称为科学管理思想发展阶段，时间为19世纪末至20世纪的三四十年代。这一时期的管理理论主要是以泰罗的科学管理理论、法约尔的一般管理理论、韦伯的行政组织理论以及梅奥的人际关系理论为代表。这些管理思想的日渐成熟，是对社会化大生产发展初期管理思想较为系统的总结，标志着管理科学的建立。

第二次世界大战后，现代管理思想开始形成，并且发展异常活跃，形成了许多管理理论学派。其中的一些管理学派对管理科学的发展有着重大的影响，如系统管理理论、权变管理理论、行为科学理论、数理理论等。

20世纪80年代以来，与其他领域一样，管理学也处于不断发展和变革之中，面向未来的管理思想与理论的形成已成为管理创新的主流。其中，最突出的有以新的组织文化为背景的人本管理思想、学习型组织理论、组织再造理论与虚拟企业等。

基本训练

一、知识训练

(一) 复习题

1. 单项选择题

(1) 下列内容中,不属于泰罗科学管理理论的观点是( )。

A. 科学制定工作定额　B. 合理用人　C. 统一指挥　D. 标准化管理

(2) 按照韦伯的行政组织理论,作为行政组织基础的权力是( )。

A. 传统的权力　B. 法定权力　C. 超凡的权力　D. 共享权力

(3) 行为科学理论发展的基础是( )。

A. 科学管理理论　B. 一般管理理论　C. 行政组织理论

D. 人际关系理论

(4) 组织再造理论作为管理学发展史中的一次巨大变革的标志,是对( )提出了质疑。

A. 分工理论　B. 行为科学理论　C. 数理理论　D. 权变管理理论

2. 多项选择题

(1) 下列内容中,属于法约尔企业管理原则的是( )。

A. 劳动分工　B. 纪律　C. 公平　D. 首创精神　E. 团结精神

(2) 数理理论的特点是( )。

A. 用数字说话　B. 建立模型　C. 广泛使用电子计算机　D. 科学

E. 注重经验

(3) 影响组织再造流程功能的因素包括( )。

A. 持续时间　B. 依赖关系　C. 流程主体　D. 问题区域

E. 增值影响

3. 简答题

(1) 学习型组织理论的主要内容有哪些?

(2) 企业再造应注意哪些问题?

(二) 讨论题

> 背景资料

三江贸易公司近期接连出现业务骨干离职事件,主要原因是该公司的制度管理以"事"为中心,一切以完成任务为中心,激励方式就是发放奖金,尽管业务骨干的年收入也达到了10万元左右,但是一批业务骨干却以发展空间不足为由先后离职。

问 题

你是否赞成"三江公司"业务骨干选择离职？请结合对人本管理理论的学习，谈谈自己的看法。

二、能力训练

案例分析

"美丽出中国，风流行天下"
——上海家化集团"佰草集"品牌实现中国品牌"世界梦"

上海家化集团（以下简称上海家化）拥有国内同行业中最大的生产能力，是行业中最早通过 ISO 9000 国际质量认证的企业，亦是中国化妆品行业国家标准的参与制定企业。作为国内化妆品行业首家上市公司，上海家化是国内日化行业中少有的能与跨国公司开展全方位竞争的本土企业，拥有国际水准的研发和品牌管理能力。上海家化以广阔的营销网络渠道覆盖了全国200多座100万人口以上的城市。

上海家化一直致力于帮助人们创造清洁、美丽、优雅的生活，作为中国日化行业的支柱企业，随着日化行业对外资全面开放，上海家化凭借坚持差异化的经营战略，在完全竞争的市场上创造了"六神""佰草集""美加净""启初""清妃""高夫"等诸多中国著名品牌，占据了众多关键细分市场的领导地位。其中"佰草集"品牌更是把中国文化及其伟大复兴作为品牌发展的不竭源泉，把东方智慧糅合在品牌的构建之中，总结出了品牌建设"以中定位、以西执行"，体用关系"以中为体、以西为用"，道术关系"以中为道、以西为术"的企业成功经验。同时，把营销和创新作为品牌发展的两翼和双轮，致力于创造美丽中国配方，引领世界美丽风尚。

资料来源：苏宗伟. 中国管理模式创新研究[J]. 经济管理，2013(7)：195.

思 考

1. 上海家化集团"佰草集"品牌的"世界梦"是如何实现的？
2. 结合对当代管理思想的学习，谈谈你对上海家化集团的认识。

第 3 章　计划与决策

 **学习目标**

知识目标：掌握计划的概念与性质、决策的概念，明确计划的表现形式与类型、计划的编制过程和决策的程序。

技能目标：掌握计划的编制方法和决策的方法，能结合企业生产或经营实际，编制简单的计划，制定简单的决策方案。

基本素养：树立计划与决策的意识，为培养科学管理素质奠定基础。

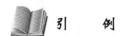 **引　例**

嘉陵集团的"分阶段计划"

在 20 世纪 80 年代和 90 年代前 5 年，嘉陵摩托在中国摩托车生产企业中独领风骚，成为中国摩托车之王。然而，至 90 年代中期，由于管理无序、盲目发展以及假冒伪劣产品的冲击，再加上国内外宏观经济环境的影响，嘉陵摩托在 1996 年失去了"皇帝女儿"的身份。从这一年开始，嘉陵摩托销量持续下滑、库存量增加。危难之际，嘉陵集团的新领导班子上任后，决定重振嘉陵昔日雄风。在多次认真分析之后，他们决定从增强产品参与市场竞争的能力出发，制订和实施结构调整计划，果断地在产品结构、组织结构、资产结构等 8 个方面进行战略性结构调整，计划用 3 年时间使嘉陵由大变强，再现昔日辉煌。

为了有计划、有步骤地打好结构调整这一仗，该集团决定分三个阶段来进行：第一阶段从 1998 年到 1999 年上半年，止住嘉陵摩托销售量下滑势头；第二阶段从 1999 年下半年到 2000 年上半年，实现嘉陵摩托产销量恢复性增长；第三阶段从 2000 年下半年开始，嘉陵摩托销售量实现稳步增长，2001 年起销售收入每年增长 20% 以上。

该集团从理顺新产品开发的指导思想、开发思路、开发体制和开发程序入手，实行自主开发与技术引进、联合开发相结合，开发基干型车与改型车相结合，近期、中期、长期相结合的方针，完成了 17 个改型产品并形成批量生产能力，开发出 3 个全新产品投放市场。集团坚持抓名牌发展战略，用铁的手段抓质量，强化内部管理。嘉陵集团实施战略性结构调整计划，使原处于销售困境的嘉陵摩托峰回路转，

1998年嘉陵集团实现销售70万辆,销售收入33.7亿元;2001年,嘉陵集团销售收入达46.53亿元,利税总额突破10亿元,嘉陵集团摩托车产销量再次位居中国摩托车行业第一位。

资料来源:根据嘉陵集团官方网站和有关资料整理。

思 考

1. 嘉陵集团战略性结构调整的分阶段计划发挥了什么作用?
2. 嘉陵集团摩托车再现昔日辉煌有何指导意义?

3.1 计　　划

"凡事预则立,不预则废",说明了计划工作的重要性。在市场经济条件下,许多组织都是有明确目标的,但有时不能实现目标,很大程度上就是因为缺少具体的实施计划。计划工作是管理职能中的首要职能,在对资源优化配置和有效使用过程中,计划是为达到组织目标而提供的一种合理的实现方向,并起着先导性、全局性的重要作用。正如哈罗德·孔茨(Harold Koontz)所指出的:"计划工作是一座桥梁,它把我们所处的此岸与我们所要去的彼岸连接起来,以克服这一天堑。"

3.1.1 计划的概念与特点

1. 计划的概念

计划有广义和狭义之分。广义的计划是指计划工作,包括制订计划、执行计划和检查计划。狭义的计划实际上就是制订计划,即根据实际情况,通过科学预测,权衡客观的需要和主观的可能,提出在未来一定时期内要达到的目标,以及实现目标的途径。简而言之,计划是预先明确所追求的目标以及相应行动方案的活动。本书所讨论的计划都是指狭义的计划。

计划是指挥的依据、组织的保证和控制的标准。它能将不确定因素的影响降到最低。计划必须回答7个方面的问题,如图3.1所示。

(1) 做什么——目标和内容。即预先决定做什么,明确活动的内容和要求。例如,企业生产计划的任务主要是确定生产哪些产品、生产多少,合理安排产品投入和产出的数量和进度,保证按期、按质和按量完成订货合同;企业销售计划的任务主要是确定销售哪些产品、销售量,并负责回笼资金等。

(2) 为什么做——原因。即明确设立计划的必要性,并论证完成目标任务的可行性。实践证明,计划工作人员对组织设立目标任务的必要性和可行性了解得越清楚,认识得越深刻,就越有助于他们在计划工作中发挥主动性和创造性。

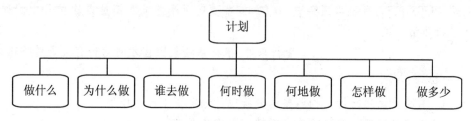

图 3.1 计划必须回答的问题

(3) 谁去做——人员。计划工作要明确规定目标任务由哪个部门、哪个人负责。如开发一种新产品,要经过产品设计、样机试制、小批试制和正式投产几个阶段。在计划中要明确规定每个阶段由哪个部门、哪个人员负主要责任,哪些部门协助等。

(4) 何时做——时间。即选定计划实施的时机,以及规定计划中各项工作的开始和完成的进度,以便进行有效的控制和对能力、资源进行平衡。

(5) 何地做——地点。即规定计划实施的地点和场所,了解计划实施的环境条件和限制,以便合理安排计划实施的空间组织和布局。

(6) 怎样做——方法。即制订计划实施的措施,以及相应的政策和规则,对资源进行合理分配和集中使用,对人力、物力进行平衡,对各种派生计划进行综合平衡等。

(7) 做多少——经济。即根据目标要求和控制标准投入多少资源,进行优化配置和有效使用,以实现成本最小化、目标效益最大化。

根据计划必须回答的问题,人们总结出一项完整的计划应包含的要素包括前提、目标与任务、目的等 9 个方面,如表 3.1 所示。

表 3.1 一项完整的计划应包含的要素

要素	所要回答的问题	内容
前提	该计划在何种情况下有效	预测、假设、实施条件
目标与任务	做什么	最终结果、工作要求
目的	为什么做	理由、意义、重要性
战略	如何做	途径、基本方法、策略
责任	谁做,做得好坏的结果	人选、奖罚措施
时间安排	何时做	起止时间、进度安排
范围	涉及哪些部门或何地	组织层次、地理范围
预算	需投入多少资源	费用、代价
应变措施	实际与预期不相符怎么办	最坏情况计划

2. 计划的特点

计划的特点主要表现在以下几方面：

(1) 目的性。任何组织或个人制订计划都是为了有效地达到某种目标。当然，在计划工作开始之前，目标可能还不十分具体。在计划过程的最初阶段，制订具体明确的目标是首要任务，其后所有工作都是围绕目标进行的。目标是计划内容的核心，实现目标是计划的出发点和归宿点，没有目标，计划就没有意义。

(2) 首位性。计划职能是管理的首要职能。从管理过程看，计划职能处于计划、组织、领导、控制和创新等基本管理职能的开始阶段，计划是管理者行使管理职能的基础，组织、领导、控制和创新职能作用的发挥要以计划为依据，计划要贯穿到这些职能中去，而组织、领导、控制和创新的目的在于促使计划的实现。

(3) 普遍性。计划的普遍性表现在两个方面：首先，组织的任何管理活动都需要进行计划。计划涉及组织的各个层次、各个部门以至全体成员。其次，计划是所有管理者应有的功能。一个组织的总目标确定后，各级管理人员为了实现组织目标，保证本级组织的工作得以顺利进行，都要根据各自的职责和权力制订相应的计划。也只有这样，才能充分调动各级管理人员的积极性，更好地贯彻执行计划。

(4) 经济性。计划工作的任务，不仅要确保组织目标完成，而且要从众多方案中筛选最优的资源配置方案，以提高效率与效益。也就是说，既要"做正确的事"，又要"正确地做事"。这表明计划工作的任务与经济学所追求的目标是一致的。计划应从多条实现目标的途径中，通过技术经济论证和可靠性分析，选择最佳方案，避免无计划的重复性、浪费性活动，使组织的各项资源得以充分利用，从而降低成本，提高经济效益，实现组织目标。

(5) 创新性。计划是在行动之前制订的，总是针对需要解决的新问题、可能发生的新变化和或许到来的新机遇。就企业而言，计划应根据经营环境的变化，确定含有创新因素的目标，制订创新性计划，科学组织人才、资本和科技要素，以创造市场和适应市场，满足市场需求，同时达到企业经济效益和社会责任目标。

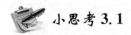
小思考 3.1

问 题

管理者的主要任务是决策，你是否赞成这一说法？

分析提示

这个观点是正确的。管理者的主要任务是决策，因为决策错误则全盘皆输。

3.1.2 计划的表现形式与类型

1. 计划的表现形式

现代管理学认为,组织中开展的一切以未来为工作内容的管理活动都可以纳入计划职能。同理,这些工作的表现形式也就是计划的形式。在一个组织中,常见的计划形式有以下几种,如图3.2所示。

图3.2 常见的计划形式

(1) 宗旨。宗旨是社会赋予组织的基本职能和基本使命。它表明组织是干什么的,应该干什么。例如,工商企业的宗旨是向社会提供商品或劳务;医院的宗旨是救死扶伤、治病救人;学校的宗旨是为社会培养人才。一个组织必须有明确的宗旨,组织的高层管理者要深入思考组织的宗旨,并将它明确阐述出来,灌输到每一个员工的头脑中去,贯彻到计划的制订和执行过程中。只有明确宗旨,才能制定清楚而有意义的目标,才能正确制订实现目标的计划。

(2) 目标。组织的目标具体地说明了组织从事这项事业的预期结果。组织的目标包括组织在一定时期的目标和组织的各个部门的具体目标。对工商企业来说,在一定时期的目标通常表现为两个方面,即企业对社会作出贡献的目标和自身价值实现的目标。在通常情况下,人们可以把组织目标进一步细化,从而得出更多方面的目标,形成一个相互联系的目标体系。

(3) 战略。战略原指指导战争全局的计划和策略,现已被各个领域所借用。计划中的战略是指为实现组织的目标选择发展方向、确定行动方针及资源分配方案的一个总纲。战略总是针对竞争对手的优势和劣势,以及正在和可能采取的行动而制定的。对于一个企业来说,制定战略的根本目的,是使公司尽可能有效地比竞争对手占有持久的优势。当然,企业战略的制定,必须研究其他相关组织,特别是竞争对手的情况,以取得优势地位和获得竞争胜利。如"百年竞争"中的两个主角——可口可乐公司和百事可乐公司,它们在制定各自的战略时,必定要研究对方的战略。

(4) 政策。政策是组织在决策时考虑问题的指南。政策的制定是为了规定组织行为的指导方针。政策有助于将一些问题事先确定下来,避免重复分析,并给其他派生的计划提供一个全局性的概貌。政策一般以书面形式发布,也可能存在于管理者的管理行为"暗示"之中,但无论是哪种形式,政策都对管理人员的工作起到重要作用。

(5) 程序。程序也是一种计划。它规定了某些经常发生的问题的解决方法和步骤,其实质是对所要进行的活动规定时间顺序。例如,采购部门采购材料应由使用材料的部门申请购买,经有关部门的领导审批,再实施采购活动;制造部门应有处理订单的程序;公司董事会应当有进行重大决策的程序等。管理的程序化是衡量管理水平的重要标志,制定和贯彻各项管理工作的程序是组织的一项基础工作。

(6) 规则。规则是对具体场合和具体情况下,允许或不允许采取某种特定行动的规定。规则也是一种计划,按照哈罗德·孔茨的观点,规则是一种最简单的计划。规则常与政策和程序相混淆,所以要注意区分。规则与政策的区别在于规则在应用中不具备自由处置权;规则与程序的区别在于规则没有时间顺序,如在防火要求很高的企业中,"严禁烟火"就是规则。

(7) 规划。规划是比较全面的长远的发展计划,其重点在于划分总目标实现的进度。规划有大有小,大的如国家的国民经济社会发展规划,小的如企业质量管理小组的活动规划。组织的规划不仅包括组织的分阶段目标,其内容还包括实现该目标所需要的政策、程序、规则、任务委派,所采取的步骤,涉及的资源等。规划是最常见、最典型的计划形式,但也是粗线条的、纲要性的计划。

(8) 预算。预算是数字化的计划,是用财务数字(如以货币为单位的财务预算)或非财务数字(如用工时、台时和产品单位等对投入量、产出量和销售量进行预算)来表明预期的结果。预算是计划执行的保障条件。预算工作的主要优点在于它能促使人们去详细制订计划,同时,由于必须用数字表示,所以它又有利于促使计划工作做得更加仔细和扎实。因此,预算是计划的一种基本形式,也是一种控制方法。

2. 计划的类型

按照不同的标准,可以将计划划分为不同的类型。

(1) 按计划的期限分类。按计划的期限,可以将计划划分为长期计划、中期计划和短期计划。一般来讲,期限在1年以内的计划称为短期计划,而期限在5年以上的计划称为长期计划,介于两者之间的就是中期计划。当然这个划分标准并非绝对,在某些情况下,它还受计划的其他方面因素的影响。例如,一项航天发展项目的短期计划可能适用5年,而一般小服装厂由于市场变化比较快,其短期计划可能只适用几个月。

(2) 按计划制订者的层次分类。按计划制订者的层次,可以将计划分为战略计划、战术计划和作业计划。战略计划的内容主要包括组织在未来一段时间的战略目标、战略重点、战略阶段和战略措施等。它由高层管理者负责制订,具有长远性、全局性等特点。战略计划对战术计划和作业计划具有指导作用。战术计划是为实现战略计划,由组织的各部门制订的局部性计划,是根据战略计划制订的落实性计划,是实现战略计划的手段和方法。战术计划对作业计划具有指导作用。作业计划由基层管理者负责制订,是将战术计划确定的内容具体化,是基层各单位较短时期内的工作计划,如月工作计划、周工作计划等。

(3) 按计划的空间分类。按计划的空间,可以将计划划分为综合性计划和专业性计划。综合性计划是对业务经营过程各方面所做的全面的规划和安排。专业性计划是对某一专业领域职能工作所做的计划,它通常是对综合性计划某一方面内容的分解和落实。

补充阅读资料 3.1

如何确定企业宗旨

企业宗旨从根本上说是要回答"我们的企业是什么"的问题,实质上是要为整个企业定下发展基调的问题,即"我们的企业将成为什么样的企业"。它不但涉及企业的长远目标、具体业务,更重要的是涉及企业文化、企业精神、经营理念。企业宗旨实质上就是一个企业的根本思想与发展线路。制定企业宗旨,必须说明三个问题:一是企业的基本目标或目的;二是用以达到这些目标的基本手段;三是企业同社会和经济环境的关系。

资料来源:根据有关资料整理。

3.1.3 计划的编制过程与方法

1. 计划的编制过程

计划的编制过程如图 3.3 所示。

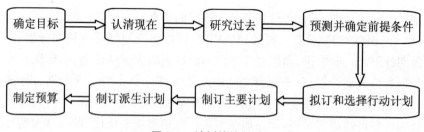

图 3.3 计划的编制过程

其中,确定目标是决策工作的主要任务;认清现在的目的是寻求实现目标的途径;研究过去不仅是从过去发生的事件中得到启示和借鉴,更重要的是探讨过去通向现在的规律;前提条件是指实现计划的假设条件;选择行动计划,要注意认真考察每一个计划的制约因素和隐患,用总体的效益观点来衡量计划;制订主要计划和派生计划就是将所选择的计划用文字的形式表述出来;制定预算,即用预算使计划数字化。

2. 计划的编制方法

计划编制工作效率的高低和质量的好坏在很大程度上取决于所采用的计划编制方法。计划编制方法很多,其中常用的方法如下:

(1) "计划—规划—预算"方法。传统的预算是分部门编制的。首先由下级部门提交下年度的预算报告,然后由上级预算部门根据资源的数量经过平衡后批准下达。下级部门在编制预算时,大多是在上年支出的基础上增列一笔数额,而上级部门在平衡预算时,通常采取不分青红皂白一律"砍一刀"的做法。这种传统的预算方法的缺点是预算既脱离组织的目标,又不能真实反映计划实施的实际情况,因为计划是按项目实施的,而不是按职能部门实施的。因此,传统的预算方法难以做到按组织目标合理地分配资源。20世纪60年代中期,美国国防部在编制国防预算时创造性地提出了"计划—规划—预算"方法。这种方法是从目标出发编制预算的。计划开始时,首先由最高主管部门提出组织的总目标和战略,并确定实现目标的项目。这一步骤称为计划。其次分别按每一个项目的实施阶段所需的资源数量进行测算和规划,并排出项目的优先次序。然后,在编制预算时,从目标出发按优先次序和项目的实际需要分配资源,当资源有限时,应保证排在前面的项目的需要。最后,根据各部门在实施项目中的职责和承担的工作量将预算落实到部门。实践表明,这种计划方法在美国国防部及美国联邦政府和一些州政府的部门中推行,取得了较为显著的效果。

(2) 滚动计划法。滚动计划法是根据一定时期计划执行情况,考虑组织内外环境条件的变化,适时调整计划,并相应地将计划期顺延一个时期,把近期计划与长期计划结合起来的一种动态编制计划的方法。它具有以下特点:一是计划划分为若干个执行期,其中近期计划编制得详细具体,而远期计划则相对粗略;二是计划执行到一定时期,要根据执行情况和环境变化对以后各项计划内容进行修改、调整,形成一个动态过程。因此,滚动计划法避免了计划的固定化,提高了计划的适应性和对实际工作的指导性。滚动计划法如图3.4所示。

(3) 网络计划方法。网络计划方法的基本原理是利用网络图的形式,把某项任务或工程的各工序(或工作活动)之间的相互关系表示出来,并通过计算找出关键路线和关键工序,然后进行调整和统筹安排,以达到多快好省地完成任务的目的。以某人做家务事为例,如表3.2所示。

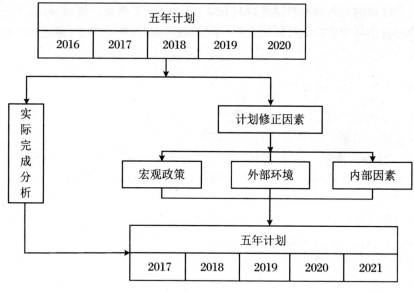

图 3.4 滚动计划法

表 3.2 某人做家务事的网络计划作业划分

作业具体名称	预计所需时间(分钟)	作业工序
1. 淘米	5	1
2. 煮饭	25	2
3. 洗菜	20	2
4. 炒菜	20	3

机械思维的工序时间是 5+25+20+20=70(分钟),而统筹学方法是洗菜和煮饭可同时进行,从而提高工作效率(如图 3.5 所示)。其工序时间为 5+25+20=50(分钟),可提前 20 分钟做完同样的工作。网络计划方法实践应用价值非常大,尤其在工程建设方面,但绘制过程比较复杂。

图 3.5 工序示意图(时间:分钟)

① 网络图组成。网络图由结点"○"和箭线"→"组成,用一根箭线表示一道工序,用箭尾的结点表示工序的开始,箭头结点表示工序的结束,如图 3.6 所示。

• 工序。工序是指生产过程中完成某一特定任务的活动过程。工序分为实、虚两种。凡消耗一定的物资、劳资和时间的工序称为实工序,如淘米、煮饭等;凡不消耗物资和劳资,但需时间才能完成的工序称为虚工序,如造房子时浇灌基础后的养护过程即为虚工序。

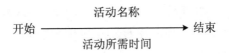

图 3.6　网络图示例

• 结点。在两工序交接处画一个圆圈来表示两个工序的分界点,此点称为结点,它表示前工序的结束和后工序的开始。

• 路线。路线是指从起点开始顺着箭头所指方向,连续不断地到达终点为止的一条通路。路长是一条路上各工序时间的总和。其中,在所有路线中找出所需时间最长的路线就是关键路线,它直接影响到整个计划完成的时间期限。除关键路线外,网络图上的其他路线均为非关键路线。关键路线在网络图中一般用粗线、双线或红线加以标识,如图 3.7 所示。

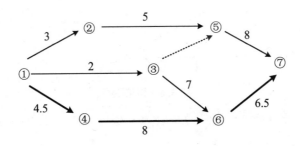

图 3.7　网络工序流程图

其中各路线长为:
①3→②5→⑤8→⑦＝16
①2→③0→⑤8→⑦＝10
①2→③7→⑥6.5→⑦＝15.5
①4.5→④8→⑥6.5→⑦＝19

其中①4.5→④8→⑥6.5→⑦＝19 是关键路线,它决定着整个工期,在整个工程中起关键作用,只要能加快此路线的进度,整个工程的工期就会提前。

② 网络图的绘制。绘图步骤是:工序分解,列出名称和代号,分析前后顺序与所需时间,写出工序清单,根据清单进行绘图和编号。绘图有两种方法:一是顺推法,即从任务的起点开始按紧后工序(紧接某项工序的后续工序)推画;二是逆推法,即从任务的终点开始按紧前工序(紧接某项工序的先行工序)逆推直到始点为止。当绘制好工序流程图后,即可编制各项结点的编号。编号不能重复且箭尾项

号必须大于箭头项号,即编号从始点开始,由小到大,终点为最大。

例1

某工程有 2 道工序,以 A、B、C、D、E、F、G、H 作为各项作业的代号,各项工序所需的时间分别为 4、2、6、8、4、4、10、4 天,各项作业之间的关系为:A 完成后,C、D 才能进行;B 完成后,E 才能开始;C 完成了,F 即可动工;只有当 C、D、E 都完工了,才能进行 G;当 F、G 完成后即可进行 H。请画出网络图并找出关键线路。

根据已知条件,列表如表 3.3 所示。

表 3.3　某工程工序作业表

作业代号	A	B	C	D	E	F	G	H
紧前活动			A	A	B	C	CDE	FG
作业时间(天)	4	2	6	8	4	4	10	4

绘制网络图如图 3.8 所示。

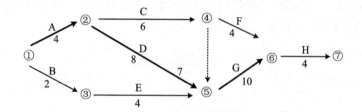

图 3.8　网络图

通过测算,关键路线为:①4→②8→⑤10→⑥4→⑦ = 26(天)

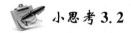

小思考 3.2

问　题

网络计划方法的关键是寻找关键路线,进而提高效率。这对吗?为什么?

分析提示

1. 观点正确。

2. 关键路线决定着整个工期,在整个工程中起关键作用,有针对性地压缩关键路线工期,就可以提高效率。

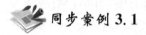

同步案例 3.1

联想的计划

1984 年 11 月 1 日,一个仅靠 20 万元资金起家的自负盈亏的计算机公司成立了,它就是后来闻名全国的联想集团。1988年4月,联想集团宣布开始向海外进军。第一步准备在中国香港设立一个贸易公司,目的在于为创办产业积累资金;第二步决定在1995年以前,建立科、工、贸一体化的跨国集团;第三步在20世纪末形成一定的经济规模,使联想股票在海外上市,公司的营业额达到10亿美元。

1994年,联想在香港联合交易所上市,迈上发展的新台阶。2004年12月8日,联想演绎了一曲新的IT版的"蛇吞象"的惊人故事,联想以12.5亿美元的价格兼并了IBM公司的全球台式电脑及笔记本电脑业务,同时在中国北京和美国北卡罗来纳州的罗利设立两个主要运营中心,通过联想自己的销售机构、联想业务合作伙伴以及与IBM的联盟,新联想的销售网络遍及全世界。2013年,联想电脑销售量升居世界第一,成为全球最大的PC生产厂商。2013年度《财富》世界500强榜单中,联想集团排名大幅提升,从2012年的第370名上升至第329名。联想集团的营业额达340亿美元,已超越部分国际知名品牌企业。

资料来源:根据有关资料整理。

问 题

1. 联想集团的海外进军计划完成情况怎么样?
2. 联想集团为"中国制造"的国际化提供了什么样的路径?

分析提示

1. 圆满完成海外进军计划。
2. 从海外公司到跨国集团,再到海外上市公司。

3.2 决 策

3.2.1 决策的概念与类型

1. 决策的概念

所谓决策,就是为使未来行动目标优化或至少达到某种满意程度,在两个或两个以上备选方案中选择一个最优方案并组织实施的过程。这一概念包含了以下几个要点:

(1) 决策必须有一个明确的目标。没有目标,就无从决策。

(2) 决策必须要有两个以上可供选择的方案,如果方案只有一个,就没有选择的余地,也就无法决策,而只是一种简单的处理活动。

(3) 决策方案必须通过科学的预测方法,掌握事物发展规律,使未来的不确定性最小化,尽可能减少因决策失误而造成的损失。

(4)选择方案的原则是"满意"或"合理",每一个可行方案对目标的实现都会有利有弊。因此,必须对每一个可行方案的技术经济效果和所能带来的潜在问题进行分析和判断,比较各个可行方案的优劣,最后从若干可行方案中选择一个较为合理或满意的方案。

2. 决策的类型

决策所要解决的问题涉及组织管理的多个方面,可以从不同的角度对决策进行分类。

(1)按决策的作用范围分类。根据决策的作用范围,决策可以分为战略决策、战术决策和业务决策。战略决策是指确定组织远景规划的重大方向性决策,重点是解决组织与外部环境的关系问题。这类决策对组织的生存与发展将产生决定性影响,并作用于一个较长的时间期。例如,企业的投资方向与生产规模的选择、生产布局与厂址的选择、重大组织变革、新产品设计等重大问题的决策就属于战略决策。战术决策是指为了实现战略决策而做出的带有局部性的具体决策。其作用范围比较小,影响的时间也较短一些,如企业的生产计划、销售计划、产品开发方案、广告策略、新产品定价以及机器设备更新的决策等。这类决策大多由中层管理者做出。业务决策是指组织为了解决日常工作和业务活动中的问题而做出的决策,系短期目标,具有很大的灵活性,如生产进度安排、库存控制、工作定额的制定等。它比战术决策更具体,一般由基层管理者制定并执行。

(2)按决策涉及的问题分类。按照决策涉及的问题,决策可以分为程序化决策和非程序化决策。程序化决策是指对例行问题所进行的决策。所谓例行问题是指那些重复出现的、日常的管理问题,如管理者日常遇到的产品质量、设备故障、现金短缺、供货单位未按时履行合同等。程序化决策可以凭借以往的决策经验和方法,使决策标准化、定型化。非程序化决策是指对组织管理过程中的例外情况或不经常出现的问题(例外问题)所进行的决策。所谓例外问题,则是指那些偶然发生的、新颖的、性质和结构不明的、具有重大影响的问题,如组织结构变化、重大投资、重要的人事任免等。对这类问题进行决策,无先例可循,要靠决策者的创新精神、领导气魄、个人经验和科学的决策方法来解决。

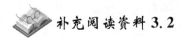补充阅读资料 3.2

"摸着石头过河"的决策

"摸着石头过河",常常被误解为一种经验型决策方式。其实,它是一种适应现代决策环境和针对复杂的决策问题的决策行为。正确理解这种非程序化的决策行为,可以有效地促进领导者大胆创新、锐意改革,取得超常的领导成效。"摸着石头过河",是一种常见的非程序化决策模式,这种决策模式表示决策者对所办的事情没有多少把握,只能边干边看。

资料来源:盛宇华."摸着石头过河":一种常见的非程序化决策模式[J].领导科学,1998(6).

(3) 按决策问题所处的条件分类。依据决策问题所处的条件,决策可以分为确定型决策、风险型决策和不确定型决策,如表3.4所示。

表3.4 三类不同条件的决策

类 型	特 征
确定型决策	决策者对所需各种信息比较确定;每一个行动方案所达到的效果都可以确切计算出来;可以根据决策目标做出肯定的选择
风险型决策	决策者对未来的情况不太清楚和肯定;通过确定方案的发生概率进行决策;决策的效果无法准确地预料
不确定型决策	决策者在决策过程中面临许多不确定因素,既不能确定各方案的后果,也不能确定其发生的概率;决策的难度较大,风险性也最大

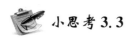

小思考 3.3

问 题

某公司有一批闲置资金,拟在银行办理定期存款或购买上市公司股票,企业高管层要就此进行决策。那么,高管层将面临什么样的决策?

分析提示

办理定期存款或购买上市公司股票,其决策问题所处的条件不同,办理定期存款是确定型决策,购买上市公司股票是风险型决策。

3.2.2 决策的程序

实现决策的科学化,必须按照决策的程序进行决策。决策程序可以分为 6 个步骤,如图 3.9 所示。

1. 确定问题

一切决策都是从问题开始的,如果没有需要解决的问题,也就不需要进行决策。确定问题包含三个层次:一是明确问题发生的时间、地点及可能产生的价值和影响;二是明确问题产生的原因;三是明确问题的严重性和必要性。问题还应分清主次,是战略决策还是一般业务决策,由哪些决策者承担任务等。决策者需要在全面调查研究、系统收集环境信息的基础上找出关键问题出在哪里、何时解决以及解决这一问题的利弊如何。

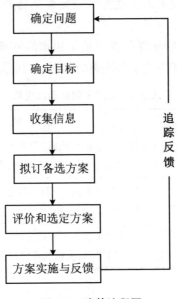

图 3.9 决策流程图

2. 确定目标

合理的目标是有效决策的前提,是决策活动的出发点,也是评价决策效果的依据。确定决策目标时应注意以下两个方面的问题:

一是决策目标必须建立在必要和可能的基础上,即在确定决策目标时,要对实现决策目标的各方面的条件作全面、细致地分析,明确建立这样的目标是否必要,达到目标所必须具备的条件是否成熟等。这里所谓的条件,是指与决策目标有直接关系的各种环境条件。以企业生产经营决策为例,要分析市场状况、竞争对手状况、政府有关的方针政策和社会经济形势等,以及原材料、资金、技术力量及关键设备等资源条件。这里的条件,又可以分为可控条件和不可控条件。可控条件,必须基本具备;对于不可控条件,必须大致估计出其发展趋向和对决策目标的影响程度,这样才能确定合适的决策目标。

二是制定决策目标时必须明确、具体,尽可能量化,以便于用来衡量决策的实施效果。对于那些难以数量化的目标可以采用间接表示的方法使其数量化,如用百分比法、评分法等。一般地说,越是近期目标,越是要求明确、具体,远期目标则允许有一定的模糊性。

3. 收集信息

信息是决策的基础,是有效决策的保证。确定了问题和目标后,必须着手调查研究,收集信息并加以整理和分析。根据既定的目标,对于组织内的相关信息,必须积极地收集和整理,并建立数据库。无论是收集历史资料信息,还是调查现实资料信息,都应做到信息的系统性、完整性和全面性。所谓系统,是指历史及目前的全部信息;所谓完整,是指所收集的信息不应有残缺,一旦出现残缺,应通过间接的方法加以补充;所谓全面,是指所收集的信息应包含决策范围的各方面的信息。

4. 拟订备选方案

为了解决问题,根据所确定的目标及有关信息资料,需要设计出多个可行的、供选择的方案。管理者应积极寻找和努力挖掘出各种可能的方案。一般而言,备选方案越多,决策的风险就越小,决策质量就越高。原则上要求方案的整体详尽性和相互排斥性相结合。整体详尽性是指所拟订的各种方案,应尽可能多地包括能找到的方案,要从不同的角度和通过多种途径拟订出各种可能方案,保证备选方案的多样性和全面性。在这一阶段,创新具有十分重要的意义。相互排斥性,是指在多个方案中只能选择一个方案,不能同时选用几个,即方案之间是互斥的。

5. 评价和选定方案

这是决策过程的关键阶段,行动方案的选择是在分析、评价备选方案执行后果的基础上进行的,为了从多个备选方案中选出满意方案,应采取科学的态度、依据科学标准来进行,要研究各个方案的限制因素,综合评价各种方案的技术合理性、措施可操作性、经济时效性、环境适应性以及它对社会和生态的影响,分析各个方案可能出现的问题、困难、障碍和风险,并制定相应的防范、应变措施。决策者根据方案评价,进行方案选择。方案选择时应注意以下几个方面:

(1) 在实际决策过程中,由于受主客观条件的限制,很难找到最优方案,一般地,只要找到决策者认为满意的方案就行了。

(2) 要综合考虑各种指标,防止片面注意经济效益。

(3) 选定方案不是在简单地挑选一个方案的同时丢弃其他方案,而是把诸多备选方案放在一起,综合分析与评价,尽量发挥各方案的优势,将不同方案综合成更优且可行的新方案。这实际上是在原有方案基础上的再创造过程。

(4) 决策者要想准确地权衡不同方案的利弊并做出正确选择,就必须处理好与专家的关系,既要尊重专家的意见,也不能被专家的意见所左右。另外,决策者要有战略的、系统的观点,敢于承担责任。

6. 方案实施与反馈

在方案选定后,应进一步把决策的内容具体化,落实到有关责任部门和人员,制定实施决策的规则和期限要求,解决有关问题。同时,决策者还要通过控制系统,对决策实施情况进行跟踪检查,根据反馈信息对决策不断地进行调整。由于客观环境的复杂性和决策者认识能力的局限性,决策者所做出的决策不符合或不完全符合实际的情况常有发生,这就需要对决策方案做必要的修改或补充,或者重新做出决策,制定新的方案,使决策与环境的变化保持动态平衡。

科学的决策理论认为,反馈也是决策过程的一个重要环节。决策的目的在于实施,而实施又反过来检查决策是否正确,这就是反馈。某项特定的决策,其实是"决策—执行—再决策—再执行"的动态过程中的特定环节。另外,高效的管理者总是能在反馈中学习和提高。他们会对以前的经验和教训作深入反思、总结,通过对决策结果的分析,从过去的失败和成功中获取经验,从而提高决策质量和决策水平。

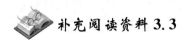

补充阅读资料 3.3

制度与程序

制度是一种规范,程序则是处理事务的逻辑顺序;制度多从部门的角度出发拟定,程序则从开展工作的角度出发拟定。制度与程序从本质上来说,都是一种管理语言,是为了实现管理目标而采取的管理手段,制度在对某个具体工作环节的约定上有表现优势,程序在展示事务的执行顺序上有表现优势(其实,程序也有类似制度的文字描述的表现形式),所以从这个意义上来说,广义的制度概念应该包含程序。

资料来源:根据有关资料整理。

3.2.3 决策的方法

随着决策理论和实践的不断完善与发展,产生了许多可行的科学决策方法。常用的决策方法一般可以分为两大类:定性决策方法和定量决策方法。前者注重决策者本人的直觉,后者则注重决策问题各因素之间客观的数量关系。把决策方法分为两大类只是相对而言的,具体使用时,两者不能简单地割裂开来,而应该将两种方法密切配合,相互补充,有机结合,这也是现代决策方法的一个发展趋势。

1. 定性决策方法

定性决策方法,也称决策的"软"技术,是指在决策过程中充分发挥人的智慧、知识和经验的一种决策方法。其核心是,在决策过程中的各个阶段,决策者根据已知情况和现有的资料,提出决策目标、方案、参数,并作出相应的评价和选择。

(1) 德尔菲法。德尔菲法又称专家意见法,是 20 世纪 60 年代由美国兰德公司首创和使用的一种特殊的决策方法。现在使用的德尔菲法是指采用信函、电话或网络的方式,征询专家意见并作统计分析,如果结果不一致,就反馈给专家,再作咨询,直到"英雄所见略同",得出比较统一的方案。使用德尔菲法时,要求专家具备与决策主题相关专业知识、熟悉市场情况、精通决策业务操作;要求决策者征求意见的问题应明确具体,问题不可过多,如实反映专家意见,对专家的意见作统计处理等。

这种方法的好处在于:一是专家彼此不见面、不沟通,姓名保密,避免相互之间产生消极影响;二是经过数次反馈,意见比较集中,便于决策者作出抉择。但这种方法也存在不足,如缺乏客观标准,主要凭专家的判断,再者反复次数多,反馈时间长等,影响决策的准确性或时效性。

(2) 头脑风暴法。头脑风暴法也称"智力激励法",这一方法是由美国人奥斯本(Osborn)在1939年首先提出来的。它是指在一定的情况下,与会专家可以随心所欲地思考问题,无所顾忌地畅所欲言,通过智力碰撞,产生新的智力火花的决策方法。头脑风暴法是一种常用的集体决策方法,便于发表创造性意见,因此主要用于收集新设想。

头脑风暴法在具体操作上是通过一种小型会议的形式进行的。这种会议有其特殊的规则:第一,不许批评。无论发言多么离奇荒诞,不合情理,所有人均不允许发表批评意见。第二,多多益善。鼓励与会者"天马行空",想法、方案越多越好。第三,允许补充。发言者可以在别人想法的基础上进行补充和改进,从而形成新的设想和方案。第四,主持人的工作就是营造一种自由的氛围,激发参会者的积极性,并做好记录。这种方法的时间安排一般为1—2小时,参会者以5—10人为宜。头脑风暴法一般只用来识别问题或产生方案,为决策提供必要条件,而不是进行决策。

(3) 认识冲突法。这种方法与头脑风暴法的规则正好相反,它要求与会者针对他人提出的见解、方案,直接提出相反的意见或进行否定,并鼓励争论,以求在不同意见与方案的冲突、争论中辩明是非,发现各种方案的缺陷,逐步趋于一致。这种方法主要用于对已有方案的深入分析、评价与选择。

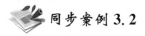

同步案例 3.2

新厂长的产品决策

某工具厂从2010年以来一直生产A产品,虽然产品品种单一,但是市场销路一直很好。后来由于经济政策的暂时调整及客观条件的变化,A产品完全滞销,企业职工连续半年每月只能拿50%的工资,更谈不上发放奖金,企业职工怨声载道,积极性受到极大的影响。

新厂长上任后,决心一年内改变工厂的面貌。他发现该厂与其他企业合作的环保产品B产品是成功的,于是决定下马A产品,改产B产品。一年过去,企业总算没有亏损,但日子仍然不是很好过。

后来市场形势发生了巨变。原来的 A 产品市场脱销,用户纷纷来函来电希望该厂能尽快恢复 A 产品的生产。与此同时,B 产品销量开始下滑。在这种情况下,厂长又回过来抓 A 产品,但一时又无法恢复生产能力,无论是数量还是质量都不能回到原来的水平。为此,集团公司领导对该厂厂长很不满意,甚至认为改产是错误的决策,厂长感到很委屈,总是想不通。

问　题

1. 你认为该厂长的决策是否有错误？请你作详细分析。
2. 如果你是厂长,你在决策中该如何做？

分析提示

1. 决策有错误。
2. 改产 B 产品时,减少 A 产品生产；市场形势发生变化时,及时扩大 A 产品生产。总之,要紧跟市场需求。

2. 定量决策方法

定量决策方法,也称决策的"硬"技术方法,是建立在数学模型基础上的决策方法。其核心是,把与决策有关的变量与变量、变量与目标之间的关系用数学关系表示出来,建立数学模型,然后根据决策条件,通过计算求得结果。复杂的问题要运用电子计算机作为辅助手段。本书根据决策问题所处的条件介绍几种常用的定量决策方法。

（1）确定型决策方法。确定型决策方法是指未来事件发生的条件为已知情况下的决策方法,其主要特征是每一种方案其结果只有一种数值,即发生的概率为 100%。例如,用量本利分析法进行产量决策和利润决策,用线性规划进行用料决策和运输决策,用存储模型进行采购批量和制造批量决策,等等。这里仅简要介绍量本利分析法。

量本利分析法又称盈亏平衡分析法或保本分析法。它是通过考察产量或销售量、成本和利润的关系,以及盈亏变化的规律为决策提供依据的定量方法。量本利分析法的基本原理是边际分析理论。具体方法是将企业的生产总成本分为固定成本和变动成本,观察产品销售单价与单位变动成本,若前者大于后者,便存在边际贡献。当总的边际贡献与固定成本相等时,恰好盈亏平衡,这时每增加一个单位产品,就会增加一个边际贡献的利润。

固定成本与变动成本划分的依据是成本与产品产量（或销售量）的关系。固定成本是指在一定的产量范围内,不随产量变动而变动的成本。如机器设备的折旧费用,厂房的租赁费用,利息支出和一般管理费用等。但从每单位产品的分摊额来看,产量增加则单位成本降低,产量减少则单位成本增加。变动成本与固定成本相反,是指随产品产量（或销售量）的增加而同步增加的成本,如直接人工费、原材料消耗等费用。但从单位产品来看,这些成本是基本不变的。

量本利分析的中心内容是盈亏平衡点的确定与分析。在盈亏平衡点上,产品的销售收入与总成本正好相等,即销售收入补偿变动成本后刚好等于固定成本,利润为零。如果以 Y 轴表示收入成本,以 X 轴表示销售量和产量,建立直角平面坐标系,将销售收入线、固定成本线、总成本线绘制到坐标图上,只要单位售价大于单位变动成本,则销售收入线与总成本线必能相交于某一点,这就是盈亏平衡点。

根据上述平面坐标图解,可以推导盈亏平衡点产量(销量)计算公式:

销售收入＝总成本

销售收入＝固定成本＋变动成本

产品价格$(P)\times$销售量(或产量)(Q_0)＝固定成本(C)＋单位变动成本$(V)\times$销售量(或产量)(Q_0)

$$P \cdot Q_0 = C + V \cdot Q_0$$

$$Q_0 = \frac{C}{P-V}$$

盈亏平衡点产量(或销售量)也称保本产量(或销售量),同理,可求得实现目标利润的保利产量(或销售量)计算公式:

$$Q_R = \frac{C+R}{P-V} \quad (R \text{ 表示目标利润额})$$

如果考虑经营安全边际问题,还需要计算经营安全率并作分析,以判断企业经营状况。用 L 表示经营安全率,Q_0 表示保本点销售量,Q_1 表示测算出的实际销售量,经营安全率的计算公式为

$$L = \frac{Q_1 - Q_0}{Q_1}$$

上式中的 $Q_1 - Q_0$ 为安全余量,余量越大,说明企业经营越安全,经营情况越好;越接近 0,说明企业经营状况越差;小于 0,说明企业发生亏损。关于经营安全率可供参考的经验数据如表 3.5 所示。

表 3.5 经营安全率经验数据表

经营安全率	30%以上	26%—30%	16%—25%	10%—15%	10%以下
经营安全状况	很安全	较安全	过得去	要警惕	危险

例 2

某企业生产甲产品,单位销售价格为 25 元/件,单位变动成本为 7 元/件,年固定成本总额为 360 000 元。

求:(1) 该企业盈亏平衡点产量是多少?

(2) 如果要实现目标利润 90 000 元,其产量是多少?

解:(1) $Q_0 = \dfrac{C}{P-V} = \dfrac{360\ 000}{25-7} = 20\ 000$(件)

即当产量为 20 000 件时,处于盈亏平衡点上。

(2) $Q_R = \dfrac{C+R}{P-V} = \dfrac{360\ 000 + 90\ 000}{25 - 7} = 25\ 000$(件)

即当生产量为 25 000 件时,企业可实现目标利润 90 000 元。

例3

某企业生产 B 产品,单位销售价格为每件 280 元,固定成本总额为 35 万元,每件 B 产品原材料耗费 115 元,人工工资 60 元,其他费用 55 元。

求:(1) 盈亏平衡点产量是多少?

(2) 如果该企业只能生产 9 800 件 B 产品,能否盈利?其经营安全性如何?

解:(1) $Q_0 = \dfrac{C}{P-V} = \dfrac{350\ 000}{280 - (115 + 60 + 55)} = 7\ 000$(件)

即盈亏平衡点产量为 7 000 件。

(2) $L = \dfrac{Q_1 - Q_0}{Q_1} = \dfrac{9\ 800 - 7\ 000}{9\ 800} = 28.57\%$

即如果该企业只能生产 9 800 件 B 产品,可以盈利,并且其经营比较安全。

(2) 风险型决策方法。风险型决策,就是根据几种不同自然状态下可能发生的概率进行的决策。由于在依据不同概率所拟定的每一个方案中,不论选择哪一个方案,都要承担一定的风险,所以称之为风险型决策,也叫"随机决策"。风险型决策问题常用的决策分析方法主要有:决策表分析法和决策树分析法。这里仅介绍决策树分析法。

决策树分析法是指决策者通过决策树所构造出来的决策过程的有序图示,把各种可行方案、可能出现的自然状态,各种自然状态出现的概率以及产生的后果一一介绍出来并作分析,从而选择出决策方案的决策方法。决策树其实是决策过程的一种有序的概率图解表示。决策树分析法简便明了,容易掌握,尤其是在方案众多或需要做多级决策的情况下,这种方法的优势更为明显。

决策树的构成有四个要素,即决策点、方案枝、概率枝和状态结点。如图 3.10 所示。

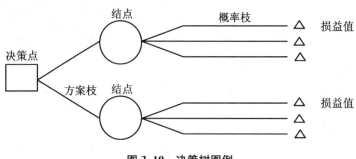

图 3.10 决策树图例

决策树以决策点为出发点,引出若干方案枝,每个方案枝代表一个可行方案。

方案枝的末端有状态结点,从状态结点又引出若干条概率枝,每条概率枝代表一种自然状态,概率枝上标明每一种自然状态的概率。概率枝的末端对应着损益值。这样层层展开,形状如树,故名决策树。

决策树分析法的基本步骤是:第一,绘制决策树。根据决策备选方案的数目和对未来环境状态的了解,从左向右给出决策树图形。第二,计算期望值。首先计算方案概率枝的期望值,即用方案在各种自然状态下的损益值分别乘以各自的概率,然后将各概率枝的期望值相加,求出每个方案的期望值(可将该数值标在相应方案的图形结点上方)。第三,剪枝决策。将每个方案的期望值减去该方案实施所需要的投入成本(该数额可标在相应方案枝的下方),比较余值后就可以选出经济效益最佳的方案。在决策树图中,未被选中的方案以被"剪断"的符号"//"来表示。

例4

某公司计划未来5年生产某种产品,需要确定产品生产批量。根据预测估计,这种产品的市场状况的概率是:畅销为0.25,一般为0.6,滞销为0.15。现提出大批量和小批量两个生产方案,求取得最大经济效益的方案。有关数据如表3.6所示。

表 3.6　各方案损益值表　　　　　　　　　　　　　　　单位:万元

方案＼概率／损益值	畅销(0.25)	一般(0.6)	滞销(0.15)
大批量	65	40	－15
小批量	35	22	13

解:(1)绘制决策树,如图3.11所示。

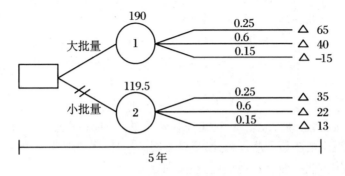

图 3.11　决策树图

(2)计算各方案期望值。

大批量方案期望值＝[65×0.25＋40×0.6＋(－15)×0.15]×5＝190(万元)

小批量方案期望值=(35×0.25+22×0.6+13×0.15)×5=119.5(万元)

(3) 选择最优方案。因为大批量方案期望值(190万元)大于小批量方案期望值(119.5万元),所以选择大批量生产方案。

例5

某工厂为扩大A产品生产规模,拟建新厂。根据市场预测,这种产品的市场状况的概率是:销路好为0.75,销路差为0.25。有三种方案供企业选择。有关数据如表3.7所示。试求哪种方案最好。

方案一:新建大厂,需投资350万元。据初步估计,销路好时每年可获利108万元;销路差时,每年亏损20万元。服务期为10年。

方案二:新建小厂,需投资150万元。销路好时每年可获利65万元;销路差时,每年仍可获利25万元。服务期为10年。

方案三:先建小厂,3年后销路好时再扩建,需追加投资260万元,服务期为7年,估计每年可获利105万元。

表3.7 各方案损益值表 单位:万元

自然状态 损益值 方案	好	差	投入额	服务期
方案1	108	−20	350	10年
方案2	65	25	150	10年
方案3	65、105	25	150、260	10年

解:(1) 绘制决策树,如图3.12所示。

(2) 计算期望值。

方案1期望值=[108×0.75+(−20)×0.25]×10−350=410(万元)

方案2期望值=[65×0.75+25×0.25]×10−150=400(万元)

方案3期望值:因为结点④期望值475万元(105×1.0×7−260)大于结点⑤期望值455万元(65×1.0×7),所以销路好,扩建比不扩建好。由此,方案3期望值=(0.75×65×3+0.75×475+0.25×25×10)−150=415(万元)

(3) 选择最优方案。根据上述计算结果,应选方案3。

(3) 不确定型决策方法。不确定型决策方法,是指在自然状态发生的概率难以确定的情况下的决策方法。因此,最佳方案的选择,主要取决于决策者的态度和经验。其具体方法一般有乐观法、悲观法和后悔值法等。

① 乐观法(大中取大法)。乐观法是建立在决策者对未来形势估计非常乐观的基础之上的,即认为极有可能出现最好的自然状态,于是争取好中取好。正因为如此,乐观决策法也称大中取大法。运用此法进行决策时,首先要确定每一可行方

案的最大收益值;然后在这些方案的最大收益值中选出最大值,与该最大值对应的方案就是此决策所选择的方案。

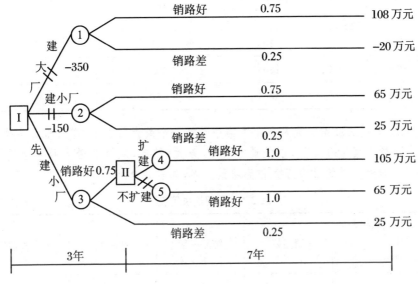

图 3.12 决策树

② 悲观法(小中取大法)。这种方法是建立在决策者对未来形势估计非常悲观的基础之上的,因而称为悲观决策法。但该方法又主张从最坏的结果中选最好的方案。因此又叫小中取大法。运用此方法决策时,首先要确定每一个可行方案的最小收益值,然后从这些最小收益值中选取一个最大值,与该最大值对应的方案就是此决策所选择的方案。

③ 后悔值法(大中取小法)。这种方法决策的基本思想是如何使选定的决策方案可能出现的后悔值达到最小,即遭受的损失最少。各种自然状态下的最大收益值与实际采用方案的收益值之间的差额叫后悔值。这种决策方法的主要步骤是:第一,从各种自然状态下找出最大收益值,用各方案的收益值减最大收益值,求得后悔值。第二,从各方案后悔值中找出最大后悔值。第三,从最大后悔值中选出最小后悔值,与该后悔值对应的方案即为此决策所选择的方案。

例 6

某企业试制一种新产品投放市场,估计投放市场后会有销路好、销路一般和销路差三种状态。对每种状态出现的概率无法预测,现有大、中、小三种投产方案,其在三种自然状态下的损益值如表 3.8 所示,试用乐观法、悲观法和后悔值法决策。

表 3.8　各方案损益值表　　　　　　　　　　　　　　单位:万元

自然状态 损益值 方案	销路好	销路一般	销路差
大批量	220	90	−25
中批量	180	100	10
小批量	60	50	40

解:① 乐观法决策。先从每个方案中选择一个最大收益值,即大批量方案 220 万元,中批量方案 180 万元,小批量方案 60 万元;然后,从这些最大收益值选择一个最大值,即大批量的 220 万元作为决策方案,如表 3.9 所示。

表 3.9　乐观法决策表　　　　　　　　　　　　　　单位:万元

自然状态 损益值 方案	销路好	销路一般	销路差	最大收益值
大批量	220	90	−25	220
中批量	180	100	10	180
小批量	60	50	40	60

② 悲观法决策。先从每个方案中选择一个最小的收益值,即大批量方案 −25 万元,中批量方案 10 万元,小批量方案 40 万元;然后,从这些最小收益值中选择最大的收益值,即小批量方案 40 万元作为决策方案。如表 3.10 所示。

表 3.10　悲观法决策表　　　　　　　　　　　　　　单位:万元

自然状态 损益值 方案	销路好	销路一般	销路差	最小收益值
大批量	220	90	−25	−25
中批量	180	100	10	10
小批量	60	50	40	40

③ 后悔值法决策。先从各自然状况下找出最大收益值,并计算出后悔值;然后,从各个方案后悔值中找出最大后悔值;最后,从最大后悔值中选取最小后悔值对应的方案即为决策方案。如表 3.11 所示。

表 3.11　后悔值法决策表　　　　　　　　　　　　　　　　单位：万元

自然状态 损益值 方案	销路好	销路一般	销路差	最大后悔值
大批量	0(220-220)	10(100-90)	65(40+25)	65
中批量	40(220-180)	0(100-100)	30(40-10)	40
小批量	160(220-60)	50(100-50)	0(40-40)	160

3个方案的最大后悔值分别为65万元、40万元、160万元，选取40万元对应的中批量方案作为决策方案。

补充阅读资料 3.4

西蒙论决策

赫伯特·西蒙(Harbert Simen)是美国管理学家和社会科学家，在管理学、经济学、组织行为学、心理学、政治学、社会学、计算机科学等方面都有深厚的造诣。他早年就读于芝加哥大学，1943年获得博士学位，1949年担任美国卡内基-梅隆大学计算机科学与心理学教授。他由于"对经济组织内的决策程序所进行的开创性研究"而获得1978年诺贝尔经济学奖。他借助于心理学的研究成果，对决策过程进行了科学的分析，概括出了他的决策过程理论。

西蒙认为，作为管理决策者的经理，其决策制定包括4个主要阶段：情报活动，即探寻环境，找出制定决策的理由；设计活动，找到可能的行动方案，即创造、制定和分析可能采取的行动方案；抉择活动，在各种行动方案中进行抉择；审查活动，对已进行的抉择进行评价。

西蒙还认为决策可以区分为性质相反的两种决策：一种是程序化决策，即结构良好的决策；另一种是非程序化决策，即结构不良的决策。区分它们的主要依据是这两种决策所采用的技术是不同的。制定常规性程序化决策的传统方式由于运筹学和电子数据处理等新的数字技术的研制和广泛的应用而发生了革命，而制定非程序化决策的传统方式，包括大量的人工判断、洞察和直觉观察，还未经历过任何较大的革命，但在某些基础研究方面正在形成某种革命，如探索式解决问题、人类思维的模拟等。

资料来源：根据中国人力资源开发网有关资料整理。

本章小结

计划有广义和狭义之分。广义的计划是指计划工作,包括制订计划、执行计划和检查计划;狭义的计划就是制订计划。计划的特点包括目的性、首位性、普遍性、经济性和创新性。常见的计划形式有宗旨、目标、战略、政策、程序、规则、规划和预算等。按照不同的标准,可以将计划划分为不同的类型。

计划编制的过程是:确定目标、认清现在、研究过去、预测并确定前提条件、选择行动计划、制订主要计划、制订派生计划和制定预算。

编制计划常用的方法有计划—规划—预算法、滚动计划法、网络计划法等。

决策就是使未来行动目标优化或至少达到某种满意程度,在两个或两个以上备选方案中选择一个最优方案并组织实施的过程。决策是计划职能的核心环节。决策流程包括确定问题、确定目标、收集信息、拟定备选方案、评价和选定方案、方案实施与反馈等。决策可分为定性决策和定量决策。定性决策方法有德尔菲法、头脑风暴法、认识冲突法等;定量决策方法有确定型决策方法(盈亏平衡分析法)、风险型决策方法(决策树法)、不确定型决策方法(乐观法、悲观法、后悔值法)等。

基本训练

一、知识训练

(一)复习题

1. 单项选择题

(1) 狭义的计划是指( )。

A. 计划工作　　B. 制订计划　　C. 执行计划　　D. 检查计划

(2) 某公司制订的3年期工作计划属于( )。

A. 长期计划　　B. 中长期计划　　C. 中期计划　　D. 短期计划

(3) 决策工作的主要任务是( )。

A. 确定目标　　B. 研究过去　　C. 选择行动计划　　D. 制定预算

(4) 下列属于定量决策方法的是( )。

A. 德尔菲法　　B. 头脑风暴法　　C. 认识冲突法　　D. 决策树法

2. 多项选择题

(1) 计划的特点包括( )。

A. 目的性　　B. 首位性　　C. 普遍性　　D. 经济性　　E. 创新性

(2) 按计划的空间,可以将计划划分为( )。

A. 战略计划　　B. 战术计划　　C. 作业计划　　D. 综合性计划

E. 专业性计划

(3) 决策树的构成要素包括( )。
A. 决策点　　B. 方案枝　　C. 概率枝　　D. 状态结点　　E. 损益值

3. 简答题
(1) 滚动式计划法为什么具有科学性？
(2) 简述决策的基本程序。

(二) 讨论题

背景资料

有人认为，在社会主义市场经济条件下，计划与市场是两种手段。《中共中央关于全面深化改革若干重大问题的决定》提出，使市场在资源配置中起决定性作用。因此，计划的作用越来越小。

问　　题

如何认识计划在现代企业管理中的作用？

二、能力训练

实操训练

1. 某公司生产某产品的固定成本为 100 万元，单位产品变动成本为 1 200 元，单位产品售价为 1 600 元。
(1) 该公司盈亏平衡点产量是多少？
(2) 若要实现目标利润 20 000 元，产量应为多少？

2. 对某厂进行生产能力决策。根据市场预测可能有好、中、坏三种自然状态，市场形势好时，年销售量可达 10 万件；市场形势中等时，年销售量可达 8 万件；市场形势差时，年销售量只有 5 万件，其概率分别为 0.3、0.5、0.2，与之相对应，生产能力可有年产 10 万、8 万、5 万件三种方案。年产 10 万件时，单件成本为 6 元，但如果卖不出去，则未卖出的产品就积压报废(假设未卖出产品没有任何价值)。年产 8 万件时，单件成本为 7 元。年产 5 万件时，因规模更小，成本增大，每件为 8 元。产品单价预计为 10 元。

试利用决策树分析方法选择最优方案，要求写出具体计算过程并画出决策树图。

第4章 目标与战略

 学习目标

知识目标：明确组织的使命与目标、战略的特征与层次，认识目标制订的原则，掌握目标管理理论。

技能目标：基本掌握战略环境分析的方法，能结合实际，进行战略环境分析和战略计划制订。

基本素养：培养使命与目标意识，养成战略环境分析的习惯，进而提高对组织目标与战略的认识。

 引　　例

宝洁中国的"神话"

宝洁公司始创于1837年，是世界上最大的日用消费品公司之一。宝洁公司通过其旗下品牌服务全球大约48亿人。公司拥有众多深受信赖的优质、领先品牌，包括帮宝适、汰渍、碧浪、护舒宝、潘婷、飘柔、海飞丝、威娜、佳洁士、舒肤佳、玉兰油、SK-II、欧乐B、金霸王、吉列、博朗等。宝洁公司在全球大约70个国家和地区开展业务。

宝洁公司的宗旨：为现在和未来的人类，提供优质超值的品牌产品和服务，在全世界更多的地方，更全面地亲近和美化更多消费者的生活。公司的远景目标是成为提供世界一流消费品和服务的公司。

1988年，宝洁公司在广州成立了在中国的第一家合资企业——广州宝洁有限公司，从此开始了其中国业务发展的历程。宝洁的大中华区总部位于广州，目前在广州、北京、上海、成都、天津、东莞及南平等地设有多家分公司及工厂。30多年来，宝洁在中国的业务飞速发展，主要表现在：

1. 建立了领先的"大"品牌。宝洁公司是目前中国最大的日用消费品公司。飘柔、舒肤佳、玉兰油、帮宝适、汰渍及吉列等品牌在各自的产品领域内都处于领先的市场地位。

2. 业务保持了强劲的增长。中国宝洁是宝洁全球业务增长速度最快的区域市场之一。目前，宝洁大中华区的销售量和销售额已位居宝洁全球区域市场中的

第二位。

3. 建立了出色的组织结构。伴随着公司的业务发展,宝洁的中国员工得到了迅速成长。如今,在宝洁大中华区,越来越多的中国籍员工担任起重要的管理职位,中国籍的员工占员工总数的98%以上,宝洁大中华区已成为向宝洁其他市场输出人才的基地。

资料来源:根据宝洁中国公司官方网站有关资料整理。

思　考

1. 宝洁公司的目标在中国是如何实现的?
2. 宝洁公司的宗旨、目标和在中国的发展,对现代企业的战略制定有何指导意义?

4.1　目　标

目标是根据组织使命或宗旨而提出的组织在一定时期内要达到的预期成果。组织目标规定了组织为实现使命或宗旨而规划出的具体方向,因此,目标具有引领意义。

4.1.1　组织的使命与目标

1. 组织使命

组织使命是指该组织在社会中所处的地位、承担的义务以及扮演的角色。组织使命是一种广泛的意向,提出了企业的价值观念及企业的基本社会责任和期望在某方面对社会的贡献,体现了组织的根本目的;它既反映了外界社会对本组织的要求,又体现着组织的创办者或高层领导人的追求和抱负。

(1) 组织使命的确定。组织使命的确定主要涉及以下几个方面的问题:

一是组织业务活动范围。组织使命的首要内容是确认向社会提供何种服务、承担何种任务,这一内容规定着企业在战略期的生产范围和市场范围。如宝洁中国公司的业务活动范围是日用消费品生产。

二是组织在业务活动中的基本行为规则和原则。因为组织的生存、发展是以执行其使命为前提的,所以行为规则和原则具有刚性。如宝洁中国公司以提供优质超值的品牌产品和服务作为基本行为规则。

三是组织的形象。组织使命体现了一个组织在社会中扮演的角色,树立什么样的组织形象,决定着组织目标及战略规划的制定。如宝洁公司的组织形象是世界上最大的日用消费品公司之一。

(2) 组织使命的作用。组织使命的主要作用是：指导组织制定目标、战略规划、行动计划并组织实施；保证组织内部成员对组织的主要活动取得认识上的一致，形成共同语言以至共同的价值观；为资源的取得、调配、使用(投入)以及业绩的取得(产出)提供依据及衡量标准；吸引志同道合的人才。

2. 组织目标

组织目标是指一个组织未来一段时间内要实现的目的，是组织的宗旨或纲领。它是管理者和组织中一切成员的行动指南，是组织决策、效率评价、协调和考核的基本依据。任何一个组织都是为一定的目标而组织起来的，目标是组织的最重要条件。组织目标的作用可以概括为四个方面：

(1) 方向作用。从某种意义上说，管理是一个为了达到同一目标而协调集体所做努力的过程。因此，目标的作用就是为管理指明方向，具体体现在两个方面：一是目标是组织各项活动所要实现的最终目的，明确和规定了组织的发展方向，指导着组织的行动，使组织的各项活动都要围绕它展开。二是管理的起点是制定和选择管理目标，管理的终点是实现管理目标。为使目标方向明确，还要使目标尽量简化。所以，简化目标应当作为制定目标的一条原则。

(2) 激励作用。目标是一种激励组织成员的力量之源。从组织成员个人的角度看，目标的激励作用具体表现在两个方面：一是个人只有明确了目标才能调动起潜在能力，尽力而为，创造出最佳业绩。二是个人只有在目标实现后，才会产生成就感和满意感。要使目标对组织成员产生激励作用，不仅要符合他们的需要，而且要富有挑战性。要正确处理好目标的挑战性和适当性之间的关系，也就是要把握好"度"。目标定得过高，虽努力而不能实现，会挫伤积极性，不利于人才选拔；目标定得过低，人人能干，体现不出能力和水平，选拔不出真正的人才。

(3) 凝聚作用。组织是由众多成员构成的一个社会系统。大量实践经验表明，组织凝聚力的强弱是决定组织发展成败的又一关键因素。组织凝聚力的大小受到多种因素影响，其中的一个因素就是组织目标。特别是当目标与组织成员的个人目标和谐一致，充分体现全体成员的共同利益时，就能够极大地激发组织成员的工作热情、献身精神和创造力。而组织目标与个人目标之间潜在的冲突，则是制约组织凝聚力的主要原因。

(4) 考核作用。目标在层层分解后，将会使组织内的各层次人员都有自己明确的目标，这个目标不仅对员工具有激励作用，同时也是评价组织成员工作好坏的标准。目标实现的程度反映了组织成员的工作绩效，例如组织的人事工作、政府部门的管理工作、参谋性质的管理工作等，必须制订可考核的目标，才能避免人浮于事，保证管理的有效性。一种有效的方法是对总目标进行分解，然后才从具体工作的角度制定目标。以人事管理工作为例，提高员工技术素质这个目标不便于考核，但对员工的技术水平、技术培训和技术革新成果,就比较容易制定可考核的目标。

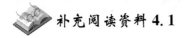补充阅读资料 4.1

德鲁克论"目标"

美国著名的管理学家彼德·德鲁克(Peter Drucker)在 1954 年出版的《管理实践》一书中,首先提出"目标管理与自我控制"的主张,1973 年他在《管理:任务、责任、实践》(被誉为管理学的"圣经")一书中对此作了进一步阐述。德鲁克认为:"并不是有了工作才有目标,而是相反,有了目标才能确定每个人的工作。所以,管理者应该通过目标对下级进行管理。企业的使命和任务必须转化为目标。"德鲁克提出,如果一个领域没有特定的目标,这个领域必然会被忽视。如果没有方向一致的分目标指示每个人的工作,则企业的规模越大,人员越多,专业分工越细,发生冲突和浪费的可能性就越大。

资料来源:根据有关资料整理。

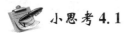小思考 4.1

问　　题

由于不同组织有不同的目标,因此,组织目标是识别组织的性质、类别和职能的基本标志。这个观点是否正确?为什么?

分析提示

观点正确。性质、类别和职能不同的组织,目标是不同的。如企业与事业单位性质不同,目标也不同;不同类别和职能的事业单位(如高等学校),目标也不同。

4.1.2　制定目标的原则

制定目标是一项复杂的任务,需要上级领导人员正确的指导与下级人员广泛的实践。制定目标时,通常应该遵循以下原则:

1. 明确、具体

目标必须是明确的、具体的。所谓明确,就是目标的工作量、完成日期、责任人、资源等都是一定的,可以明确的;所谓具体,就是与任职人的工作职责或部门的职能相对应。现实工作中,目标的明确具体,往往用制度化、规范化来控制。

2. 可衡量

目标应该是一个矢量,如果目标无法衡量,就无法为组织指明方向,也无法确定是否达到了目的。没有衡量标准,就意味着没有具体的指标规范约束执行者的行为,无法评定和考核他们的工作结果,管理者也将无法进行有效的控制,失去了分配决策的基础。

3. 可接受

目标必须是可接受的,即目标的范围要适中。这里所说的接受是指执行者认同目标,并自愿接受目标。目标的可接受主要取决于组织目标与个人目标的一致性。当两者一致时,目标就成为组织成员工作的动因,激发他们的工作热情和创造能力,从而有利于目标的实现。

4. 现实可行

目标不仅应有理论上的可行性,还要有现实上的可操作性。如果目标在现实条件下不可行,通常是因为过于乐观地估计了当前的形势,或是高估了达成目标所需要的各种条件,如技术条件、硬件设备、社会责任、员工个人的工作能力等,制定了不恰当的工作目标;或是主观地认为现有条件下,下属能够完成工作,而从客观的角度来看,目标却是无法实现的。

5. 有时间限制

目标只有附加上时间限制才具有现实意义。如果没有事先约定时间限制,目标实现的程度,无论提前或滞后,都将失去衡量标准,控制职能也将失去作用,管理者和执行者必将出现争执,管理将陷入混乱。

4.1.3 目标管理

目标管理是德鲁克提出的一种管理方法。所谓目标管理,就是一种组织内的所有成员共同制定目标、共同实现目标的一种管理方法。德鲁克提出的这种管理方法,被许多西方国家组织广泛采用,逐步发展成为一种系统地制定目标,并据此进行管理的有效方法。

1. 目标管理的特点

目标管理的特点,主要表现在以下几个方面:

(1)明确目标。明确的目标要比只要求人们尽力去做更能创出高业绩,高水平的业绩也往往与高标准的目标相关,无论是组织还是个人,明确目标都十分重要。例如,仅仅说降低成本改善服务,或提高质量是不恰当的,明确的目标应该是销售增长9%,改善服务应体现在电话通知后24小时内到达,提高质量应体现为开箱合格率为100%等,通过转换成定量目标,从而进行度量和评价。

(2) 参与决策。目标管理中的目标并不像传统目标那样,由上级设定并分派给下属,而是采取参与的方式,由上级和下级共同参与目标的选择和对如何实现目标达成一致意见。因此,目标管理的目标转化过程既是"自上而下"的,又是"自下而上"的。

(3) 规定时限。目标管理强调时间性,每一个目标都有明确的时间期限要求,如1个季度、1年、5年或其他适当的期限。在大多数情况下,目标的制定可与年度预算或主要项目的完成期限相一致。一般情况下,组织层次的位置越低,为完成目标而设置的时间就越短。

(4) 评价绩效。目标管理寻求不断地将实现目标的情况反馈给个人,以便他们能够调整自己的行动。管理人员鼓励下属人员对照预先设定的目标来评价业绩,进行差异分析,并以目标的完成情况作为奖惩的标准。

2. 目标管理的过程

目标管理过程是动员全体职工参加目标制定并保证目标实现的过程。由于各组织活动的性质不同,目标管理的过程可以不完全一样。但一般来说,目标管理的实施可以分为以下几个阶段:

(1) 目标制定。这是实施目标管理的第一个阶段,也是最重要的阶段。目标定得合理、明确,后两个阶段才能顺利进行。该阶段又可细分为4个步骤,如图4.1所示。

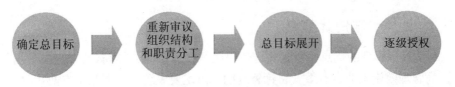

图 4.1 目标制定步骤

① 确定总目标。总目标可以由上级部门提出,再同下级一起讨论决定。也可以由下级和职工提出,再由上级批准确定。不管采取哪种方式,都要注意两点:一是必须由领导会同各级管理人员及职工共同商量决定,尤其要听取职工意见。二是领导必须根据组织的长远规划和面临的客观环境,对应该完成和能够完成的目标有一个清醒的估计,并在确定总目标的过程中发挥主导作用,不能简单地对下级目标进行汇总,以此作为组织的总目标。

② 重新审议组织结构和职责分工。目标管理要求每一个目标都有确定的部门(人)对其负责,因此,在预定目标之后,往往需要重新审查现有的组织结构并做出必要变动,尽可能做到一个目标只属于一个主管、一个部门;对需要跨部门配合的目标也应明确谁主谁从。

③ 总目标展开。这是一个对目标进行自上而下层层展开的过程,上级要向下级传达组织的规划和目标,在此前提下和下级商定他们的目标。目标必须有重点、

有顺序,不宜太多;目标必须具体化,尽可能量化,便于评估;目标既要有挑战性,又要有实现的可能性;目标确定的结果应该是下级目标支持上级目标,分目标支持总目标,每个人、每个部门的目标都要和其他人员、其他部门的目标协调一致。

④ 逐级授权。目标展开完成以后,应根据权责对等原则,授予下级部门或个人以相应的权力,让他们在职责和权限范围内自主地开展业务活动,自行决定完成目标的方法、手段,实行自我控制,自主管理。上下级之间还要就实现目标后的奖惩事宜达成协议。

(2) 目标实施。目标实施是目标管理的第二个阶段,也就是进入完成预定目标值的阶段,主管人员应授权给下级人员,靠执行者的自我管理去实现目标。具体地说,上级管理者要对每项目标和每个人的能力持信任态度,并对下属的工作进行指导、协助,提出问题,提供信息,创造良好的工作环境;而下属部门或人员应独立地进行工作,自行决定完成目标的方法和手段,在目标规定的范围内自主开展业务。

(3) 检查与评价。成果评价是一个目标管理周期的结束,也是下一周期的开始。该阶段要做好两个方面的工作:一是对各级目标的完成情况进行检查。检查的方法可灵活地采用自检、互检和责成专门的部门进行,考核依据就是事先确定的目标。对于最终的结果,应当根据目标进行评价。二是总结经验教训,把成功的经验、好的做法固定下来,并加以完善,使之科学化、系统化、标准化、制度化,对不足之处则要分析原因,采取措施加以改进,从而为下一循环打好基础。

3. 目标管理的优缺点

(1) 目标管理的优点。目标管理使得组织整体性能力提高,员工自主性增强,在提高管理效率上非常有效。目标管理的优点主要表现在以下几个方面:

① 有利于形成激励机制。目标管理的一个最显著的特点就是增强了员工参与管理的意识。由于员工参与了目标的制定,有机会将自己的想法融入计划。在目标实施过程中,能较好地调动员工的积极性、主动性和创造性。员工还参与成果的检查与评价,而评价的标准是目标的达成程度,这种评价比较公正、客观,有利于个人工作能力的提高。

② 有利于"全面质量管理"体系的建立。目标管理是一种结果式的管理,这种管理迫使组织的每一层次、每个部门及每个成员首先考虑目标的实现。当组织的每个层次、每个部门及每个成员的目标完成之时,也就是组织总目标的实现之时。因此,这有利于建立全员参与、全过程管理、全面负责和全面落实的"全面质量管理"体系。

③ 有利于实现有效控制。有效控制的前提条件之一就是必须有明确的、可考核的目标,目标是控制的量尺。目标管理建立了完整的目标链和目标体系,环环相扣,彼此支撑,其中,明确的可考核标准的目标就是有效控制的工具。因此,目标管

理工作不仅提高了计划工作的有效性,而且有助于形成有效的控制。

④ 有利于和谐型组织的构建。目标管理是民主参与式管理,在目标实现过程中,无论是目标的制定、目标的实施,还是成果的检查与评价,要么是上下级之间的协商和意见交流的结果,要么是根据事先约定的考核标准进行衡量。组织利益和个人利益有机结合,人际关系和谐融洽。

(2) 目标管理的缺点。目标管理在现实运作过程中也存在一些问题,认识这些问题对于管理者更好地把握目标管理具有重要意义。

① 目标设置困难。真正可用于考核的目标是很难设定的。一方面,目标的实现是大家共同合作的成果,难以明确每个人的工作量;另一方面,一个组织的目标有时只能定性地描述,定量是很困难的。

② 过于强调短期目标。短期目标比较具体,易于分解;而长期目标比较抽象,难以分解。因此,在目标管理计划中,管理人员往往设置短期目标:年度的、季度的,甚至月度的。这种过于强调短期目标而忽视长远发展,极易导致组织出现短期行为。

③ 使计划缺乏灵活性。未来情况存在着许多不确定因素,目标责任制要随着情况的变化而调整。但是,如果目标经常改动,目标本身便无价值可言,这样的目标也就没有意义。另一方面,修订一个目标体系,所花费的精力可能与制定一个目标体系相差无几,牵涉面和付出代价较大。因此使得组织计划缺乏弹性,难以适应已经发生变化的外部环境。

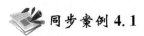
同步案例 4.1

娃哈哈集团的"中国梦"

杭州娃哈哈集团创建于 1987 年,从 3 个人、14 万元借款开始创业,在创始人宗庆后的领导下,现已发展成为中国最大、效益最好的食品饮料企业,饮料产量位居世界前列。目前在全国 29 个省、市、自治区建有 80 多个生产基地、180 多家子公司,拥有员工 3 万名,总资产达 400 亿元。公司通过引进国际最先进的生产设备和技术,进行消化、吸收、再创新,使公司拥有强大的核心竞争能力。产品涵盖乳饮料、瓶装水、碳酸饮料、茶饮料、果汁饮料、医药保健品等 11 大类,拥有 160 多个品种。

2012 年 11 月,娃哈哈集团董事长宗庆后在集团 25 周年庆典上表示,娃哈哈将继续立足主业,坚持发展实体经济、发展先进制造业、抢占战略性新兴产业、积极发展商超零售业,在巩固饮料行业龙头地位的同时,逐步进军奶粉、机械、印刷、零售、奶牛养殖等新产业,实现多元化发展,并将逐步向海外市场进军,寻找更多、更广的商机。2015 年集团实现营业收入 495 亿元、利税 115 亿元,企业规模和效益已连续 18 年位居中国饮料行业第一,为中国 500 强企业。娃哈哈正向着 3—5 年内实现营业额超过1 000亿元、力争早日进入世界500强企业的目标阔步前进,将娃哈哈打造成中华民族的世界品牌。

资料来源:根据有关资料整理。

问　题

1. 杭州娃哈哈集团有限公司确定的总目标是什么?
2. 结合案例,谈谈你对杭州娃哈哈集团有限公司实施总目标的建议。

分析提示

1. 进入世界500强,将娃哈哈打造成中华民族的世界品牌。
2. 在立足主业的基础上,实现多元化发展,抓好目标实施;完善检查与评价,总结经验教训,不断提高核心竞争能力。

4.2　战　略

战略是为了实现预定的目标,对有关组织全局的、长远的和重大的问题所作出的运筹规划。如前所述,战略也是一种计划。战略关系到组织的定位、走向和结构,关系到组织能否可持续发展。市场经济条件下,现代组织总是处在激烈竞争和不断变化的外部环境中,只有针对竞争对手的优势和劣势及其正在和可能采取的行动,不断调整自己的定位、走向和结构,制定出科学的发展战略,才能立于不败之地。

4.2.1　战略的特征与层次

1. 战略的特征

(1) 质变性。组织战略是战略管理者在把握外部环境本质变化的基础上作出的方向性决策。它不是组织对环境变化的应急反应,也不是以各种经济指标或财务数据为基础的逻辑推理的产物,而是对组织经营活动作出的具有质变性的决策,其目的是创造未来。

(2) 全局性。组织战略是对组织各项经营活动的整体规划,即以组织的全局为出发点,根据组织整体发展需要而制定的,它的着眼点是组织全局的发展和组织的总体行动。因此,战略不是各项活动的简单汇总,而是在综合平衡的基础上,确定优先发展的项目,权衡风险大小,实现组织整体结构和效益的优化。

(3) 长期性。战略着眼于组织的未来,谋求的是组织的长远发展,关注的是组织的长远利益,而不是对组织的外部环境短期波动做出反应,也不是对日常经营活动如销售量、劳动生产率、产品价格等做出反应。即战略所决定的是"船只的航行方向,而不是眼下遇到的波涛"。

(4) 竞争性。企业战略的核心内容之一,是要变革自身的经营结构,形成差别优势,以奠定未来竞争的基础。同时,企业战略不仅具有适应未来环境变化的功能,还要具有改造未来环境的功能。在这方面的能力越强,未来的竞争力也就越强。从这个意义上说,战略就是培育组织的核心能力。

(5) 稳定性。依据科学程序制定的组织战略,一般不会轻易调整,对于战略实施过程中出现的多种不确定因素,一般只通过调整具体的战术或策略来解决。

2. 战略的层次

(1) 公司战略。公司战略又称企业总体战略,主要回答企业应该选择哪类经营业务、进入哪些领域。通常情况下,公司战略面临以下几种选择:

① 稳定型战略。稳定型战略又称防御型战略,即企业通过投入少量或中等程度的资源,稳定现有生产规模,维持现有的销售额和市场占有率,保持现有的竞争地位。稳定型战略主要针对本企业的发展现状,在尽量不增加生产要素投入的条件下,依靠企业内部改革,挖掘潜力,合理运用组织要素,采取适当的要素组合,使企业的产品结构、组织结构及其他各项工作合理化,从而实现企业的内涵扩大再生产,提高企业的经济效益。但是,从长远看,企业采用稳定型战略并不适宜,因为发展是硬道理。例如,当企业的外部环境对企业较为有利或企业实力有所增强、企业内部条件较好时,如果一味实行稳定型战略,就不能充分发挥内部潜力,还可能因为过于保守使企业错失发展的良机,难以获得更好更快的发展。

② 紧缩型战略。紧缩型战略又称退却型战略,是指在市场吸引力或企业经营能力不足的情况下,企业减少投入,封存或出卖部分设备,缩小经营规模,以摆脱目前或将要出现的困境,使财务状况好转,以求将来的发展。紧缩型战略的具体类型如表 4.1 所示。

表 4.1 紧缩型战略的类型

类 型	特 征
抽资转向	对原有业务领域进行压缩投资,调整组织结构,控制成本
适当放弃	企业将一个或几个主要部门转让、出卖或停止经营
完全退出	企业无法应付危机,完全退出本行业

③ 扩张型战略。扩张型战略又称进攻型战略,是指企业在现有的战略基础上,扩大生产经营规模,或向新的经营领域开拓的战略。其核心思想是通过企业竞

争优势谋求企业的发展和壮大。实施扩张型战略的意义在于:一是提高社会效益,如扩大企业社会影响力、受到政府的重视等;二是提高经济效益,增强企业的市场竞争地位;三是开拓新的生存空间,当外部环境中存在新的机会,并与企业内部条件基本吻合时,企业采取扩张型战略有利于企业更好更快的发展。

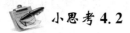
小思考 4.2

问　题

企业采取退出战略的关键在于退出时机的把握。这个观点正确吗?为什么?

分析提示

观点正确。选择恰当的退出时机能使企业既可选择多种退出方式,又不失掉可能生存的机会。一般来说,退出时机越迟,企业选择性越小,在企业无法应付危机时,早退出比迟退出更有利。

(2) 竞争战略。竞争战略是指决定企业如何在所选定的领域内与对手展开有效竞争的战略。美国战略管理学家迈克尔·波特(Michael Porter)认为,企业为获取相对的竞争优势可以选择成本领先、产品差异化和重点集中三种战略,这也是企业经常采用的常规竞争战略。如表 4.2 所示。

① 成本领先战略。成本领先战略是指企业通过在内部加强成本控制,在研究开发、生产、销售、服务和广告上把成本降到最低,成为行业中的成本领先者的战略。低成本战略适用于在市场价格竞争中占主导地位的行业。在这些行业中,所有企业生产的都是标准化产品,产品差异度小,因而价格竞争成为市场竞争的主要手段。如钢铁、煤炭、石油、水泥、家电等行业的企业,采用低成本战略会取得较好的效果。

表 4.2　三种竞争战略

竞争优势 竞争范围	差异化	竞争领先
全行业范围	1. 差异化	2. 成本领先
某个特定的细分市场	3(A). 集中差异化	3(B). 集中成本领先

企业实施成本领先战略须注意以下几个方面:第一,要求企业必须有先进的设备和生产设施,并能有效地提高设备利用率;第二,要利用先进管理经验,加强成本与费用的控制,全力以赴地降低成本;第三,最大限度地减少研究开发、推销、广告、服务等方面的支出;第四,产品产量要达到经济规模,便于大批量生产。总之,企业实施成本领先战略是以在市场中处于领先地位的低成本来获得高额利润,从而在竞争中占据有利的地位。

② 产品差异化战略。这种战略是指企业提供与众不同的产品与服务,满足顾

客特殊的需求,形成竞争战略优势。差异化战略的特色可以表现在产品设计、技术特性、产品品牌、产品形象、服务方式、销售方式等手段的某一方面,也可以同时表现在几个方面。产品差异化是顾客能感受到的、对顾客有实际价值的产品或服务的独特性。产品差异化的方法有两种,如表 4.3 所示。

表 4.3 产品差异化的方法

方　法	内　涵
内在因素差异化	产品性能、产品设计、产品质量、产品附加功能等方面的差异
外在因素差异化	产品的定价、商标、包装、销售渠道以及促销手段的差异

③ 重点集中战略。重点集中战略是指通过满足特定消费群体的特殊消费需求,或集中服务于某一有限的区域市场,以此来建立企业的竞争优势及市场地位。重点集中战略有三种形式:一是产品类型专业化,即企业集中全部资源来生产经营特定的产品系列中的一种产品;二是顾客类型专业化,即企业只为某种类型的顾客提供产品和服务;三是地理区域的专业化,即企业产品经营范围仅局限于某一特定区域范围。

重点集中战略是以一个特定的消费群体为焦点,集中满足他们的要求,或者能比其他竞争者更周到地满足他们的需求。如果属于前一种情况,则企业就在这个特定的细分市场上获得了成本优势,即集中成本领先;如果属于后一种情况,则企业就在这个特定市场上获得了差异化优势,即集中差异化。应当指出的是,在稳定的市场环境下,重点集中战略对企业来说相当有利,若市场环境不稳定,如市场变化、用户变化、技术变化或国家政策变化等,重点集中战略会因经营范围过窄而面临很大的威胁。

(3) 职能战略。职能战略是指企业中的各职能部门制定的指导职能活动的战略。职能战略一般可分为营销战略、人事战略、财务战略、生产战略、研究与开发战略、公关战略等。职能战略是为企业战略和业务战略服务的,所以必须与企业战略和业务战略相配合。比如,企业战略确立了差异化的发展方向,要培养创新的核心能力,企业的人力资源战略就必须体现对创新的鼓励;要重视培训,鼓励学习;把创新贡献纳入考核指标体系;在薪酬方面加强对各种创新的奖励。

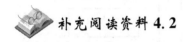
补充阅读资料 4.2

战略管理三个层次的比较

战略管理的三个层次既相互联系,又存在区别,公司战略是前提,竞争战略是手段,职能战略是保证。其特点比较如表 4.4 所示。

表 4.4 战略管理三个层次特点比较

	公司战略	竞争战略	职能战略
管理者	高层	中层	基层
性质	观念型	中间	执行型
明确程度	抽象	中间	确切
可衡量程度	以判断评价为主	半定量化	通常可定量化
所起作用	开创性	中等	改善及增补性
承担的风险	较大	中等	较小

4.2.2 战略环境分析

1. 外部环境分析

战略环境分析包括外部环境分析和内部环境分析两部分。外部环境分析包括对一般环境的分析和对任务环境的分析。企业外部环境分析,主要是发现企业生存与发展的机会与威胁,抓住机遇,规避风险。企业内部环境分析,主要是找出自身优势与劣势,破除在障碍,培育竞争能力。SWOT 分析是企业战略环境分析的最基本思路与架构。

SWOT 分析,包括分析企业的优势(Strengths)、劣势(Weaknesses)、机会(Opportunities)和威胁(Threats)。因此,SWOT 分析实际上是将对企业内外部条件各方面内容进行综合和概括,进而分析组织的优劣势、面临的机会和威胁的一种方法。SWOT 分析的基本模型如图 4.2 所示。

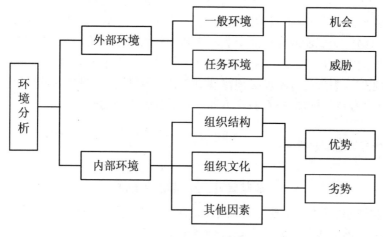

图 4.2 SWOT 分析模型

(1) 机会与威胁分析。随着经济、社会与科技等诸多方面的迅速发展,特别是世界经济全球化、市场一体化过程的加快,全球信息网络的建立和消费需求的多样化,使企业所处的环境更为开放和动荡。这种变化几乎对所有企业都产生了深刻的影响。正因为如此,环境分析成为一种日益重要的企业职能。

环境发展趋势分为两大类:一类表示环境威胁,另一类表示环境机会。环境威胁指的是环境中一种不利的发展趋势所形成的挑战,如果不采取果断的战略行为,这种不利趋势将导致企业的竞争地位受到削弱。环境机会就是对企业行为富有吸引力的领域,在这一领域中,该企业将拥有竞争优势。

(2) 优势与劣势分析。识别环境中有吸引力的机会是一回事,拥有在机会中成功所必需的竞争能力是另一回事。每个企业都要定期检查自己的优势与劣势,检查企业的营销、财务、制造和组织能力。所谓竞争优势是指一个企业超越其竞争对手的能力,这种能力有助于实现企业的主要目标——盈利。当两个企业处在同一市场或者说它们都有能力向同一顾客群体提供产品和服务时,如果其中一个企业有更高的盈利率或盈利潜力,那么,我们就认为这个企业比另外一个企业更具有竞争优势。值得注意的是:竞争优势并不一定完全体现在较高的盈利率上,因为有时企业更希望增加市场份额,或者多奖励管理人员或雇员。

(3) 外部环境分析的要求:

① 一般环境分析。企业外部环境中的一般环境是指那些给企业造成市场机会或环境威胁的主要社会力量,直接或间接地影响企业的战略管理。对企业影响较大的一般环境有:社会经济环境、宏观技术环境、社会文化环境、政治法律环境等。

② 任务环境分析。任务环境是某一个或某一类企业开展生产经营活动所直接面临的环境,主要指产业环境。与一般环境相比,任务环境的影响更直接、更有针对性。因此,在制定与实施战略管理时,企业应着重分析与研究产业环境,努力探求获得竞争优势的可能性。

在对产业环境的分析上,迈克尔·波特提出了产业竞争结构的分析模型,即"五力分析法":一个产业的竞争状况主要取决于五种基本的竞争力量,如图 4.3 所示:一是新加入者的威胁,这是指潜在的竞争对手进入本行业的可能性;二是替代品的接近程度,替代品是指具有相同或相近功能的产品或服务,它们在使用上是可以相互替代的;三是购买者的议价能力,这是指顾客和用户在交易中讨价还价的能力;四是供应者的议价能力,这是指企业的供应者在向企业提供产品或服务时的议价能力;五是现有企业的竞争,这是指企业的竞争,即企业所处的行业同行业之间的竞争。在一个行业里,这五种基本竞争力量的状况及其综合强度,引发行业内在经济结构的变化,从而决定着行业内部竞争的激烈程度,影响着企业战略的制定与实施。

③ 发现机会与威胁。外部环境分析的关键是找出企业发展的机会与面临的威胁。一是发现并抓住机会。这里的机会是指能为企业生产经营带来运作空间与

发展潜力的机遇。企业要善于把握时机，抓住机会，实现发展。二是发现并规避威胁。这里的威胁指的是企业所面临的市场环境可能给企业带来不利或危害的因素，企业应及早发现威胁，千方百计地加以规避。

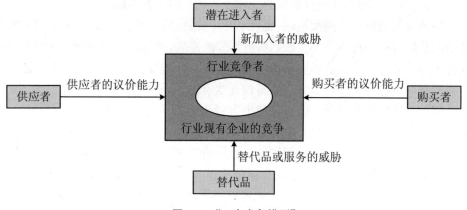

图 4.3 "五力竞争模型"

2. 内部环境分析

(1) 分析企业制度与组织结构。企业制度、组织结构、领导方式等因素是影响企业经营成果的重要因素。科学有效的结构与体制是企业的竞争优势，结构与体制的僵化与落后是企业的最大隐患。

(2) 分析企业的例行管理。企业的例行管理包括研发管理、市场营销管理、生产与作业管理、财务管理、人力资源管理等，通过这些管理活动，弄清企业内在的优势和劣势。

(3) 分析企业文化。企业文化因素主要包括企业精神、士气、人际关系、凝聚力与向心力等，对企业的生产经营活动具有很大的影响作用，是重要的内部环境。因此，企业应加强组织文化建设，构建和谐、先进的企业文化。

(4) 价值链分析。价值链分析是企业内部环境分析的重要方法，如图 4.4 所示。所谓价值链是指企业创造价值的一系列生产经营活动所组成的链条，主要包括两类：一是基本活动，主要有采购、生产、储运、营销、服务等功能或活动；二是支持活动，主要有技术开发、人力资源管理、财务等功能或活动。价值链分析就是对基本活动和支援活动等活动领域和环节的分析，既要对每一项价值活动进行分析，也要对各项价值活动之间的联系进行分析。

(5) 找出优势与劣势。品质、效率、创新和客户响应的能力决定着企业产品是否具备差异化和低成本优势。因此，企业建立竞争优势的基础就表现在四个方面：

一是品质。提供顾客需要的高品质的产品或服务，是形成企业竞争优势的最重要基础。

二是效率。效率是指资源的优化组合和合理使用，以及成本的有效控制，从而形成竞争优势。

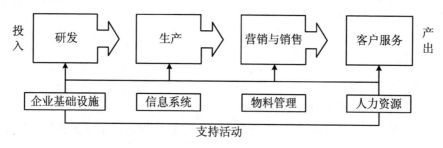

图 4.4　价值链

三是创新。创新可以给企业带来生机与活力,只有坚持不懈地创新,才能在激烈的竞争中永葆优势。

四是顾客响应。企业应以客户为中心,将顾客引入企业,定制产品或服务,对顾客需求做出快速反应。只有与顾客保持密切而稳定的联系,才能建立更加持久和强有力的竞争优势。通过分析,找出优势与劣势,以提高企业的创造能力。

企业在培育竞争优势的同时,还须找出内在的劣势,消除隐忧:一是树立危机意识,实行危机管理;二是深入分析内部环境,既要找出现实的劣势,也要找出潜在的隐忧;三是采取多种手段,查堵漏洞,消除隐忧。

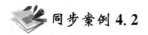 同步案例 4.2

"合肥百大"的自身优势

1. 企业形象。"合肥百大"是安徽省著名的并具有一定国内影响力的零售业品牌,享有"安徽第一店""徽商典范"等美誉,"塑百年百大、铸诚信长城"的企业精神誉满江淮。其旗下的"合家福"商标也荣获安徽省著名商标称号。"合肥百大"连续多年入围"中国企业 500 强""中国服务业 500 强""中国零售百强"和"中国连锁百强"。

2. 初具规模,成长迅速。"合肥百大"2011 年实现销售规模 300 亿元,同比增长 18%,其中零售主业销售规模 143 亿元,同比增长 22%,公司的连锁企业在数量与市场份额上占主导地位,集团公司的整体业绩多年领先安徽市场。

3. 零售门店基本辐射安徽全省。"合肥百大"的零售门店包括合肥百货大楼等 14 家大型百货零售商场、135 家合家福超市和 24 家百大电器连锁卖场,总营业面积超过百万平方米。经营网络遍布安徽的合肥、芜湖、蚌埠、铜陵、亳州、六安、黄山、淮南等主要地市及一批县级市。同时,"合肥百大"在"万村千乡"工程上积极响应,发展了一批乡镇便民店,在门店建设上显现出"城乡通吃"趋势。

4. 重视职工培训与综合素质的提高。"合肥百大"努力打造"学习型团队""知识+实干"型团队,重视职工培训。自 2010 年以来,组织开展技能培训、管理培训、法律培训、服务培训、信息管理培训等各种培训20多期,开展技能竞赛、岗位练兵等多种活动,有效地提高了团队人员的综合素质。

资料来源:郑承志.促进消费背景下的"合肥百大"营销之变革[J].中国商贸,2014(4):50.

问　题

1. "合肥百大"的内部环境如何?

2. 联系零售业发展的实际,谈谈"合肥百大"应该如何利用自身优势实现创新发展。

分析提示

1. 自身优势明显,处于良好的竞争态势。

2. 维护"安徽第一店"的企业形象;强化战略选择,创新营销管理;拓展扩张模式,创新营销业态;培植经营特色,创新营销方式。

4.2.3　战略的制定

战略的制定是企业的决策机构组织各方面的力量,按照一定的程序和方法,为企业选择适宜的发展战略的过程。战略的制定过程就是战略计划的形成过程。制定战略的一般程序是:

1. 识别和鉴定企业现行的战略

随着外部环境的变化和企业自身的发展,企业的战略也要做相应的调整和转换。然而,要制定新的战略,首先必须识别企业的现行战略是否已不适应目前形势。只有确认现行战略已不适用时,才有必要制定新战略。同时也只有在认清现行战略缺陷的基础上,才能制定出较为适宜的新战略方案。

2. 分析企业外部环境

通过环境分析,战略制定者应认清企业所面临的主要机会和威胁,察觉现有的潜在竞争对手的意图和未来的行动方向,了解未来一段时期社会、政治、经济、文化等的发展动向,以及企业由此而面临的机遇和挑战。同时,企业还应通过测定和评估自身素质,明确自身的优势与劣势。

3. 拟定备选战略方案

企业根据企业的发展目标要求,针对企业外在的机遇与威胁、内在的优势与劣势,拟定所有可能实现发展目标的战略方案。

4. 评价和比较战略方案

企业根据股东、管理人员以及其他相关利益团体的价值观和期望目标,确定战略方案的评价标准,并依照标准对备选方案加以评价和比较。

5. 确定战略方案

在评价和比较战略方案的基础上,企业选择一个最满意的战略方案作为正式的战略方案。同时,为了增强战略的适应性,企业往往还选择一个或多个方案作为后备的战略方案。

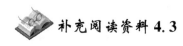

补充阅读资料4.3

迈克尔·波特

迈克尔·波特是现代最伟大的商业思想家之一,被誉为"竞争战略之父"。波特毕业于普林斯顿大学,后获得哈佛大学商业经济学博士学位,并获得斯德哥尔摩经济学院等7所著名大学的荣誉博士学位。2000年12月,波特获得哈佛大学最高荣誉"大学教授"资格,成为哈佛大学商学院第四位得到这样殊荣的教授。波特撰写过16部书及100多篇文章。他提出的"竞争五力模型""三种竞争战略"在全球被广为接受和实践,其竞争战略思想是哈佛商学院的必修科目之一。

 本章小结

目标是根据组织使命或宗旨而提出的组织在一定时期内要达到的预期成果。组织目标是组织的宗旨或纲领。组织使命是指该组织在社会中所处的地位、承担的义务以及扮演的角色。组织目标具有方向作用、激励作用、凝聚作用和考核作用。

目标制定的原则包括:明确具体、可衡量、可接受、现实可行、有时间限制。目标管理是一种组织的上下级管理人员和组织内的所有成员共同制定目标、共同实现目标的一种管理方法,其基本步骤包括目标制定、目标实施、检查与评价三个阶段。实践证明,目标管理的优缺点明显。

战略是为了实现预定的目标,对有关组织全局的、长远的和重大的问题所做出的运筹规划。战略具有质变性、全局性、长期性、竞争性和稳定性等特征。战略一般包括公司战略、竞争战略和职能战略三个层次。

战略环境影响战略的制定与实施,包括内部环境和外部环境。SWOT模型和价值链分析是战略环境分析的两种重要方法。组织应按照一定的程序和方法,科学制定战略,选择发展战略方案,推动组织更好更快的发展。

基本训练

一、知识训练

（一）复习题

1. 单项选择题

（1）目标管理是德鲁克提出的一种（　　）。

A. 组织使命　　B. 管理方法　　C. 企业战略　　D. 工作计划

（2）战略的实质就是一种（　　）。

A. 计划　　B. 决策　　C. 控制方法　　D. 预期成果

（3）下列不属于职能战略的是（　　）。

A. 人事战略　　B. 财务战略　　C. 公关战略　　D. 重点集中战略

2. 多项选择题

（1）目标制定的原则包括（　　）。

A. 明确具体　　B. 可衡量　　C. 可接受　　D. 现实可行

E. 有时间限制

（2）所谓的SWOT，是指企业的（　　）。

A. 战略　　B. 优势　　C. 劣势　　D. 机会　　E. 威胁

（3）战略的特征包括（　　）。

A. 质变性　　B. 全局性　　C. 长期性　　D. 竞争性　　E. 稳定性

3. 简答题

（1）简述目标管理的优缺点。

（2）简要说明制定战略的一般程序。

（二）讨论题

背景资料

我国改革开放以来，许多企业实施了扩张型战略，通过扩大生产经营规模，或开拓新的经营领域，对壮大企业的经济实力发挥了一定的作用。但是，也有一些企业因为规模扩张，或者是发展新业务，使企业陷入了困境。如钢铁、水泥企业压缩产能进军房地产后出现资金链断裂而导致企业无法继续运营。

问　题

企业选择扩张型战略应该注意哪些问题？

二、能力训练

实操训练

选择学校所在城市的一家大型工业或者商业企业,通过实地调查或者文案调查方式,了解其发展的基本情况,结合对 SWOT 分析工具的学习,对企业进行 SWOT 分析,形成简单的分析报告。

第 5 章　组织设计与变革

 **学习目标**

知识目标：理解组织的概念、内容和基本分类；了解组织结构的基本形式，熟悉组织结构设计的程序与方法；认知组织变革的目标、动因与途径。

技能目标：掌握划分组织部门的方法；培养设计组织结构的初步能力；能根据提供的资料，制定推行组织变革的方法。

基本素养：具有高尚的道德观和人生观，在组织发展中有良好的协同合作意识，以勇于进取创新的精神面对成绩和竞争。

 **引　例**

"海尔"不同时期组织架构的选择

海尔集团经过几十年的持续稳定发展，现已成为世界第四大白色家电制造商、中国最具价值品牌。海尔旗下现拥有 240 多家法人单位，科技、工业、贸易、金融等 4 大支柱产业，并在全球 30 多个国家和地区建立了本土化的设计中心、制造基地和贸易公司，全球员工总数超过 5 万人，全球营业额超过 1 000 亿元。海尔集团有它自己的独到之处，"日事日毕，日清日高"的"OEC"(Overall Every Control and Clear) 管理模式、"市场链"管理及"人单合一"发展模式已引起国际管理界高度关注。目标体系、日清体系、激励体制等管理制度早已深入人心。海尔的成长也是一步一个脚印走过来的，经过多次组织变革，才有了如今管理制度成熟的海尔。

1984—1991 年：海尔规模还比较小，基于"品牌战略"指导，海尔实行直线职能制组织结构。由于各部门间的联系长期不发生大的变化，使得整个组织系统有较高的稳定性，有利于管理人员重视并熟练掌握本职工作的技能，从而强化了专业管理，提高了工作效率。

1991—1998 年：员工由几百人发展到几千人，产品由冰箱发展到洗衣机、电视等领域，基于"多元化战略"的指导，海尔进行了组织结构的变革，从直线职能制组织结构变为事业部制组织结构，各子公司独立核算、自负盈亏，给各事业部经理一定的权力，有利于调动他们的工作积极性。

1998—2005 年：为了应对网络经济和加入 WTO 带来的挑战，海尔实施国际化战略,积极开拓海外市场,基于"国家化战略"指导,海尔从1998年就开始实施以市场链为纽带的业务流程再造,实行"超事业部结构"。打造扁平化、信息化和网络化的市场链流程;以订单信息流为中心,带动物流、资金流的运动,加快了用户零距离、产品零库存和营运零资本的"三零"目标的实现。

2005—2012年:2005年海尔实施全球化战略,在探索新管理模式的过程中,海尔结合互联网发展趋势,推出了"倒三角"组织结构(图5.1)、虚实网结合的零库存下的即需即供商业模式,以及业务流程再造等新的管理实践模式。

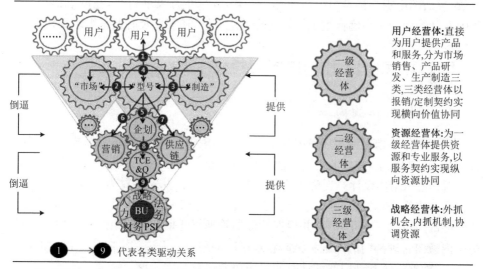

注:截至2012年4月,除地产集团外,海尔共2 145个经营体,一级经营体2 020个("市场"1 835个、"型号"78个、"制造"107个)、二级经营体119个、三级经营体6个。

图5.1 海尔的倒三角组织结构

2012—2019年:在信息化、电子商务快速发展背景下,海尔提出了网络化战略,提出了人单合一双赢模式,小微主、创客经营单元在自主经营体基础上,升级演化出小微企业和按单聚散的利益共同体,构成多形态的开放的生态管理系统,有利于企业的创新和增强市场应变力、竞争力。

资料来源:根据有关网络资料整理。

思 考

1. 海尔企业组织变革的背景和意义。
2. 海尔企业组织结构与海尔的发展有什么关系?

5.1 组织工作概述

组织是管理的基本职能之一,在组织目标确定后,为了有效地开展工作,顺利实现目标,管理者还必须对包括人、财、物和信息在内的组织资源,在一定的时间和空间范围内进行合理的配置,建立一种既有分工又有协作的集体活动的组织结构。有效、灵活的组织结构是组织适应环境变化,谋求生存发展机会,在激烈的市场竞争中取胜的保证。为确保组织结构的环境适应性,还需要及时调整组织结构形式。

5.1.1 组织工作的内容与特点

1. 组织工作的内容

组织工作是指在特定环境中为了有效地实现组织目标,确定组织成员、任务及各项活动之间关系,对资源进行合理配置的过程。其主要内容包括以下几个方面:

(1) 组织结构设计。当确定组织目标后,管理者首先要对为实现组织目标的各种活动内容进行区分和归类,把性质相近或联系紧密的工作进行归并,成立相应的职能部门进行专业化管理,并根据适度的管理幅度来确定组织的管理层次,包括组织内横向管理部门的设置和纵向管理层次的划分。无论是纵向还是横向的职权关系,都能够促进各部门的活动并使组织协调一致。

(2) 职权体系建构。在确定组织结构形式后,应对组织职权在各管理部门、管理层次、管理职务中进行分配与设置。现代管理的总趋势是组织职权分权化,因此,还要进行适度的分权和正确的授权。分权适度,授权成功,则有利于组织内各层次、各部门为实现组织目标而协同工作,同时也使得各级管理人员能够产生满足感。

(3) 组织人员配备。人是组织中最重要的资源,组织活动的实施,组织目标的实现,无一不是由人起决定作用。组织的有关管理者应根据工作任务和工作岗位职责要求来选择与配备人员。为提高工作绩效,组织有必要进行管理创新,采取科学的领导方式与激励制度,并进行有效的培训与考核等。

2. 组织工作的特点

(1) 组织工作是一个过程。组织工作是根据组织的目标考虑组织内外部环境来建立和协调组织结构的过程,这个过程的一般步骤是:确定目标;对目标进行分解,拟定派生目标;根据可利用的人力、物力及利用它们的最好方法来划分各种工作,由此形成部门;将进行业务活动所必需的职权授予各部门负责人,由此形成职务说明书,规定该职务的职责和权限;通过职权关系和信息系统,把各部门的业务活动上下左右紧密地联系起来,通过组织系统图来达到对组织的整体认识。

(2) 组织工作是动态的。组织内外环境的变化,要求管理者不断对组织工作做出调整和变革,以确保组织的环境适应性。设计和维持组织结构的工作就是管理的组织职能所要承担的任务。

(3) 组织工作要充分考虑非正式组织的影响。从实体角度看,组织包括正式组织和非正式组织。由于非正式组织对组织目标的实现有影响,因此,必须正确处理好组织与非正式组织之间的关系,设计与维持组织目标与非正式组织目标的平衡,发挥非正式组织的正面影响。

5.1.2 组织的类型

1. 按组织的目标分类

根据组织的目标,可以把组织分为多种类型,如表 5.1 所示。

表 5.1 按照目标划分的组织类型

类 型	举 例
互益组织	工会、俱乐部、政党
工商组织	工厂、商店、银行
服务组织	医院、学校、社会机构
公益组织	政府机构、研究机构、消防队

2. 按满足心理需求分类

按满足心理需求来分,可将组织分为正式组织和非正式组织。

(1) 正式组织。正式组织是指为实现一定目标并按照一定程序建立起来的有明确职责结构的组织。正式组织是组织设计工作的结果,是由管理者通过正式的筹划,并借助组织系统图和职务说明书等文件予以明确规定的。正式组织有明确的目标、任务、结构、职能以及由此形成的成员间的责权关系,因此,对成员行为具有较大的强制力。相对非正式组织而言,正式组织有以下几个方面的特点:

① 目的性。正式组织是为实现组织目标而有意识建立起来的,因此,正式组织要采取什么样的结构形态,从本质上说应该服从于实现组织目标、落实战略计划的需要。这种目的性决定了组织工作通常是在计划之后进行的。

② 正规性。正式组织是按组织工作的章程和组织规程建立起来的,列入组织的正式机构的序列之中。正式组织工作的成员有明确的编制,其领导者有正式的职务头衔,由组织赋予明确的职权与职责。

③ 稳定性。正式组织一经建立,通常会维持一段时间相对不变,只有在内外环境条件发生了较大变化而原有组织结构显露出不适应时,才提出组织调整和变革的要求。

(2) 非正式组织。非正式组织是指未经筹划而在共同工作和生活中自发形成的一种个人关系和社会关系网络。非正式组织可以是一个独立的团体,比如学术沙龙、业余俱乐部等,也可以是一种存在于正式组织中的"有实无名"的团体。这是一种事实上存在的社会组织,这种组织正日益受到重视。非正式组织具有以下特点:

① 自发性。非正式组织是适应组织成员的某种需要,在长期的共同工作和生活中自发形成的,包括工作上的、社会上的、感情上的需要等,而非组织干预的结果。

② 非正规性。非正式组织没有正式的组织形态、名称与规程,存在非正规性。但非正式组织有着不成文的群体规范与内在影响力,共同的情感是维系群体的纽带,主要追求成员之间的亲密感情、友好相处。非正式组织的凝聚力往往超过正式组织的凝聚力。非正式组织的领导也是在发展过程中自然涌现出来的,成员的拥戴程度比正式组织的领导高,非正式组织的领导的号召力更强。

③ 一致性。非正式组织由于有自愿结合的基础,成员之间感情密切、交往频繁、言论自由。成员对信息的反应往往有很大的相似性,对某些问题的看法往往具有很强的一致性,因而情绪共振,感情融洽,行为协调,行动一致,归属感强。

(3) 非正式组织的作用。非正式组织的存在及其活动既可能对正式组织目标的实现起到积极的作用,也可能对正式组织产生消极的影响。

① 非正式组织的积极作用:可以满足职工的需要;可以增强团队精神,人们在非正式组织中的频繁接触会使相互之间的关系更加融洽、和谐,从而易于产生加强合作的精神;能够促进组织成员的成长,在非正式组织中,成员会自觉指导和帮助在工作中有困难或技术操作不熟练的成员,起到一定的培训指导作用;能维护正式组织正常的活动秩序,非正式组织为了群体的利益,为了在正式组织中树立良好的形象,往往会自觉或自发地维护正式组织正常的活动秩序。

② 非正式组织的消极作用:可能与正式组织会产生冲突,当非正式组织的目标与正式组织的目标发生冲突时,可能产生消极作用,阻碍正式组织成员成长,影响组织的变革。

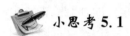

小思考 5.1

问　题

在管理中必须正确处理正式组织与非正式组织的关系,这个观点正确吗?为什么?

分析提示

1. 观点正确。
2. 非正式组织的存在是一个客观事实,必须正视;非正式组织对正式组织具有重要的影响;发挥非正式组织积极的、正面的影响,有利于组织目标的实现。

3. 按个人与组织的关系分类

按个人与组织的关系来分,可以分成以下三种组织:

(1) 功利型组织。在运用合法权力过程中,同时实行经济和物质等功利报酬手段,如工商企业、农场等。

(2) 强制型组织。以强制权力来加以控制的组织,如监护性的精神病院、监狱等。

(3) 规范型组织。以内在价值及地位为报偿来加以控制的组织,如学校、医院、社会团体等。

5.1.3 组织工作的原则

1. 目标统一原则

组织结构的设计和组织形式的选择必须有利于组织目标的实现。因此,在组织设计中,首先要明确组织的发展战略及目标是什么,并以此为依据,设计组织的总体框架。然后,要认真分析,保证目标的实现必须做什么事,怎样才能做好等。最后,以事为中心,建立机构,设计职务,配备人员,做到"人与事"合理配置,避免出现因人设事或因人设职的现象。

2. 分工协作原则

专业化分工与协作是组织设计的基本原则。管理劳动的专业化分工,不仅有助于提高管理者的管理效率,而且有助于对需要履行不同职能的专职管理人员的培养。在按照专业化的原则设计部门和确定归属的同时,还要有利于组织单元之间的协作。这样各部门、各层次的各项功能就能有效地融合为功能统一体,形成管理合力,产生"1+1>2"的效果。

3. 统一指挥原则

统一指挥原则是指每个下级应当而且只能向一个上级主管直接负责,否则,下属人员就可能面对来自多个主管的相互冲突的要求或优先处理要求,造成多头领导,并使得下级人员无所适从,引起管理的混乱和效率的低下。只有在组织设计的过程中坚持这条原则,才有可能保证有效地统一和协调各方面的力量、各部门的活动。

4. 有效管理幅度原则

管理幅度是指一个上级管理者能够直接有效地管理下属的人数。由于任何管理者的精力和时间都是有限的,管理能力上也存在差异,这就意味着不同的管理者应有不同的管理幅度。因此,在组织结构设计上,应根据不同管理者的具体情况,结合工作的性质以及被管理者的素质来确定适用于本组织和特定管理者的管理幅度,做到既能够保证统一指挥,又便于组织内信息的沟通。

5. 责权对等原则

在组织结构设计中,职权和职责必须对等。要履行一定的职责,就应该有相应的职权。只有职责,没有职权,或权限太小,职责承担者的积极性、主动性就会受到束缚,实际上也不可能承担起应有的责任;只有职权而无任何职责,或责任程度小于职权,又会导致权力滥用,产生官僚主义。

6. 集权与分权相结合的原则

为了保证有效的管理,应实行集权与分权相结合的领导体制。以集权实现组织的统一指挥、工作协调和有效控制;以分权调动下级的积极性和主动性,快速灵活适应外部环境的变化。因此,在组织工作中,应根据组织目标与环境、条件的需要正确决定集权与分权程度,但现代管理的总的趋势是职权分权化。

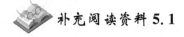
补充阅读资料 5.1

组织的柔性与经济

所谓组织的柔性,是指组织工作的每个部门、每个人员都是可以根据组织内外环境的变化而进行灵活调整和变动的。组织结构及其形式要有相对的稳定性,但也应当保持一定的柔性,以减少组织变革所造成的冲击和震荡。组织的经济,指组织的管理层次与幅度、人员结构以及部门工作流程必须设计合理,以达到管理的高效率。组织的柔性和经济是相辅相成的,一个柔性的组织必须符合经济的原则,而一个经济的组织又必须使组织保持柔性。

资料来源:根据有关资料整理。

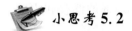
小思考 5.2

问 题

王厂长说:"一个人只有一个婆婆,全厂的每一个人只有一个人对其的命令是有效的,其他的是无效的。"这在理论上的依据是什么?在实践上是否可行?

分析提示

理论依据是统一指挥原则,在实践上可行。

同步案例 5.1

SD 公司

SD公司由张萍和李楠合伙注册经营,其主要业务是为客户设计网页。到目前为止,公司一直没有招聘员工,两个人既当经理又当员工,合作得很愉快,公司利润也不错。

资料来源:根据网络资料整理。

问 题

请问该公司是一个正式组织吗?是否存在非正式组织?

分析提示

该公司是一个正式组织,它有自己的组织制度和经营目标,假如张萍和李楠有共同的信仰、兴趣爱好和价值观,他们又有可能同时形成非正式组织。

5.2 组织设计

组织设计,即组织结构设计,就是对组织结构的组成要素和它们之间连接方式的设计,它是根据组织目标和组织活动的特点,划分管理层次,确定组织系统,选择合理的组织结构形式的过程。

组织设计恰当与否直接影响着组织的运行效率。设计良好的组织能更好地适应内外环境的变化,不断创新和发展。组织设计也不是一成不变的,随着主客观条件的改变,组织也要相应调整和变革。

5.2.1 组织设计的程序

组织设计主要针对三种情况,一是新建组织需进行组织结构设计;二是原有组织结构出现问题或组织目标发生变化;三是组织结构需进行局部的调整和完善。在三种不同的情况下,组织设计的基本程序都是一致的,如图 5.2 所示。

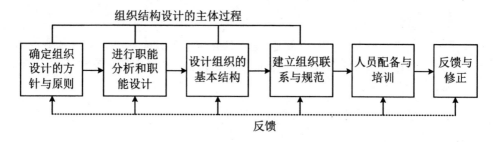

图 5.2 组织设计的基本程序

1. 确定组织设计的方针与原则

根据组织的目标及组织的外部环境和内部条件,确定组织设计的方针,规定一些设计的主要原则和参数。如公司一级的管理幅度是宽些还是窄些,是实行集权式管理还是实行分权式管理等。

2. 进行职能分析和职能设计

职能分析和职能设计包括为了实现组织设计的基本程序、目标而需要设置的各项管理职能,明确其中的关键性职能,不仅要确定组织总的管理职能及其结构,而且要分解为各项具体的管理业务和工作。在确定具体的管理业务时,还要进行初步的管理流程总体设计,以优化流程,提高管理工作效率。这是组织设计首要的和最基础的工作。

3. 设计组织的基本结构

设计组织的基本结构,即设计承担这些管理职能和业务的各个管理层次、部门、岗位及其权责。一是在职能分析和设计的基础上,进行职务分析和职务设计,即设计和确定从事具体管理工作所需要的职务类别和数量,分析担任每个职务的人员应负的责任、应有的权力及应具备的条件。二是进行部门设计,实际上就是进行管理业务的组合,即根据组织内各个职务所从事的工作内容、性质及职务间的相互联系,在理清关系的基础上,依据一定的原则将各职务级别合成为"部门"这种管理单位。

4. 建立组织联系与规范

建立组织联系与规范即设计纵向管理层次与横向管理部门之间的联系与协调方式、信息沟通模式和控制手段,确定各项管理业务的管理工作程序,管理工作应达到的要求和管理人员应采用的管理方法,设计部门和人员的考评制度、激励制度和培训制度等。至此,组织结构设计的主体已经完成。

5. 人员配备与培训

人员配备与培训即为组织运行配备相应的管理人员和工作人员,并训练他们适应组织各要素的运作方式,使他们了解组织内的管理制度或掌握所需技术等。

6. 反馈与修正

反馈与修正即要在组织运行过程中,根据出现的新问题、新情况,对原有组织结构设计适时进行修正,使其不断完善。

补充阅读资料 5.2

部门设计范例

部门名称	人力资源部
上级:总经理 拟设岗位: 　人力资源部经理 　绩效考核主任 　人事行政主任	涉及流程名称: 　员工内部招聘流程 　员工外部招聘流程 　员工申诉流程
职能: 　依据集团人力资源战略,负责公司的人力资源规划,员工招聘,绩效考核,薪酬福利管理,员工激励,职业培训,员工劳动关系管理及员工沟通,日常行政后勤工作的安排处理	考核指标及权重: 　人员供应 　考核、薪酬工作差错次数 　员工流失率 　重要任务完成情况
部门职责: 　1. 根据公司发展规划,提出机构设置和岗位职责设计方案,对公司组织结构设置提出改进方案。 　2. 制定人力资源年度工作目标和计划,并组织实施。 　3. 根据公司业务需求,制定招聘政策,组织实施招聘工作。 　4. 负责提出公司员工培训和职业开发计划,并组织实施。 　5. 负责公司日常行政后勤工作以及考勤、纪律检查监督工作,组织公司员工的考核工作,建立员工考绩档案。 　6. 负责制定公司薪酬体系,编制工资、福利计划及员工薪资调整方案。 　7. 负责公司人事档案管理,办理社会保险、劳动合同,解决员工与公司劳动争议事宜。 　8. 建立公司的沟通机制,受理员工投诉,定期与员工进行交流,掌握和了解员工动态。 　9. 制定和完善公司人力资源管理各项制度	

资料来源:根据网络有关资料整理.

5.2.2 组织设计的任务

1. 岗位设计

岗位设计是指在劳动分工的基础上,以实现工作的专门化为目的,按工作性质的不同,将实现组织目标必须进行的活动划分为最小的有机相连的部分,以形成相应的工作岗位。劳动分工的专业化,有利于提高操作人员的熟练程度,但过度的专业化分工又会使员工感到工作倦怠,从而导致工作效率下降。因此,岗位设计需要同时考虑两方面的因素:专业化程度和自主性,如图 5.3 所示。

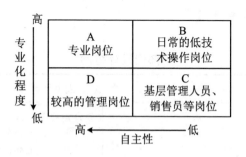

图 5.3 四种岗位类型

A 类是专业化程度高、自主性程度也高的岗位。这类岗位包括专家、学者、顾问或高技能的手工艺者、设计人员和技术人员等。这些工作的专业领域相对较窄,但工作中需要他们充分发挥积极性和创造性。因此,设计这类岗位时应给予相关人员充分的自主权。

B 类是专业化程度高、自主性程度低的岗位。日常的一些低技术的操作职务属于这类岗位,如流水线和装配线的工人、一般维修工、处理日常事务的办事员等。

C 类是专业化程度和自主性程度都低的岗位。如生产和经营第一线的管理人员、监工、销售员等。

D 类是专业化程度低、自主性程度高的岗位。大多数高级管理人员属于这一类。承担此类岗位的经理们可能负责较大范围的、涉及若干部门和单位的工作,专业化程度虽不太高,但因为他们在工作中享有较大的决策权,所以自主权相当大。

2. 部门划分

组织结构设计包括横向设计与纵向设计。组织横向结构设计主要解决管理与业务部门的划分问题,反映组织中的分工合作关系。横向设计主要表现为组织的部门化。所谓部门化是指把存在相关关系的工作和人员集中于一个部门,由一个管理者统一指挥,以便更好地协作。部门划分的主要方法如下:

(1) 按职能划分部门。按职能划分部门就是把相似的工作任务或职能组合在一起，形成一个部门。如一个制造企业可以划分为生产部门、销售部门、财务部门、人事部门等，如图 5.4 所示。这种方法较多地应用于管理或服务部门的划分。按职能划分部门的优点是：有利于强化组织的各项职能，有利于提高专业化水平，有利于提高工作人员的培训和技能。其缺点是：容易使人们过度局限于自己所在的部门而忽视组织整体目标，部门间的协调比较困难，不利于综合全面的管理人才培养，组织适应环境变化的能力较差等。

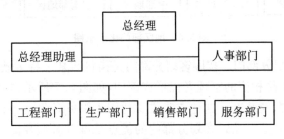

图 5.4 职能部门化示意图

（2）按产品划分部门。随着企业的成长和产品品种多样化，有必要按产品对企业进行改组，形成按产品划分部门的结构形态，如图 5.5 所示。这种方法主要适用于制造、销售和服务等业务部门。按产品划分部门的优点是：能使企业将多元化经营和专业化经营结合起来；有利于加强企业对外部环境的适应性，以市场为主导，及时调整生产方向；有利于促进企业内部的竞争。其缺点是：必须有较多的具备全面管理能力的人员，由于职能部门重叠设置而导致管理费用增加，各产品部门负责人可能因过分强调本部门利益而影响企业的统一指挥。

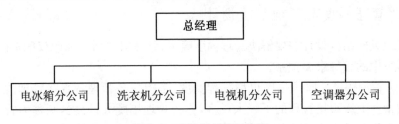

图 5.5 产品部门化示意图

（3）按地区划分部门。这种方法是指在组织的业务分布于不同地区，各地区的政治、经济、文化等因素影响到组织的经营管理时，把某个地区或区域内的业务工作集中于一个部门，由该部门全权负责，如图 5.6 所示。这种方法主要适用于空间分布很广的企业的生产经营业务部门。按地区划分部门的优点是：可以根据本地区的市场需求情况自主组织生产和经营活动，更好地适应市场；在当地组织生产可以减少运费和运送时间，降低成本；分权给各地区管理者，可以调动其参与决策的积极性，有利于各地区内各种活动的协调。按地区划分部门也有与按产品划分部门类似的缺点：需要很多具有全面管理能力的人员，使管理费用增加，增加了总部的控制难度。

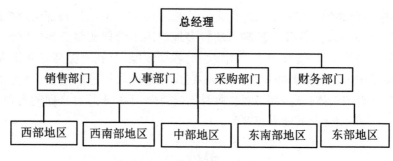

图 5.6 地区部门化示意图

(4) 按顾客划分部门。按顾客划分部门是指将与某一特定顾客有关的各种活动结合起来,并委派相应的管理者以形成部门,如图 5.7 所示,如服装商场分别设有男装部、女装部、童装部。这种方法主要适用于服务对象差异较大,对产品和服务有特殊要求的企业。按顾客划分部门的优点是可以对顾客提供针对性更强、更高质量的服务。缺点是提高了成本,增加了协调的难度。

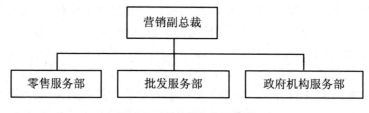

图 5.7 顾客部门化示意图

3. 管理幅度与管理层次设计

组织纵向结构设计主要解决管理幅度确定、管理层次划分和职权配置问题,反映了组织中的领导隶属关系。

(1) 管理幅度。管理幅度也称管理宽度,是指一名管理者直接管理的下级人员的数量。上级直接管理的下级人员多,称为管理幅度大;反之,则称为管理幅度小。管理幅度的大小,实际上反映着上级管理者直接控制和协调的业务活动量的多少。它既与人(包括管理者和下属)的状况有关,也同业务活动的特点有关。

管理幅度大小的确定是组织结构中的一个难题。这里仅简单介绍格拉丘纳斯的上下级关系理论。法国人格拉丘纳斯在分析了上下级之间可能存在的关系后,提出了一个数学模型,用来计算任何管理幅度下可能存在的人际关系数量。公式为

$$N = n(2^{n-1} + n - 1)$$

式中,N 代表管理者需要协调的人际关系数,n 代表管理幅度。

管理幅度不能太宽,一般以 4、6、7 为宜,否则管理者需要协调的人际关系数就会很大。例如,某公司有 7 个中层部门,按照格拉丘纳斯的观点,最高管理者需要

协调的人际关系数就是 490 人。

格拉丘纳斯指出,管理幅度在以算术级数增加时,主管人员和下属间可能存在的相互关系将以几何级数增加。因此,上下级相互关系数量和发生关系频次的减少,能增加管理幅度,减少因层次过多而产生的费用和无效性。

既然从理论上论证或在调查中归纳管理幅度的数量界限是极为困难的,那么,确定管理幅度的最有效办法应当是随机制宜,即依据管理幅度的影响因素和组织实际情况灵活确定。影响管理幅度的主要因素如图 5.8 所示。

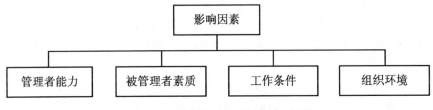

图 5.8　影响管理幅度的主要因素

(2) 管理层次。管理层次也称组织层次,是指组织内部从最高一级管理组织到最低一级管理组织的各个组织等级,管理层次实质上反映的是组织内部纵向分工关系,不同层次将担负不同的管理职能。与之相伴随的是层次分工及层次之间的联系。

管理层次的多少与管理幅度密切相关。管理幅度、管理层次和组织规模之间存在着相互制约的关系:管理幅度×管理层次＝组织规模。当组织规模一定时,管理幅度与管理层次成反比例关系,管理幅度越宽,组织层次越少。管理幅度起着主导作用,所谓主导作用,就是管理幅度决定管理层次,即管理层次的多少取决于管理幅度的大小。同时,管理层次对管理幅度也存在一定的制约作用。当组织不做大的调整时,管理层次具有较高的稳定性,这就要求管理幅度在一定程度上应服从于既定的管理层次。

补充阅读资料 5.3

扁平型结构与高耸型结构

在组织设计中,有两种典型的组织结构:扁平型结构和高耸型结构。

扁平型结构是指管理幅度大而管理层次少的组织结构。其优点:一是管理层次少,上下级之间关系密切,信息传递速度快、失真少;二是管理幅度大,有利于授权,激发下属积极性,有利于培养下属的管理能力。缺点:一是管理幅度大,管理人员负担重,对其的管理能力要求高;二是在同级组织层次中,由于管理幅度过宽,加重了同级相互沟通联络的困难。

高耸型结构是指管理层次较多而管理幅度较小的结构。其优点:一是管理幅度小,有利于主管人员对下属进行更具体的指导和监督,明确隶属关系和责任;二是管理层次多,可以给下属提供更多的晋升机会,促使其提高自身素质。缺点:一是管理层次多,层次间的协调工作急剧增多,管理费用大,工作效率低;二是过多的层次会使高层管理者对基层的控制减弱,可能影响到系统整体优势的发挥。

4. 职权配置

组织中的管理者所拥有的权力主要就是职权。职权是指在组织中的某一职位上作出决策的权力,它只与组织中的管理职位有关,而与身居这个职位的人员无关。原先身居某一职位的人员主管一旦离职,他所拥有的职权也就随之消失。

(1) 职权的形式。职权有三种形式,即直线职权、参谋职权和职能职权。

① 直线职权。一般地,人们把上下级之间的命令与服从的职权关系称为直线职权。因为在这种情况下,从上级到下级之间有一条直通的职权线。应当说,直线职权是职权关系中最一般、最普遍的形态。

② 参谋职权。参谋职权是某项职位或某部门所拥有的辅助性职权,包括提供咨询、建议等。参谋工作职位对实现组织机构的主要目标不负直接的责任。参谋部门管理人员向直线管理人员提供各种数据和信息,这依赖于他们所具有的专业知识、专长和精通某些尖端技术。这些信息对制定决策和控制直线工作都是有价值的。

③ 职能职权。职能职权是指参谋人员或某部门的主管人员所拥有的原属直线主管人员的那部分权力。在纯粹参谋的情形下,参谋人员所具有的仅仅是辅助性职权,并无指挥权。但是,随着管理活动的日益复杂,主管人员仅依靠参谋的建议还很难做出最后的决定。为了改善和提高管理效率,主管人员就可能将职权关系做某些变动,把一部分原属于自己的直线职权授予参谋人员或某个部门的主管人员,这便产生了职能职权。

三种职权的比较如表 5.2 所示。

表 5.2 三种职权的比较

职权种类	特 点	行使者
直线职权	指挥权	直线人员
参谋职权	指导权	参谋人员
职能职权	部分指挥权及部分指导权	职能人员

(2) 集权与分权。集权与分权是指职权在不同管理层次之间的分配与授予。所谓集权是指较多的权力和较重要的权力集中于组织高层管理者;所谓分权,是指较多的权力和较重要的权力分授给组织的基层管理者。在现代组织管理中,绝对

的集权和绝对的分权都是不可能存在的。绝对的集权就是最高级别的主管人员把所有的权力都集中于一身,这就意味着他没有下属,因而也就不存在组织;绝对的分权就是最高级别主管人员不拥有任何权力,完全授权,这意味着他不再是领导者,组织也无法运行。因此,集权和分权是相对而言的,工作中应该具体分析相关影响因素而定,如表5.3所示:

表5.3 影响集权与分权程度的因素

因 素	影响情况
决策问题的重复程度	决策问题越重越要,越倾向于集权
下级管理者的素质	下属素质越差,越倾向于集权
组织规模大小	组织规模越大,越倾向于分权
控制水平的高低	控制水平越高,越倾向于原有的倾向
环境的动荡程度	环境越是动荡,重要的决策越倾向于集权

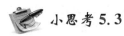

小思考5.3

问 题

某公司总经理安排其助手去洽谈一个重要的工程项目,结果由于助手考虑欠周全,致使该项目最终被另一家公司获得。由于此合同对公司经营关系重大,董事会讨论其中失误的责任时,认为责任主要在于这位助手,总经理没有责任,你认为这种处理是否妥当?

分析提示

1. 处理不正确。
2. 总经理至少应该承担领导用人不当与督促检查失职的责任。

(3) 授权。授权指管理者授予下属一定的权力,使下属在管理者的监督下拥有相当的自主权和行动权。授权有它特定的含义,应注意区别以下问题:

授权不同于代理。代理指在某一时间内依法或受命代替某人执行工作任务。代理人在代理期间相当于被代理人,两者是平级关系,代理人的权力不是上级授予的。

被授权人不同于助理。助理只是帮助主管工作,由主管负全责,而被授权者应负相应的责任。

授权不同于分工。分工是指在组织内各个成员按其分工各负其责,彼此之间无隶属关系,而授权人和被授权人存在着监督和报告的关系。

授权不同于分权。授权指权力的授予和责任的建立,是上下级之间短期的权责授予关系,而分权是授权的延伸,这种权力根据组织的规定可以在较长时期留置在中下级管理者手中。

① 授权的优越性。授权有利于组织目的实现,即通过科学的授权,使基层拥有实现目标所需要的权力,自主运作;授权有利于领导者从日常事务中解脱出来,集中力量处理重要决策问题和涉及全局的问题;授权有利于激励下级,调动其工作的积极性、主动性和创造性;授权有利于培养和锻炼下级,通过独立处理问题使其在实践中不断增强管理能力,提高综合素质。

② 授权的原则。为了有效授权,应遵循授权原则,如图5.9所示。

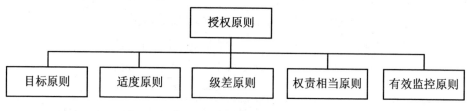

图5.9 授权原则示意图

• 目标原则。授权是为了更有效地实现组织目标,所以,必须根据组织目标和工作任务的需要,将相应类型与限度的权力授予下级,以保证其有效地开展工作。

• 适度原则。授权的程度要根据实际情况、工作任务来决定,既要防止授权不足,又要防止授权过度。对于涉及组织全局性的问题,如决定组织的目标、发展方向、人员的任命和升迁、财政预算以及重大决策等问题,不可轻易授权,更不可将不属于自己权力范围内的事布置给下属。

• 级差原则。上级只能对直接下属授权,不可越级授权。越级授权可能会造成中间层在工作上的混乱和被动,挫伤他们的积极性,并导致管理机构的失衡,进而破坏管理秩序。

• 权责相当原则。在授权中要注意职务、权利、职责与利益四者之间对等与平衡。要真正使被授权者有职、有权、有责、有利。此外,还要注意授权成功后给予合理报酬,以发挥授权的激励作用。

• 有效监控原则。授权是为了更有效地实现组织目标。所以,在授权之后,领导者必须保留必要的监督控制手段,使所授之权不失控,确保组织目标的实现。

③ 授权的步骤。简单的授权没有必要划分步骤,较为规范的授权步骤如下:

一是下达任务。授权的目的在于完成任务、实现目标,所以授权过程始于下达任务。首先要选好授权对象,做到因事设人,视能授权,即根据所要分派的任务,按照才能的大小和知识水平的高低,来选择被授权者。其次要下达明确的任务,规定所要实现目标的标准、相应要求和完成时限。

二是授予权力。在明确了任务之后,就应授予被授权者相应的权力,即相应的开展工作或指挥他人行动的权力,如有权调阅所需的情报资料、有权调配有关人员等。要做到权责对等,并与一定的利益挂钩;要注意明确权力界限和职责;要注意在授权的同时给予下级充分的信任,全力支持,放手使用。

三是监控与考核。在授权过程中,即下级运用权力推进工作的过程中,要以适当的方式与手段进行必要的监督与控制,以保证权力的正确运用和组织目标的实现。在工作任务完成后,还要对授权效果、工作绩效进行考核与评价。

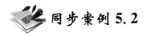
同步案例5.2

周厂长的"难题"

某市宇宙冰箱厂厂长周冰是个思路敏捷、有战略眼光的人,早在前几年"冰箱热"的风潮中,他已预见到今后几年中会渐渐降温,畅销将变为滞销,于是命该厂新产品开发部着手研制新产品,以保证企业能够长盛不衰。果然,近年来冰箱市场急转直下,各大商场冰箱都存在着不同程度的积压。幸好宇宙厂早已有所准备,立即将新研制的小型冰柜投放市场,这种冰柜物美价廉,一问世便受到广大消费者的欢迎,宇宙厂不仅保证了原有的市场,而且又开拓了新市场。

但是,近几个月来,该厂产品销售出现了一些问题,用户接二连三地退货,要求赔偿,影响了该厂的声誉。究其原因,原来问题主要出在生产上。主管生产的副厂长李英是半年前从本市二轻局调来的,她今年42岁,是一个工作勤恳、兢兢业业的女同志,口才好,有一定的社交能力,但对冰箱生产技术不太了解,组织生产能力欠缺。该厂生产常因所需零部件供应不上而停产,加之质量检验没有严格把关,故产品接连出现问题,影响了宇宙厂的销售,原来较好的产品形象也遭到一定程度的破坏。

周厂长为此很伤脑筋,有心要把李英撤换下去,但又为难,因为李英是市二轻局派来的干部,和"上面"联系密切,如硬要撤换,也许会弄僵上下级之间的关系(因为该厂由市二轻局主管)。不撤换吧,厂里的生产又抓不上去。周厂长想来想去不知如何是好,于是就去找厂里的咨询顾问——某大学王教授商量。王教授听完周厂长的诉说,思忖一阵,对周厂长说:"你何不如此这般呢……"周厂长听完,喜上眉梢,连声说:"好办法、好办法。"于是便按王教授的意图回去组织实施,果然,不出两个月,宇宙厂又恢复了生机。

王教授到底如何给周厂长出谋划策的呢?原来他建议该厂再设一个生产指挥部,把李英升为副指挥长,另外任命一位懂生产、有能力的赵翔为生产指挥长并主管生产,让李英负责抓零部件、外协件的生产和供应,这样既没有得罪二轻局,又使企业的生产得到了保证,同时又充分利用了李、赵两位同志的特长,调动了两人的积极性,解决了这个两难的问题。

小刘是该厂新分来的大学生,他看到厂里近来的一系列变化,很是不解,于是就去问周厂长:"厂长,咱们厂已经有了生产科和技术科,为什么还要设置一个生产指挥部呢?这不是机构重复设置吗?我在学校里学过的有关组织设置方面的知识,从理论上讲组织设置应该是'因事设人',咱们厂怎么是'因人设事',这是违背组织设置原则的呀!"周厂长听完小刘一连串的提问,拍拍他的肩膀关照说:"小伙子,这你就不懂了,理论是理论,实践中并不见得都有效。"小刘听了,仍不明白,难道是书上讲错了吗?

资料来源:根据网络有关资料整理。

问 题

1. 企业经营中是"因事设人"还是"因人设事"?
2. 你认为王教授的建议是否合适?怎样看待小刘的疑问?

分析提示

1. 依据组织结构设置的目标任务原则,企业应坚持因事设人,以事为中心,因事设机构与岗位,配备适宜的管理人员。但是,这并不是一成不变的。为了适应内外环境的变化,适应企业目标任务的要求,对职务结构进行调整,对人员进行调配,也是对组织结构设置原则的灵活运用。

2. 王教授的建议比较合适,这是经过实践检验的,理论应该随着管理环境以及管理实际的需要而改变。关于小刘的疑问,因其刚刚大学毕业,没有实际工作经验,难免事事唯书为上,没有考虑实际情况中的变化,造成理论与实践相脱节。

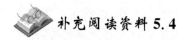

补充阅读资料 5.4

组织设计的影响因素

组织结构设计及其运行,总是发生在一定的环境中,受制于一定的技术条件,并在组织总体战略的指导下进行的,组织结构设计必须考虑这些因素的影响。美国管理学家斯蒂芬·罗宾斯(Stephen Robbins)认为,组织的"规模、战略、环境和技术等因素组合起来,对组织结构会产生较大的影响。但即使组合起来,也只能对组织结构产生 50% 的影响作用,而对组织结构产生决定性影响作用的是权力控制"。但权力的控制质量和执行效果完全取决于人,因此,组织设计必须高度重视人员素质的重要影响。

人员素质,包括组织人员的价值观念、思想水平、工作作风、业务知识、管理技能、工作经验以及年龄结构等,它们对组织结构设计中的集权与分权程度、管理幅度大小、部门设置形式等都有影响。所以影响组织设计的因素有:发展战略、发展阶段、外部环境稳定性、业务特点、组织规模及人力资源状况。

资料来源:根据网络资料整理。

5.3 组织结构

组织结构是组织内的全体成员为实现组织目标,在管理工作中进行分工协作,通过职务、职责、职权及相应关系构成的结构体系。组织结构的本质是成员间的分工协作关系,内涵是人们的责权利关系。

5.3.1 组织结构的构成与特征

1. 组织结构的构成

组织结构包括以下几个方面:

(1) 职能结构,即完成组织目标所需的各项业务工作及其比例和关系。如一个企业有生产、经营、技术、活动、后勤等不同的业务职能。各项工作任务都为实现企业的总体目标服务,但各部分的权责关系都不同。

(2) 层次结构,即各管理层次的构成,又称组织的纵向结构。如公司结构的纵向层次大致可分为:董事会→总经理→各职能部门。各部门下面又设基层部门,基层部门下再设班组等,这样就形成了一个自上而下的纵向的组织结构层次。

(3) 部门结构,即各管理和业务部门的构成,又称组织的横向结构。如企业设有生产部、技术部、营销部、财务部、人事部等职能部门。

(4) 职权结构,即各层次各部门在权力和责任方面的分工及相互关系。如董事会负责决策,经理负责执行与指挥各职能层次、各部门之间的协作关系、监督与协调关系等。

2. 组织结构的特征

(1) 复杂性。复杂性是指每一个组织内部的专业化与分工程度、组织层级、管理幅度,以及人员之间、部门之间关系所存在着的巨大差别性。分工越细,组织层级越多,管理幅度越大,组织的复杂性就越高;组织的人员部门越多,分工越分散,人员与事务之间的协调也就越难。

(2) 规范性。规范性是指组织需要靠规章制度及程序化、标准化的工作来规范性地引导员工的行为。规范的内容既包括以文字形式表述的规章制度、工作程序、各项指令,也包括以非文字形式表达的组织文化、管理理论及行为准则等。组织中的规章条例越多,组织结构也就越正式化。

(3) 集权性。集权性是指组织在决策时,正式权力在管理层级中的集中与分散程度。集权与分权是任何组织正常运行中的必然现象。集权程度决定着组织结构的形式。现代管理总的趋势是组织职权分权化,这也说明了扁平结构形式为什么越来越受企业欢迎。

5.3.2 组织结构的基本形式

组织结构形式是组织结构框架设置的具体模式。在对组织结构作横向设计和纵向设计形成组织总体框架后,就应通过机构、职位、职责、职权及它们之间的相互关系,实现纵横结合,组成不同类型的组织结构。组织结构形式很多,这里主要介绍几种常用的组织结构类型。

1. 直线制组织结构

直线制组织结构是一种最早的和最简单的组织结构形式。这种组织结构形式没有职能机构,从最高管理层到最低管理层,直接实行直线垂直领导,故称直线制组织结构,如图 5.10 所示。

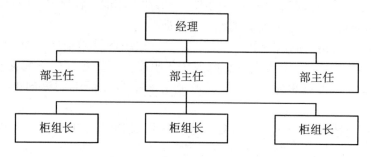

图 5.10　直线制组织结构形式

直线制组织结构形式的优点是关系简单,责任明确,容易沟通,权力集中,信息传递快,管理效率高;缺点是没有职能机构,管理者负担过重,而且难以满足多种能力要求。直线制结构是一种集权式的组织结构类型,一般只适用于那些产品单一、工艺技术比较简单、业务规模较小的组织,但它的垂直领导的特点为现代组织的组织结构形式奠定了基础。

2. 职能制组织结构

职能制组织结构是指在组织中设立若干职能部门,各职能部门在自己的业务范围内都有权向下级下达命令和指示,下级要同时听从上级直线领导者和上级职能部门的指挥,如图 5.11 所示。这种组织结构形式的优点是管理分工较细,便于充分发挥职能机构的专业管理功能;职能机构的作用如果运用恰当,还可弥补各级行政领导者管理能力的不足;缺点是容易造成多头领导,政出多门,破坏统一指挥的原则。事实上,职能制组织结构形式只是表明了一种强调职能管理专业化的意图,无法在现实中真正实行。在实际工作中,组织采用的更多的是它的变异形式——直线职能制组织结构。

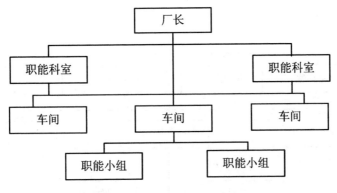

图 5.11　职能制组织结构形式

3. 直线职能制组织结构

直线职能制组织结构吸取了直线制和职能制两种组织结构形式的长处,避免了它们的短处。它把直线指挥的统一化思想和职能分工的专业化思想相结合,在组织中既保持了纵向的直线指挥系统,又设置了横向的职能管理系统,即在各级领导者之下设置相应的职能部门分别从事专业管理。

这种组织结构形式以直线指挥系统为主体,同时利用职能部门的参谋作用。职能部门对下级部门无权直接指挥,只扮演业务指导角色,但在直线人员授权下可行使职权。直线职能制结构形式的优点是既保证了组织的统一指挥,又有利于强化专业化管理,因此,它广泛运用于各类组织;缺点是下级缺乏必要的自主权,各职能部门之间联系不紧,易于脱节或难以协调。如图 5.12 所示。

4. 事业部制组织结构

事业部制又称联邦分权结构。它是由美国通用汽车公司总裁斯隆在 1924 年提出来的,目前已成为特大型企业、跨国公司所采用的一种组织结构。

事业部制是一种分权制的组织结构形式,如图 5.13 所示。这种组织结构的特点是,组织一般按地区或所经营的产品和事业来划分事业部;各事业部独立核算,自负盈亏,是独立的利润中心;组织总部按照"集中政策、分散管理、集中决策、分散经营"的原则来对事业部进行有效管理。

事业部制组织结构的优点是:对产品的生产和销售实行统一管理,自主经营,独立核算,有利于发挥各事业部的积极性、主动性,特别是能更好地适应市场;有利于最高层管理者摆脱日常事务,集中精力去考虑发展战略;有利于锻炼和培养综合管理人员。其缺点是:内部机构重叠,结构臃肿,资源重复配置,管理费用较高等;各事业部独立性大,很容易产生本位主义,相互之间协作较差;对管理者的管理素质要求较高,否则会造成事业部管理的困难。事业部制组织结构主要适用于规模大、有不同市场面的多产品(服务)的现代大企业。

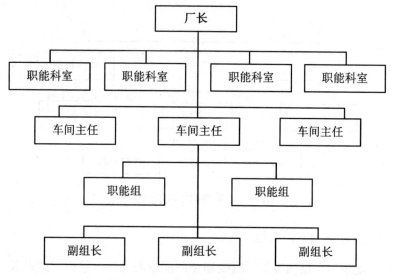

图 5.12 直线职能制组织结构形式

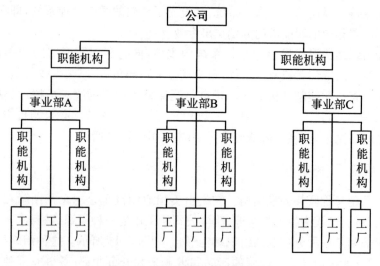

图 5.13 事业部制组织结构形式

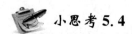

问　　题

事业部制与直线职能制在结构形式上很类似,你认为这两者的本质差别是什么?

分析提示

事业部制与直线职能制的组织结构形式的本质差别是：一个是分权的组织结构形式，另一个是集权的组织结构形式。

5. 矩阵制组织结构

矩阵制组织结构是由专门从事某项工作的工作小组形式发展而来的一种组织结构，如图5.14所示。所谓工作小组一般是由一群不同背景、不同技能、不同知识和分别选自不同部门的人员所组成的。这种类型结构的特点是，根据任务的需要把各种人才集合起来，任务完成后小组就解散。如果一个组织中同时组织几个工作小组，而且这种工作小组的形式又长期存在，结果就会形成一种新的组织结构形式——矩阵制结构，又称规划-目标结构。

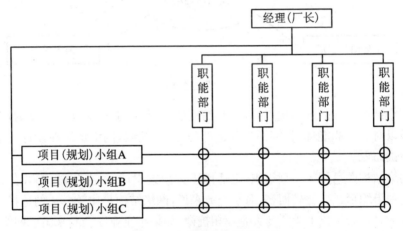

图5.14 矩阵制组织结构形式

矩阵制结构主要是在直线职能制结构垂直形态组织系统的基础上，再增加一种横向的领导系统，即工作小组。参加工作小组的成员，一般都要接受两个方面的领导，即在工作业务方面接受原单位或部门的垂直领导，而在执行具体任务方面，接受工作小组或项目负责人的领导。

这种组织结构形式的优点是，使组织结构形成了一种纵横结合的联系，加强了各职能部门之间的融合，有利于发挥专业人员的综合优势；具有较强的组织灵活性，既可以根据需要快速组建，完成任务后又可撤销，可节省人力资源。其缺点是，由于组织成员必须接受双重领导，破坏了统一指挥原则，有时下属甚至会感到无所适从；组织关系复杂，对项目负责人素质的要求较高；具有一定的临时性，容易导致人心不稳。

矩阵制组织结构适用于大型协作项目以及以开发与实验项目为主的单位，如大型运动会组委会、电影制片厂、应用研究单位等。

6. 网络结构

网络结构是指通过合作关系(以合同形式),依靠其他组织执行制造、营销等功能的组织,如图 5.15 所示。它强调组织之间的联合,进行资源共享。这样的组织不必拥有所有职能,它可以将一部分职能"外包"出去,只保留一些有竞争优势的职能。网络中的组织不会出现功能重复,在很大程度上将规模经济和范围经济结合在一起。网络组织的核心只是一个小型管理机构,许多重要职能不是由本组织完成的。组织管理者的主要任务之一,就是寻求广泛的合作和实现有效的控制。

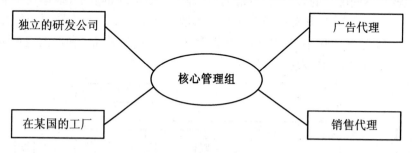

图 5.15　网络结构形式

网络结构形式的最大优点是,具有高度的灵活性,能适应动态变化的环境;缺点是难以对一些职能部门(特别是制造部门)进行控制,网络组织在设计上的创新很容易被窃取。

网络结构既适用于小型组织,也适用于大型组织,如耐克公司、IBM 公司等也采取这种组织形式。比较而言,对小企业来说,网络结构是比较合适的选择。小企业在资金、技术、规模上无法与大企业相抗衡,如果小企业联合起来组成网络,优势互补,就可以创造出很大的网络经济性,培育出较强的竞争力。随着信息技术在组织中的广泛运用,网络结构日益显示出旺盛的生命力。

7. 多维立体组织结构

多维立体组织结构是直线制、矩阵制、事业部制和地区、时间结合为一体的复杂机构形态,如图 5.16 所示。它是从系统的观点出发建立起来的多维的组织结构,主要包括三类管理机构:一是按产品划分的事业部,即产品利润中心;二是按职能划分的事业参谋机构,即专业成本中心;三是按地区划分的管理机构,即地区利润中心。多维立体组织结构,可使这三方面的机构协调一致,紧密结合。其优点是能促使每个部门都从组织的全局来考虑问题,从而减少了产品、职能和地区各部门之间的矛盾;缺点是比较复杂。

多维立体组织结构适用于多种产品开发、跨地区经营的跨国企业,可以为这些企业在不同产品、不同地区增强市场竞争力提供组织保证。

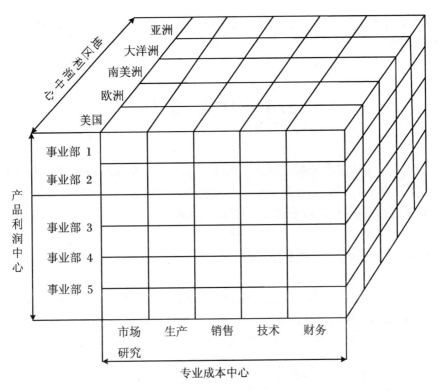

图 5.16　多维立体组织结构形式

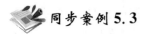

中华商务中心的组织结构

中华商务中心是一家合资企业,以物业经营为主要业务,目前有写字楼租户 280 家、公寓租户 426 家、商场租户 112 家。公司在总经理下设有物业部、市场部、财务部、人事部、公关部、业务发展部等部门。物业部下设置了写字楼管理部、公寓管理部、商场管理部以及其他配套部门。

资料来源:根据网络资料整理。

问　　题

1. 整个公司和物业部内部的组织结构设计分别采取了何种部门划分形式?

2. 若企业业务规模持续增长,该如何对组织结构进行调整,并请说明变革后新组织机构的优缺点。

分析提示

1. 从案例看,整个公司和物业部内部的组织结构设计分别采取了职能部门化和顾客部门化划分形式。

2. 若企业规模不断扩大,应该由直线职能制组织结构变为事业部制的组织结构形式。

5.4 组织变革

组织是一个由多种要素组成的有机体。在动态的发展过程中,它不断地同外部环境进行物质、人员、信息的交换。一旦组织内部因素和外部环境发生变化,组织就必须进行变革,以适应变化,获得新的发展机会。

5.4.1 组织变革的动因

组织变革是指组织管理者主动对组织的原有状态进行改变,以适应外部环境变化,更好地实现组织目标的活动。这种变革包括组织的各个方面,如组织行为、组织结构、组织制度、组织成员和组织文化等。组织变革通常基于多种动因。

1. 组织外部环境的变化

组织生存的环境发生变化,组织就必须进行变革。只有适应变化才能获得新的发展机会,这也是市场竞争的自然法则。组织变革的外部环境因素主要有国内外政治经济形势的变化、产业政策的调整与产业结构的优化、科学技术的进步以及市场的变动等。

2. 组织内部条件的变化

影响组织变革的内部条件主要包括:组织目标的改变、技术条件的变化、人员的变化、管理条件的变化、组织文化的改变等。这些内部条件的变化都会影响组织目标、结构及权力系统等的调整与修正,从而引起组织的变革。例如,当汽车制造厂产品单一且规格较小时,它往往实行的是集权式的直线职能制组织结构;当产品品种增多,市场变化加快,生产批量急剧扩大时,直线职能制结构明显就不适应了,这时组织必须建立分权式的事业部制组织结构,这是结构上的一种质的改变。

3. 组织成员的期望与实际情况的差异

组织成员的期望与组织的实际情况之间至少存在 6 个方面的差异,这也是组织变革的重要动因。

(1) 成员希望得到享有挑战性并能促进个人成长的工作,但组织仍然倾向于工作简化以及专业化,限制了个人的成长与发展。

（2）成员逐渐倾向于能够相互影响的管理模式，他们希望公平、平等地相待，但组织仍然以等级层次、地位差别和指挥链为基本特征。

（3）成员对组织的承诺，逐渐表现为工作本身能产生的内在利益、人格尊严和对组织的责任，但实际上组织还是只强调物质的报酬、成员的安全，忽视了成员的其他需要。

（4）成员希望从组织的职位中获得即时的满足，但组织当前设计的职位体系，仍然是假设成员同以前一样，期望获得事后的满足。

（5）成员更关注组织生活的感情方面，例如个人的自尊、人际间的坦诚与温情的表现，然而组织仍强调理性，不注重情感方面。

（6）成员正逐渐缺少竞争的动力，但经理人员却仍然以成员过去所习惯的高度竞争的方法来设计职位、组织工作以及制定报酬制度等。

5.4.2 组织变革的类型与目标

1. 组织变革的类型

按照变革的侧重对象不同，组织变革可分为以下四种类型：

（1）战略性变革。战略性变革是指组织对其长期发展战略所做的变革。如果组织决定进行业务收缩，就必须考虑如何剥离非关联业务；如果组织决定进行战略扩张，就必须考虑并购的对象和方式，以及组织文化重构等方面。

（2）结构性变革。结构性变革是指组织需要根据环境的变化适时对组织的结构进行变革，并重新在组织中进行权力和责任的分配，使组织变得更为柔性灵活、易于合作。

（3）流程主导性变革。这种变革是指组织紧密围绕其关键目标和核心能力，充分应用现代信息技术对业务流程进行再造。这种变革会对组织结构、组织文化、用户服务、质量、成本等各方面产生重大的改变。

（4）以人为中心的变革。组织中人的因素最为重要，如果不能改变人的观念和态度，组织变革就将面临很大的阻力。以人为中心的变革是指组织必须通过对员工的培训、教育等方法引导使他们能够在观念、态度和行为方面与组织保持高度一致。

2. 组织变革的目标

组织在发展过程中，变革是一种必然趋势。只有通过变革，组织才能更好地生存与发展。因此，组织所有的变革都应与整个组织的发展目标紧密联系在一起。实行变革应努力实现以下目标。

（1）提高组织适应环境的能力。能适应环境是组织生存的前提，内部条件和外部环境发生变化，组织也必然随之变化。组织的领导者只有正确认识环境变化给组织带来的机遇和造成的威胁,明确组织面临的处境、突出的矛盾和深刻的危机,清楚变革的目标和条件,通过改进组织运行机制,改造组织结构和流程,才能增强组织对环境的适应性和适应环境的灵活性。

(2) 提高组织的工作绩效。提高组织的环境适应能力只是组织变革的基础性目标。因此,组织领导者应在此基础上,创建学习型组织,促进组织持续创新,不断更新组织的知识、技能、结构、行为和心智模式,实现组织资源的优化配置和有效使用,使组织不断发展壮大,这才是组织的最终目标。

(3) 承担更多的社会责任。在现代社会中,组织的生存和发展从根本上取决于它同社会的关系,组织不仅要追求经济效益,还要承担社会责任,要将组织目标和社会目标有机地结合起来,实现可持续发展。例如,日本佳能公司提出了"与全世界和人类共生"的理念,并以此为基础制定公司战略,赢得社会支持,成为真正的全球化企业。一个不重视环境保护,不关心顾客利益,不承担社会责任的企业,必将受到排斥,其发展必将受到限制。所以,组织的社会责任是组织变革的最高目标,它要求组织要不断地进行调整和变革。

 补充阅读资料 5.5

令人敬仰的钱德勒

钱德勒不是管理学家,但他的贡献对于管理学不可或缺。作为企业史学者,他令人信服地描述了大公司的发展历程。他的三部巨著:《战略与结构》《看得见的手》《规模与范围》,被学界誉为经典。他在《战略与结构》中提出的分部制企业结构,被欧美学者称为"钱氏模型"。钱德勒的著作不是给我们讲历史故事,而是通过严密的经济学分析来阐述故事背后的世界大势,这一大势的走向就是现代人类的组织与管理能力。在经济学界,有人声称,钱德勒关于企业组织与管理的经济学分析,可以使经济学中的一般均衡理论轰然坍塌,他的成就是任何经济学家都绕不过去的高山。对管理学而言,多数管理学家往往着眼于管理之"器",而不同程度地忽视了管理之"道",钱德勒则立足于管理之"道"的探求,为人们揭开了管理现象背后的形成机理。从钱德勒的著作中,可以感受到企业史对于管理学发展的沉甸甸的分量。

资料来源:根据网络资料整理。

5.4.3 组织变革的障碍

组织变革往往会遭遇多种障碍,具体表现在以下几个方面。

1. 意识障碍

意识障碍的突出表现为对组织的老化视而不见。当老化的征兆出现时,组织往往不能对其有客观、冷静的认识。特别是这一现象在渐进中缓慢发生时,某些时点上的暂时繁荣是这一过程中的一般现象。组织往往容易在复杂的市场信息面前只注意那些对自身有利的征兆,而忽略那些预示发展趋势的信息。这种判断事关组织自身,组织如果不能清醒地认识到自己的问题,将导致其错失适当的变革时机。

2. 惯性障碍

人们一般有一种安于现状的特性,一旦人们熟悉了某种工作方式和人际关系后,就倾向于保持它,任何改变都会使他们感到对原有安全形成威胁,因而丧失原有的心理平衡。如企业长期从事某一行业中某种产品的经营,本业意识很强,不相信因而也不敢在新领域进行尝试和探索,偶尔探索也达不到一定规模和程度,难见起色,反而更强化了本业意识,这也是组织变革的惯性障碍。

3. 经济障碍

在组织中谋生,至少是人们在组织内工作的基本目标之一。收入基本上取决于人们在组织中的地位和工作。而大多数变革,都会或多或少地改变组织的某些结构和某些方式,如组织结构调整、转移经营方向、开发新产品等。因此,被涉及的人会感觉自己在经济上可能会遭受损失,为了自己的经济利益而反对组织变革。

4. 个人障碍

组织成员由于各种个人原因,如个人的能力、态度、个性和期望都可能导致他们反对变革。如果组织变革涉及工作的性质和技术等方面,也会遭到员工的抵制。因为某个职工在熟悉了某项工作后,当组织要求他转到另一个工作岗位或使用新方法时,他们宁愿不变革,也不愿适应新的工作。

5. 社会障碍

由于各种社会关系方面的原因,有的员工也会反对组织的变革。如人们在工作中会形成多样的非正式人际关系,这些非正式人际关系对于满足员工的需求有很大作用。当组织进行变革时,特别是在进行结构的人员调整时,这些非正式人际关系会遭到破坏,在长期工作中培养起来的友谊、相互谅解和协调的关系将不复存在。基于以上原因,人们可能抵制变革。

5.4.4 组织变革的途径

组织变革是组织发展中的必然趋势,组织管理者必须积极地创造条件,采取措施,消除障碍,保证组织变革顺利进行。

1. 建立长效机制

组织不能总是维持原状,变革是一种必然趋势。但这并不等于说组织变革是一个自然进行的过程,因此,组织要有长远战略规划,将组织变革纳入整个组织的计划工作之中。组织产生危机的一个重要原因是没有计划与预见力。没有规划的组织,总是感觉处在不确定性条件下,对未来无法把握,无法应付潜在的危机。做好长远战略规划,一是要识别未来可能影响行业结构的不确定性因素;二是要探究不确定因素背后的本质原因,并据此推导出行业发展演变的轮廓;三是要制定发展战略。

2. 创建学习型组织

学习是改变传统观念、价值结构、思维习惯以及反应方式的过程。通过创造学习型组织,能够使组织成员学习新知识,接受新观念,掌握新技术,学会用新的观点和方法来看待和处理新形势下的各种新问题,从而增强对组织变革的适应能力和心理承受能力,提高对组织变革的理性认识,自觉地成为改革的主力军。更应当让组织成员明确的是,虽然每种变革都会影响到某些人的特权、地位或职权,但如果不实施改革,将会威胁到整个组织的生存与发展。

3. 注意策略的艺术性

几乎每个人都有要求生活环境发生某种类型变革的心理欲望,只要组织管理者对变革的力量合理加以因势利导,及时地相互沟通,提高工作的艺术性,变革的障碍就会减小。一是对组织目前所处的运行环境和所面临的困难、机遇,要公开、透明,使组织上下达成共识,增强变革的紧迫感,形成对变革的自主要求,扩大对变革的支持力量,建立起广泛的群众基础,为顺利地实施组织变革提供组织保障。二是变革时要把握好时机,掌握好分寸,循序渐进。变革是革命,但不是蛮干,要注重策略的艺术性。成功的变革不仅可以提高组织的效率,促进组织的成长,同时也可以提高员工的工作士气,满足成员的合理欲望。

4. 强化基础管理

基础管理是组织生存和发展的根基,只有根基扎实了,组织才能适应各种环境的变化,才能有较强的抗风险能力。这就要求组织中的各级管理者要做好日常的管理工作,只有把基础工作做细、做实,才能使组织在从一种体制环境转向另一种体制环境的质变过程中有相应的承受能力和适应能力。

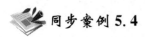
同步案例5.4

发展呼唤管理改革

某地生产传统工艺品的甲企业,伴随着我国对外开放政策,逐渐发展壮大起来。销售额和出口额近十年来年平均增长15%以上。员工也由原来的不足200人增加到了2 000多人。企业还是采用过去的类似直线型的组织结构,企业一把手王厂长既管销售,又管生产,是一个多面全能型的管理者。最近企业发生的一些事情让王厂长应接不暇。其一,生产基本上是按订单生产,基本上由厂长传达生产指令。遇到交货时间紧的订单,往往是厂长带头,和员工一起挑灯夜战。虽然能按时交货,但质量不过关,产品被退回,并遭索赔。其二,以前企业招聘人员人数少,所以王厂长一人就可以决定了。现在每年要招收大中专学生近50人,还牵涉人员的培训等,以前的做法就行不通了。其三,过去总是王厂长临时抓人去做后勤等工作,现在这方面工作太多,临时抓人去做,已经做不了也做不好了。凡此种种,以前有效的管理方法已经失去作用了。

资料来源:根据网络资料整理。

问　　题

请从组织工作的角度说明企业存在的问题并提供相应的建议。

分析提示

1. 从案例看,企业采用的是直线型组织结构形式,这种组织结构的优点是:结构比较简单,所有的人都明白自己应向谁报告和谁向自己报告,责任与职权明确。每一个人有一个并且只能有一个直接上级,因而作出决定可能比较容易和迅速。其缺点是:在组织规模较大的情况下,业务比较复杂,所有管理职能都集中由一个人承担,履行起来是比较困难的。

2. 当企业员工已经增加到2 000多人时,直线型组织结构显然制约了企业的正常发展,不再适合现有状况。如同案例中王厂长面临的困境,要一个人管所有的事情,效果很差,效率极低。

3. 企业需要采用适合企业发展的组织结构形式,例如采用进行专业化分工的直线-参谋型组织结构,考虑设立生产计划部门、人力资源部门以及后勤部门,发挥直线-参谋型组织结构的优点,即各级直线管理者都有相应的职能机构和人员作为参谋和助手,因而能够对本部进行有效管理,以适应现代管理工作比较复杂而细致的特点。每个部门都是由直线人员统一指挥,这就满足了现代组织活动需要统一指挥和实行严格的责任制度的要求。

本章小结

组织工作,是指在特定环境中为了有效地实现组织目标,确定组织成员、任务及各项活动之间关系,对资源进行合理配置的过程。在组织工作中,必须处理好正式组织与非正式组织的关系,充分发挥非正式组织积极的、正面的影响,实现两者在组织上的融合。

组织设计恰当与否直接影响着组织的运行效率。组织结构设计及其运行,应考虑外部因素的影响,遵循正确的设计程序。组织设计的一个关键环节是职权配置问题。职权分配包括横向分配和纵向分配。授权是分权的重要实现形式,授权应体现科学性和艺术性。管理幅度与管理层次有着反比例的数量关系。不同的管理幅度与管理层次的组合,形成了高层结构和扁平结构两种组织形态。

组织结构的本质是成员间的分工协作关系,内涵是人们的责权利关系。组织结构的基本类型有:直线制、职能制、直线职能制、事业部制、矩阵制、网络结构和多维立体组织结构等。组织的规模不同、性质不同,组织的结构形式也不同。

要适应组织目标及内部环境的变化,就必须进行组织变革。要明确组织变革目标,找出变革动因,针对变革障碍,采取有效的变革措施。组织变革措施包括创建学习型组织、建立长效机制、注意策略的艺术性和强化基础管理。

基本训练

一、知识训练

(一) 复习题

1. 单项选择题

(1) 我国大部分企业采取的组织形式是(   )。

A. 直线制   B. 职能制   C. 直线职能制   D. 事业部制

(2) 没有反映出管理专业化分工的组织结构为(   )。

A. 职能制结构   B. 直线制结构   C. 事业部制结构   D. 矩阵制结构

(3) 直线职能制组织形式一般适用于(   )。

A. 中小企业   B. 大企业   C. 所有企业   D. 不能判断

(4) 事业部制的主要不足在于(   )。

A. 不利于调动下属的积极性   B. 不利于灵活调整经营策略

C. 易造成事业部之间无效的内部竞争   D. 不利于企业发展壮大

(5) 在事业部结构组织中,最高管理层在加强对事业部的控制时,一般不应该采取的方式为(   )。

A. 保持事业部的发展决策权   B. 掌握资金分配权

C. 最高权力机构成员兼任事业部经理   D. 掌握重要的人事安排权

(6) 关于扁平式组织结构,下列说法中正确的是(   )。

A. 它是指管理层次多而管理幅度小的一种组织结构形态

B. 它有利于缩短上下级距离、密切上下级关系、降低管理费用

C. 它更有可能使信息在传递过程中失真

D. 它不适合于现代企业组织

(7) 随着计算机等信息技术和手段在组织中的广泛运用,组织结构将变得( )。
A. 扁平　　B. 高耸　　C. 高度集权化　　D. 不能定论
(8) 一位新上任的领导,面对经营状况严重恶化和管理的无效率状态,用大刀阔斧的方式对组织机构和人员进行调整。这属于组织的( )。
A. 渐进式变革　　B. 革命性变革　　C. 计划式变革　　D. 颠覆式变革

2. 多项选择题
(1) 组织结构设计的影响因素有( )。
A. 外部环境　　B. 组织规模　　C. 组织战略　　D. 技术因素
(2) 下列属于集权的组织结构形式有( )。
A. 直线制　　B. 直线职能制　　C. 事业部制　　D. 矩阵制

3. 简答题
(1) 组织结构的基本类型有哪些?各有何特点?
(2) 影响集权与分权程度的因素有哪些?
(3) 什么是授权?授权有哪些优越性?
(4) 简述组织变革的障碍与措施。

(二) 讨论题
以班级为例,谈谈你所在的班组织实行的是什么样的组织结构形式?班长能够像企业老板那样发号施令吗?

二、能力训练

案例分析

科维特公司的失败

王洪和几个人共同创办了科维特公司,这家公司在10年内把营业额从5 000万美元提高到70 000万美元,一跃成为零售史上发展最快的公司之一。这家公司平均每7个星期增设一家大的商店,很快扩充到了25家商店。从一开始,公司管理就是集权式的。总部操纵着所有的经营活动和其他各项政策,商店经理和其他管理人员只被赋予少得可怜的权力。创办人经常四处巡视,直接管理相当大数量的商店,直到超出他力所能及的范围。公司的规模越来越大,他所面临的问题也变得越来越复杂。当公司的商店没有超过12家时,王洪及其总部的高级管理人员还能够亲临现场给各商店作指导。但是,随着公司的扩大,面对面地监管、控制等一系列问题变得难以实现。后来,这家公司经营业绩不断下滑,最后公司不得不暂缓新店的增设,把注意力转向现有的商店。最后王洪仍然无法拯救公司,这家公司最终被斯巴坦斯工业公司收购,王洪从舞台中心消失。

资料来源:根据网络有关资料整理。

> 问　题

　　1. 科维特公司所采用的组织结构和管理方式使王洪获得了成功,也导致了王洪的失败。这是为什么?

　　2. 对于科维特公司的发展,当面对面的管理变得不再可行时,为确保实现有效的监督管理,应当怎样进行组织设计?

> 分析提示

　　1. 当组织规模较小时,王洪所采用的方法是适当的;随着组织规模的扩大,管理方法已不适应组织的进一步发展。

　　2. 从组织变革的步骤着手分析。

第6章 领 导

学习目标

知识目标：了解领导的概念和作用；认识领导行为理论、权变理论的特点，加深对领导者行为活动的理解与认识。

技能目标：理解领导与管理的区别；能够运用所学的理论对管理实践中的领导行为进行分析，加强领导才能的锻炼与培养。

基本素养：以乐观、自信的风格去面对发展和压力，注重领导气质的养成，培养领导的修养和风范。

引 例

交通银行网点的扩张

王刚是一家交通银行地区分行的行长。这是一家设立不久的分行，业务亟待发展。四年前，总行派他来担任本地区的分行行长，分行设在地区政府所在的市内。经过努力，分行已在本地区所辖各县都建立起支行和初具规模的营业网点。他凭借业绩和能力赢得了部下尤其是各支行行长、业务骨干们的敬慕和钦佩。

但是，他自己认为，这虽与其所做的几项果断而正确的决策有关，但也有一定的运气因素。下级对他的这种崇拜令他不安，因为这有些盲目，而且容易养成他们事事听命的不良习惯。王行长觉得他们能力都挺强，应当有自己的主意与判断，希望他们能对工作提出意见和建议，以培养和提高他们的分析决策能力。

近日总行划拨来一笔不小的款项，王刚决定要在本区再增设10个新营业所，眼下正面临正确选点的决策。他固然需要为此进行调查，但是要找到真正具有商业价值的备选地点，他觉得各支行行长们的经验也很重要。王刚知道取得各支行行长的支持很关键，因为建新网点需要他们在人力上与技术上的帮助。这个分行并不算大，成员之间彼此很和谐。如果此次选点正确，将使分行经营范围得以顺利扩展，对本行每一个人都有直接或间接的好处。他估计各支行都希望在自己辖区内多新设营业所。

资料来源:上海国家会计学院. 领导、沟通与谈判[M]. 北京:经济科学出版社,2011.

思 考

1. 你觉得王刚的领导力如何?
2. 你觉得王刚应该怎样进行领导风格的调整,以使他的下级增强独立决策与主动承担责任的意识?

领导是管理的一项重要职能,是一门贯穿于管理活动始终的艺术。从本质上说,领导是一种对他人施加的影响力,这种影响力表现在领导活动的过程中。实践表明,领导以法定的权力和个人的威信改变或推动社会、组织及其成员的心理和行为,直接影响着组织目标的实现,决定着组织的生存与发展。

6.1 领导的本质与作用

领导职能是管理工作中非常重要的一项职能。所以有"火车跑得快,全靠车头带"之说,有了领导,组织才能生存、发展和有效运行。

6.1.1 领导的含义

1. 领导的含义

斯脱格狄尔(Stogdill)对3 000份文献进行研究后指出:"领导概念的数量几乎与试图定义这个概念的人们一样多。"自斯脱格狄尔的研究之后,关于领导的新定义仍层出不穷。人们从品质、行为、影响、互动模式、角色关系、行政职位等多方面进行定义。通过表6.1可以看出,随着管理实践和管理科学的发展,对于领导本质的理解一直在发展,人们对于这个问题的了解与认识也不断深化。

如表6.1所示,这些定义在不同阶段存在差异,不同时期人们对于领导的理解也不一致。众多的定义也有助于我们意识到领导问题视角的多重性,并认识到领导力的复杂性。

管理学中研究的"领导",是作为一种管理职能来理解的。所谓领导,是指领导者依靠内在和外在的影响力,指挥、带领、引导和鼓励下属为实现组织目标而努力的过程。这个定义包括三个方面的含义:

表6.1 管理学的发展与领导的观念的演变

时　间	阶　段	主要观念
19世纪中叶以前	经验管理阶段	领导就是统治
19世纪末20世纪初	科学管理阶段	领导就是具有强制权力的象征
20世纪初至中叶	人际关系阶段	领导不仅是一种权力也是一种影响力
第二次世界大战以后	行为科学阶段	领导者怎样看待被领导者(X、Y理论)

(1) 领导要有目标。这是指领导是一项目的性非常强的行为,它的目的在于使人们情愿地、热心地为实现组织或群体目标而努力。使人们自愿地而非无奈地、热情地而非勉强地为实现组织或群体的目标而努力,这体现了领导工作的水平,也是领导者所追求的目标。

(2) 领导的本质是影响力。这是指领导者对下属及组织行为的影响力。正是靠着影响力,领导者在组织或群体中实施领导行为,增强凝聚力,提高信任度,使组织或群体成员心甘情愿地追随与服从,从而有利于组织目标的实现。

(3) 领导是一个过程。领导是对人们施加影响的动态过程。在领导活动的过程中,领导者面临着千变万化的组织或群体环境,特别是面对着各种各样的人,他们的身份不同,有着不同的教育、文化和经历背景,他们进入组织或群体的目的、需要各不相同,而且人们的需要、目的等都处在动态的变化之中。领导者只有通过领导艺术增强影响力的强度和有效性,才能实现有效的领导。因此,对人的领导是一个过程,更是一门艺术。

2. 领导与管理的共性与区别

在日常生活中,人们通常会把领导者和管理者两个概念相混淆,实际上两者有着本质的区别。

(1) 领导者和管理者的共性。领导者和管理者的行为都是组织活动,两者的职位权力都来源于组织岗位设置。理想状态下,所有的管理者都应是领导者,但并不是所有的领导者都处于管理岗位上。

(2) 领导者和管理者的区别。领导者不一定是管理者,管理者也并不一定是领导者。有人这样比喻领导者和管理者的区别:有一堵高墙需要翻过去,领导者的任务是决定将梯子放在哪里,而管理者的职责是如何快速地爬上梯子,并翻过墙去。

领导者和管理者的区别如下:

① 从行为角度来看,领导行为是管理工作的一部分。除了领导职能,管理职能还包括计划、组织、控制等。

② 领导者可以由组织正式任命,也可以自发产生(从一个群体中),并不一定需要组织正式任命,而管理者通常由组织正式任命。

③ 领导者权力来自两个方面：一方面来自于组织所赋予的职位权力，另一方面来自于领导者自身的影响力。管理者的权力通常是由其在组织中所处的职位决定的。

6.1.2 领导的作用

领导者对被领导者施加影响力的过程，就是发挥领导作用的过程。领导的作用具体表现在指挥、协调、激励、感召和造势等五个方面。

1. 指挥作用

指挥是指领导者凭借权威，直接命令或指导下属行事的行为。指挥的基础是职位权力，即能施加于他人的控制力，主要包括惩罚权、奖赏权、合法权等。这是一种主要靠行政权力施加影响的活动。人类有组织的活动都离不开指挥，指挥对于协调组织的活动，认清组织所处的环境与形势，指明组织活动要达到的目标与任务，规划完成任务所需要的途径，都具有十分重要的意义。

2. 协调作用

随着社会分工的不断细化，对协调的要求也越来越高。一般而言，在有许多人参加的社会集体活动中，在有了明确的目标之后，由于组织每个成员的岗位背景、工作能力、工作态度、进取精神、性格、作风、地位等的不同，在思想上、行动上会产生各种各样的分歧，也可能在工作的过程中偏离组织的目标。这样，就需要组织的领导者能够及时协调组织内部各级部门、各级工作人员之间的关系，从而使组织内部能形成合力，以便更好地工作。

3. 激励作用

个体行为是由需要和动机决定的。领导者要把职工的积极性、创造性完全激发起来，必须设置能满足其需要、激发其动机的组织目标。一般情况下，个体目标与组织目标不是完全一致的，领导者的责任就是将组织目标的实现与满足个人需要统一起来，创造一种组织环境，使员工加强对组织目标的认同感，从而提高员工接受和执行目标的自觉程度。因此，组织的领导者要充分了解下属的内在需要和外在驱力，有计划地确定不同时期的激励目标，运用激励理论，激发其动机，发掘其潜力，推动其行为。

4. 感召作用

感召能力就是激发和鼓舞追随者全力以赴地进行工作的能力。激励因素的使用主要围绕下属及其需求，而感召力量则来自领导者。领导者以他们的人格魅力引发下属的忠诚、热忱和献身精神。下属心甘情愿地追随与服从于领导者并不是为了满足自己的需要,而是对自己所中意的领导者所表现出来的一种无私的、理性的支持。

5. 造势作用

组织环境很大程度上影响着组织成员的工作热情和工作效率。领导者的首要任务,就是设计和维持一个良好的工作环境和文化氛围,即造势,要营造一个积极向上、团结进取的工作氛围,培养优良的组织文化。而要做到这一点,就要靠领导者崇高的价值观、良好的领导作风以及营造环境的能力。

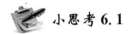
小思考 6.1

问 题

领导既是一个过程,更是一门艺术。这种观点正确吗?

分析提示

1. 观点正确。
2. 领导是领导者引导和带领下属在一定的条件下实现组织目标的行动过程,要实现组织目标,领导者需要使用手段引导下属,激励员工努力工作,实现目标,这需要一定的技巧和策略,所以领导也是一门艺术。

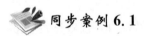
同步案例 6.1

王义堂成功的秘诀

不到两年换一个厂长,换了 12 任厂长也没摆脱亏损的一家国有企业,却在一个农民手里起死回生。1994 年 5 月,当王义堂接手河南泌阳县水泥厂时,该厂亏损 123 万元,到年底,王义堂却使该厂盈利 70 万元,第二年实现利税 525 万元,第三年在原材料价格大幅度上涨的情况下,仍实现利税 470 万元。

当年水泥厂已多年亏损,再任命谁为厂长呢?难!有人说:"让王义堂试试吧!"。王义堂?这提议让大家一愣:他是水泥厂所在地的农民,他怎么能当国有企业的厂长呢?可再一琢磨,大家都认为王义堂有本事,他和人合伙开办的公司,个个盈利。县里与王义堂签订了委托经营协议。王义堂交 10 万元抵押金,企业亏损,抵押金没收;企业盈利,退还抵押金本息,还可按 30% 的比例得到奖励。

谈起当时厂里的情况,王义堂至今记忆犹新:全厂 413 名职工,其中行政管理人员 113 人,厂长一正八副,各自为政。一个科室有 5—6 个人,天天没事干。来三五个客人,是一两桌相陪;来一个客人,也是一两桌相陪,20 个月吃掉 30 多万元。

上任后,王义堂把原来的9个正、副厂长全部免掉,但没有改变原来的规章制度,只是不让原来的制度成为挂在墙上的空口号。他规定,职工犯错误只允许三次,第四次就开除。不过,他最终也没开除一个人,倒是有二三十个人主动调走了,因为实行计件工资后,这些人再也不能像以前那样光拿钱不干活了。于是,企业每小时水泥的产量从过去的五六吨提高到十多吨。起初,有城里人身份的人对王义堂的严格管理不是很满意,但王义堂早上5点钟就上班,一天在厂里呆10几个小时,他凭借他的责任心,最终得到了职工的认可。

资料来源:根据有关资料整理。

问 题

王义堂为什么能成功?

分析提示

王义堂之所以能成功,得益于他的科学指挥和自身感召作用,以及根据企业的实际情况采取科学的激励措施,奖惩分明,有利于调动员的工作积极性。

6.2 领导权力与素养

6.2.1 领导权力

权力是领导者行使领导职能最重要的条件,领导者凭借权力与权威进行有效的指挥。所谓领导权力,就是领导者(权力所有人),遵循相关的法律法规,运用多种方法与手段,在实现特定目标的过程中,对被领导者(权力相对人)做出一定行为与施行一定影响的能力。

1. 领导权力形成机制模型

领导权力的形成是组织、领导者和被领导者三个方面综合作用的结果。领导权力形成机制可以概括为一个模型,如图6.1所示。

(1) 组织授权。领导者身居组织中的一定职位或承担一定的任务,由组织授予其一定的人、财、物等资源的支配权与工作内容的决定权。这是领导权力的基础与主体,是最主要的权力。这种权力是由于组织的原因而形成的,其性质是一种组织影响力。它随着担任职务、组织授权而成立,随着离开职位、组织撤销授权而丧失。

(2) 领导者素质与行为。这是个人权力的主要来源,决定着领导者影响力的大小。

(3) 被领导者的服从。领导者所拥有的权力,是以被领导者的追随与服从为前提的。被领导者的追随与服从程度除了受自身因素影响外,还受到组织对领导者的授权与领导者自身素质等因素的影响。一个领导者获得了组织的正式授权,并且其自身有很高的素质,并获得其下属的认可、追随与服从,他就拥有了权力与威信。

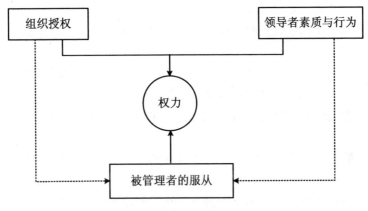

图 6.1　权力形成机制模型

2. 被领导者追随与服从心理分析

领导权力的实现过程是一个领导者作用于被领导者的过程。领导者任何形式的作用效果,即影响力,最终都是通过被领导者受到作用后的心理反应决定的。正是这种反应的性质与程度决定了领导者影响力的大小,如图 6.2 所示。

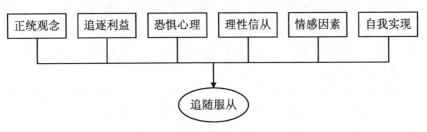

图 6.2　被领导者追随与服从心理

被领导者受到作用时,出现追随与服从的反应主要基于以下心理:① 对正统观念的认同。在长期社会发展中形成的正统性观念,认可组织与职位权力的权威性,甚至是不可侵犯性,对上级想当然地服从。② 对利益的追逐。对上级的追随与服从,如果有利于被领导者获得相对于其他人较多的利益,出于利益驱动,下级也会追随和服从上级。③ 基于恐惧心理。恐惧心理是人的原始本能,因为担心不服从上级而可能招致惩罚,这种趋利避害的心理作用会促使下级服从于上级的领导。④ 理性信从。被领导者出于对领导者的高尚品德、非凡能力和决策正确的信任而心甘情愿地服从与追随。⑤ 情感因素。当被领导者与领导者之间建立融洽亲密的情感时,被领导者也会自愿地追随与服从。⑥ 自我实现。如果领导者能够有利于被领导者自我价值的实现,被领导者会为了追求个人目标实现的满足而追随与服从领导者。

3. 领导者权力构成分析

领导者的权力构成包括职位权力和非职位权力。职位权力包括法定权、奖赏权和惩罚权。

(1) 法定权。法定权就是指因组织授权而拥有的影响力,它被组织、法律、传统习惯甚至常识所认可,通常与合法的职位联系在一起。法定权源于被影响者内在化的价值观,被领导者认为领导者有法定的权力影响他,他就必须接受领导者的影响。

(2) 奖赏权。奖赏权是指领导者由于能够决定对下属的奖赏而拥有的影响力。这种权力源于被领导者追求满足的欲望,即下属感到领导者有能力奖赏他,使他觉得愉快或使他的某些需求得到满足。这种需求或奖赏可能是物质上的,也可能是精神上的。奖赏权是否发挥应有的作用取决于下属是否期望这种奖赏。

(3) 惩罚权。惩罚权是指领导者由于能够决定对下属的惩罚而拥有的影响力。这种权力源于下属的恐惧感,即下属认识到领导者有能力惩罚他,会使他痛苦,会使他的某些需求得不到满足。这种权力对那些认识到不服从命令就会受到惩罚的下属是最有效的。

上述三种权力是组织授予领导者的职位权力,是领导者权力的重要来源。正确运用职位权力才能产生积极的效果,一般应注意以下几个问题:

一是适当用权。如果用权不当,特别是滥用权力,就会给领导者个人和组织造成重大的损失。要慎重用权、合理用权、及时用权,要建立权力的制衡机制、监管机制,完善各种管理制度。

二是公正用权。领导者必须让自己的行动使同事、下属相信,他在运用权力时不分亲疏,不徇私情,不谋私利,只有这样才能使众人心服口服。

三是艺术用权。领导是一门科学,更是一门艺术。要讲究用权的方式方法,提高领导水平。

四是例外原则。凡是对组织发展有利的特殊事件,可打破常规,特殊处理。

非职位权包括专长权和感召权。

(1) 专长权。它来自下级对上级的尊敬甚至崇拜,即下级感到领导者具有某种专门的知识、技能和专长,能帮助他明确方向,排除障碍,实现组织目标和个人目标。知识就是力量,从某种程度上讲,知识也是权力,谁掌握了知识,具有了专长,谁就拥有了影响别人的专长权。

(2) 感召权。它是指领导者借助与下属的融洽与亲密关系而形成的影响力。

下级愿意追随与服从与自己有亲密关系的领导,主动接受他的影响。

上述两种权力是领导者的非职位权力,正确运用它们必须注意以下几个方面:

一是专长与业绩相结合,领导者应把自己的专长与其领导的组织的实际结合起来,不断提高自身素质和领导艺术,带领组织的全体成员去实现组织的目标,以实际效果服众。

二是廉洁公正,领导者应树立服务意识,廉洁公正,以身作则,无私奉献,通过"榜样"的力量去影响同事和下属的行为。

三是亲和民主。领导者应以人为本,与下属关系融洽,亲和力强,民主作风好,增强凝聚力和影响力。

4. 领导者的影响力

影响力是一个人在与他人交往中改变他人心理和行为的能力。在领导行为研究中,将领导者的影响力分为职权影响力和非职权影响力两种。如图6.3所示。

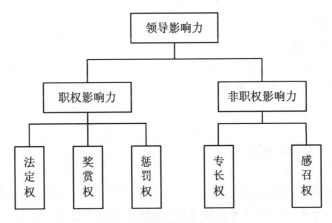

图 6.3 领导者权力构成

(1) 职权影响力。权力是构成影响力的一个因素。它主要包括传统因素、职位因素和资历因素。传统因素通过人们对社会规范尊重的观念使人们产生行为上的服从;职位因素基于社会政治与组织体制,使人们对权力有敬畏感而产生行为上的服从;资历因素基于社会历史和文化心理因素(如东方文化崇尚尊老),使人们对更年长的领导者产生更强的敬重感。这种影响力的核心是权力,对人产生的影响力表现为被动、服从,对人们的心理行为的激励作用很有限,通常具有强制性的特点。

(2) 非职权影响力。非职权影响力主要由品格因素、才能因素、知识因素和感情因素等构成。一个领导者的个性与人品等本质性的因素被称为品格因素,它会使追随者产生敬重感,人们通常尊重、热爱这种领导者;对于在实践中表现出卓越才干的领导者,下级会产生敬佩感;领导者知识渊博,可以作出科学决策,从而使下级产生信赖感;领导者平易近人、体恤下属,是可以追随的良师益友,这种精神上的吸引力会使下级感到更亲切。

在同一职位上,法定权力、个人的资历、传统因素是相对稳定的。要提高领导者的影响力,起决定性作用的是非权力影响力,获得群众的信赖和支持是领导者成功和取得领导成效的前提。在我国,人们习惯将影响力称为权威(权力+威信)。威信是客观存在的社会心理现象,是使他人甘愿接受他人影响的心理因素,其实就是指非权力的影响力的重要作用。上级只能授予权力和任命职务,但领导者是否有权威,还要看其能否发挥好非权力影响力。在群众心中,威信不是上级能够"任命"和决定的。

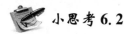小思考6.2

问 题

领导权力与权威是截然不同的。这种观点正确吗?

分析提示

1. 观点不正确。

2. 按照《现代汉语词典》的解释,权威是指使人信从的力量和威望,或是在某种范围内最有地位的人或事物。权力与权威既有区别又有联系,两者是相互作用的。

6.2.2 领导素养

仅仅从被领导者的追随与服从心理来分析领导权力的形成机制是不够的,这只是问题的一个方面。领导者自身素质、风格及其领导行为也会对权力产生很大的影响,这是问题的另一面。

领导作为一个组织的核心,是一个组织运行的关键所在。一个领导者既要组织众多的活动,领导众多的下属,还要经常做出重要的决策。然而作为一个领导者,如果没有基本的素养,没有足够的知识、能力与精力,就无法完成繁琐而又非常重要的工作。所以,领导素养的高低,决定了其领导水平和领导效能的大小,要增强组织的战斗力和领导水平,就必须进一步提高领导者的素养。

1. 领导素养的概念

领导素养是指领导者应具有的素质及修养,是领导者为履行领导职务、做好领导工作所必须具备的德、才、学、识、体等方面的基本条件。领导者素养的高低,非先天所得,主要取决于后天的学习和锻炼。

2. 领导者素养的基本内容

领导素养主要包括以下几个方面：

（1）政治思想素养。政治思想素养是领导者在政治上和思想上应当具备的基本素质。政治素养是领导者社会属性的体现，它决定着领导者所从事的领导活动的性质。领导者应当能够把握正确的政治方向，坚持正确的政治理想和信念，时刻关心国际社会的风云变幻，关心经济社会的发展进程，关心党和国家的前途和命运；不谋私利，廉洁自律。

（2）道德素养。道德品质素养是对领导者道德风范和个人品质的要求，主要内容有：大公无私、公道正派的高尚情操；坚持真理、修正错误的无畏勇气；热爱集体、任劳任怨、乐于助人的团队精神；遵守职业道德规范、讲究信用的诚信品德；尊重他人、谦逊容人的宽宏气度；好学上进、积极开拓的创新精神。

（3）知识素养。知识素养是指领导者从事领导工作必备的知识储量和知识结构，主要内容有：掌握广泛的人文社会科学和自然科学知识；掌握与领导工作密切相关的政治、经济、法律以及组织领导和管理方面的知识；掌握必要的专业知识，力求成为业务上的内行。

（4）能力素养。能力素养是领导职业素养的核心，是其知识结构、智力才干在工作中的表现，由创新能力和综合能力构成。创新能力主要包括洞察力、预见力、决断力、推动力和应变力。综合能力则主要表现为信息获取能力、知识综合能力、利益整合能力和组织协调能力等。

（5）心理素养和身体素质。领导者的心理素养主要包括敢于决断的气质、竞争开放型的性格、坚忍不拔的意志、强烈的事业心和责任心、积极的自尊心和自信心、良好的性格和气质等。身体素质是领导者其他素质赖以存在和发挥作用的物质载体，在身体素质方面，领导者需要具备良好的健康意识，掌握健康知识和健康能力，具备健康体魄。

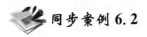
同步案例 6.2

俞永福的"惊险转身"

俞永福 1999 年大学毕业后，先是南下深圳进入证券行业。3 年后，他作为创业员工加盟联想投资，负责电信、新媒体、互联网、移动互联网等领域的投资工作，因为业绩卓越，在 6 年的时间内迅速从投资经理被擢升为副总裁，成为年薪百万的"金领"一员。

不过俞永福内心却是不想总坐在"副驾驶"的位子上，希望有朝一日亲自体验驾驶的感觉。"做了 5 年多的风险投资，在岸上看了那么多创业公司的起起伏伏，自己心里也想趁着年轻跳下去折腾一把。"

2006年年底,俞永福瞒着父母,从联想投资辞职,加入UC优视公司,任UC优视董事长兼首席执行官。作为优秀的团队带头人,俞永福在几年时间里成功领导了UC优视在业务模式、公司管理、团队建设和资本运作层面的变革,使得公司业务3年内增长超过了100倍。2009年6月,UC优视再度获得阿里巴巴集团、晨兴投资、联创策源三家机构的战略投资,为UC优视进一步保持在移动互联网市场的领导地位奠定了基础。

资料来源:根据有关网络资料整理。

问题

俞永福的"惊险转身"给你带来什么启示?

分析提示

俞永福惊险转身,表明他不仅具有丰富的专业能力,而且具有一定的冒险精神,有着良好的心理素养。

3. 领导素养的养成

管理是一个影响的过程,领导者要实施领导,就必须拥有相应的影响力。可以说,领导者的影响力就是一个人对其他人所能够产生的感染力和带动力,是取得成功的助推力。所以,领导者要想提升自己的领导力,就必须提升自己的素养。为此,要注意以下几方面:

(1)善于学习,全面提高知识素质。领导者是组织的大脑,是员工们的"领头羊"、排头兵。组织的各项决策是否科学合理,各项工作能否得到落实并取得实效,关键取决于各级领导干部的水平。知识就是力量,只有不断学习,不断丰富自己的思想和知识,才能正确研究新情况、新问题。学习不仅可以增长才干,还可以提高道德修养。作为领导者不仅要加强理论学习,还要加强对专业知识的学习。不仅要加强政治理论学习,了解国内外形势,而且要学习现代经济、管理、教育、科技、法律等方面的知识。通过广泛的学习开阔眼界、拓宽思路、创新思维,为科学决策和指导实践奠定基础。

(2)注重自身修养,提升个人魅力。自身修养是提高素质和能力的基础,素质和能力究竟能否提高,主要看自身的努力程度。强化自身修养,首先是认识自我。要明晰自己的素质结构,了解自己的优势与不足,建立清晰、明确的自我概念。只有对自我有一个清楚的认识和了解,才能够根据自身的素质要求和实际工作的需要进行切合实际的素质培养和训练。其次是善于探索。优良的素质特别是能力,主要是靠后天养成。善于探索提高自己素质和能力的方式方法,不断总结经验,自己的素质和能力就会有效提高。三是总结提高。善于从自己的实践活动中找出与他人的差距,分析原因,及时总结经验和教训,从而在今后的实践中引起足够的注意,是提高自己的好办法。历来能成就大事业的人,都善于在实践中进行总结。养成善于思考的良好习惯,才能终生受益。

(3) 注重实践,大胆探索。将理论的实质、精髓与现实工作生活紧密地结合起来,学用结合,学了能用才能达到目的。在实践中,要经常反思自我,不断自我完善。要善于把生活、实践中所学的知识及时总结提炼,迅速转化为从事实际工作的本领,练就发现问题的"火眼金睛",培养解决实际问题和应对复杂局面的能力。

(4) 树立良好的形象,成为员工榜样。"其身正,不令而行;其身不正,虽令不从。"可见,古人早已发现了领导者自身形象对组织成员产生的影响作用。良好的个人形象可以从以下几方面来塑造:一是树立责任意识。"责任重于泰山",有了强烈的责任意识,就会自觉地把全部心思和精力用在工作上,始终保持积极的工作状态,在其位,谋其政,尽其责。二是树立诚信意识。诚信的内涵是无欺、守诺、践约。它不仅是一个基本的道德规范,更是一种重要的社会政治资源。诚信是人格的体现,是立身处事的准则。持续增强诚信意识,领导者将会赢得尊重、获得支持。三是树立自律意识。领导者应时刻保持清醒的头脑,不迷失正确的方向,持续增强自律意识,克制灵魂深处的私欲,在思想上筑起拒腐防变的防线,始终保持一身浩然正气。四是表率意识。领导者要身体力行,率先垂范,时时处处起模范带头作用,这是树立良好形象的"基本功"。要做创新的表率,努力做到分析形势有新视野,研究情况有新见解,布置工作有新思路,解决问题有新办法;要做勤政的表率,求真务实,严谨细致,雷厉风行,对于已经确定的目标、任务,必须坚决迅速、不折不扣地贯彻落实。

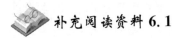

补充阅读资料 6.1

善于学习的王健林

1986 年年底,32 岁的王健林在"百万裁军"中转业回到地方,进入一家房地产公司工作。1988 年,王健林接手房地产开发工作,但其不懂城市规划和房地产经济等,甚至连最简单的图纸也看不明白。没有专业背景和行业经验,没有靠山,同事们瞧不起他,同行笑话他,甚至有人说:"从哪里来还会滚回哪里去。"为了能够尽快熟悉房地产的业务知识,王健林在随后的 5 年时间内,利用晚上和周末的时间刻苦学习,系统学习和研究了房地产方面的业务知识,变身为房地产方面的专家。公司在其领导下也不断发展壮大,并走向国际市场。

资料来源:根据有关网络资料整理。

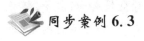

同步案例 6.3

好科长未必是好厂长

某钟表配件厂系中型国有企业,前几年多次被评为先进集体,经济效益很好,年利润达到80多万元。1987年年底,该厂原厂长因工作需要调任到其他公司担任领导工作。上级部门从其他企业调了一位名叫赵辉的同志担任该厂厂长。

赵辉,35岁,中共党员,某大学机械系毕业,原在某局所属一个大型钟表企业设计科担任科长。上级组织部门在准备调他任厂长前,曾对他进行了全面考核。考核结论是:该同志年富力强,政治素质好,工作有胆识,敢于实践,敢于创新,富有开拓精神,不但懂技术,也善经营(在改进全厂生产工艺上有重大贡献,同时开展市场调查,摸清市场需要,设计出几种经济效益和社会效益较好的产品)。其缺点是不善于处理人际关系,在团结同志方面不足。根据考核结论,组织人事部门和上级领导认为赵辉虽有缺点,但其缺点和优点相比,优点突出,符合干部"四化"条件,于是决定调任他为钟表配件厂厂长。

然而,赵辉上任后的两年里,情况大出人们所料。尽管他主观上想把工作做好,平时工作认真负责,处事大胆果断,敢于创新,对企业今后发展的思考以及提出的措施也是基本正确和可行的。同时,他还发挥自己专长,为本厂设计了几种新的钟表配件产品。但是由于他处理人事问题能力较差,工作方法简单急躁,在生产经营过程中遇到问题时大家都不愿意配合他搞好工作。此外,他不善于做思想政治工作,而简单地认为这是党支部的事,所以平时遇到职工有思想问题或碰到矛盾时,要么采取压服的办法,要么把它作为"信息"告诉书记,要支部去做工作。这样一来,造成上下关系处于紧张状态,许多干部和工人生产积极性下降,劳动纪律松懈,产品质量也随之下降,企业利润不断减少。最后企业竟到了亏损边缘,由先进企业变成落后企业。对此,上级领导和组织人事部门同志也疑惑不解,赵辉当大厂设计科科长干得挺好,工作成绩突出,为何当这个一直是先进企业的小厂厂长却不能胜任?

资料来源:根据有关资料整理。

问 题

1. 结合赵辉的案例,说一说领导和管理的区别体现在哪些方面。
2. 赵辉当大厂设计科科长干得挺好,当一个小厂厂长却不能胜任,这说明领导者素质具有什么性质?

分析提示

1. 领导与管理的区别体现在:首先,领导是高层次的管理,很少直接接触具体的人、物、事,主要处理涉及办厂方针、原则性的重大问题,独立性较大;其次,领导是战略性管理,侧重于对大政方针的决策和对人事的统御;最后,领导实行的是"超脱"管理,领导者不能陷入繁琐的事务中,不要事无巨细地"日理万机",而是主要依靠权威、威信发挥引导和影响的作用。

2. 这个案例说明领导者素质具有综合性。领导者的素质是由诸多因素组成的一个有机的结构体系,应该包括政治、知识、能力、心理、身体等多方面内容,任何一方面的素质都是必不可少的。

6.3 领导方式与理论

为了提高领导的影响力及其有效性,国外许多管理学家认为领导者首先应该了解被领导者的特性和需要,然后采取科学的领导方式。他们通过长期调查、实验,从不同角度进行了研究,提出了领导行为理论和权变理论等领导理论观点。

6.3.1 人性假设理论

在管理活动中,领导者采取什么样的领导方式,在很大程度上取决于领导者对人性的假设。所谓人性假设,是指领导者在管理活动中对人的本质属性的基本看法。管理理论在其发展的不同阶段对人的本性的认识也各不相同。人性假设问题是一切管理思想和管理行为的认识基础。有什么样的人性假设,就会形成与之相适应的领导方式。

1. "经济人"假设

在传统管理阶段,亚当·斯密(Adam Smith)最早提出了"经济人"假设。"经济人"观念认为,人的一切行为都是为了最大限度地满足自己的经济利益。人一般厌恶劳动,缺乏进取心,逃避责任,一般人的个人目标与组织目标相矛盾。

与"经济人"假设这种人性观相适应,管理者对员工的管理实际上是"胡萝卜加大棒"的管理方法,一方面用严密的控制监督和惩罚驱使员工为实现组织目标而努力,另一方面用金钱来刺激员工努力工作,泰罗(Taylor)就是这种管理思想的代表者。

2. "社会人"假设

"社会人"假设是在著名的霍桑实验的基础上提出来的。其基本思想是:人是社会人,调动人的工作积极性最重要的因素不是物质利益,而是工作中的社会心理需要的满足程度。员工的"士气"是提高生产率最重要的因素。因此,要重视人际关系的协调,重视非正式组织的作用,鼓励职工参与管理。与"社会人"假设这种人性观相适应,管理者采用一种重视人际关系、满足社会心理需要、鼓舞员工士气的领导方式。

3. "自我实现人"假设

随着管理实践的进一步发展和行为科学的盛行,在管理学界出现了"自我实现人"的人性观。"自我实现人"的观点认为,人特别注重自身社会价值,以自我实现为最高需要,且人的自我实现需要是没有止境的。根据"自我实现人"假设,领导工作主要是创造一个使员工充分发挥才能的工作环境,通过让员工承担有挑战性的工作,担负更多的责任来对其进行激励,促使员工做出成绩,满足员工自我实现的需要。在管理制度方面,给予员工更多的自主权,让员工参与管理与决策,共同实现组织目标。

4. "复杂人"假设

"经济人""社会人"及"自我实现人"的观念,都是从某一个角度反映了人的一些本质属性,具有其合理性。但人是复杂的,不仅因人而异,而且即使同一个人在不同年龄和不同环境中也会有不同的表现,出现不同的需要。出于考虑人的个别差异及环境的现实差异,管理学界提出了"复杂人"假设。与"复杂人"假设这种观念相适应,管理者应综合考虑经济、社会、自我实现等多种需要,按现代管理理念,对员工实行科学管理,采用系统的、权变的管理方式。

以上我们介绍了几种人性假设理论,这些理论在不同阶段为领导者实施管理提供了理论根据,起到了积极的作用。随着社会经济的不断进步,人们对人性的认识也将逐步提高,可以预见人性假设理论也必将得到日益完善与发展。

补充阅读资料6.2

分苹果

美国一位著名心理学家为了研究母亲对人一生的影响,在全美选出50位成功人士、50位有犯罪记录的人,分别写信给他们,请他们谈谈母亲对他们的影响。有两封回信给他的印象最深。一封来自白宫一位著名人士,另一封来自监狱一位服刑的犯人。他们谈的都是同一件事:小时候母亲给他们分苹果。

那位来自监狱的犯人在信中这样写道:小时候,有一天妈妈拿来几个苹果,红红的,大小各不同。我一眼就看见中间的一个又红又大,十分喜欢,非常想要。这时,妈妈把苹果放在桌上,问我和弟弟:"你们想要哪个?"我刚想说想要最大最红的一个,这时弟弟抢先说出我想说的话。妈妈听了,瞪了他一眼,责备他说:好孩子要学会把好东西让给别人,不能总想着自己。于是,我灵机一动,改口说:"妈妈,我想要那个最小的,把大的留给弟弟吧。"妈妈听了,非常高兴,在我的脸上亲了一下,把那个又红又大的苹果奖励给我。我得到了我想要的东西,从此,我学会了说谎。以后,我又学会了打架、偷、抢,为了得到想要得到的东西,我不择手段。最终我被关进了监狱。

那位来自白宫的著名人士是这样写的:小时候,有一天妈妈拿来几个苹果,红红的,大小各不同。我和弟弟们都争着要大的,妈妈把那个最大最红的苹果举在手中,对我们说:"这个苹果最大最红最好吃,谁都想得到它。很好,现在,让我们来做个比赛,我把门前的草坪分成三块,你们3人一人一块,负责修剪好,谁干得最快最好,谁就有权得到它!"

我们3个人比赛除草,结果,我赢得了那个最大的苹果。

我非常感谢母亲,她让我明白一个最简单也最重要的道理:想要得到最好的,就必须努力争第一。她一直都是这样教育我们的。在我们家里,你想要什么好东西要通过比赛来赢得,这很公平,你想要什么,想要多少,就必须为此付出多少努力和代价!

推动摇篮的手,就是推动世界的手。母亲是孩子的第一任教师,她可以教孩子说第一句谎话,也可以教孩子做一个诚实的永远努力争第一的人。

同样,领导者是企业的推手,领导者的特质、思想和行为都将产生影响力,影响下属的思想和行为。

资料来源:根据有关网络资料整理。

6.3.2 领导行为理论

领导的有效性不仅和领导的激励方式有关,而且还和领导者与下属之间的关系有紧密的联系。因此,领导理论的研究要探讨领导者偏好的行为风格,也就是在行为方面有哪些独到之处。在这里着重介绍几种比较有代表性的相关学者的观点。

1. 勒温的3种极端的领导作风

心理学家勒温(Lewin)根据领导者如何运用职权,把领导者在领导过程中表现出来的极端作风分为3种类型,如表6.2所示。

表6.2 勒温的作风类型理论

类型	特征
专制作风	独断专行,强调奉命行事,靠命令和纪律约束实施管理,与下属保持心理距离
民主作风	群体讨论政策,下属自由度高,主要依靠影响力实施管理,积极参与群体活动
放任作风	很少运用权力,为下属提供信息,充当联系人

(1) 专制作风或独裁作风。权力定位于领导者个人,以权力服人,靠权力和强制让人服从。在这种领导方式下员工没有责任感,情绪消极,士气低落。

(2) 民主作风。权力定位于组织中的群体,以理服人,靠领导者影响力和成员自觉。这种领导方式下成员关系融洽,比较团结,组织成员有工作积极性和创造性。

(3) 放任作风。权力定位于组织每一个成员,实行无政府式管理,悉听尊便。这种领导方式效率最低,能实现组织成员的社交目标,但难以实现工作目标。

比较三种领导方式优劣,大多数人都认同民主型领导,但从实际情况来看,无论哪种领导方式在不同的环境条件下都有成功的事例,问题在于如何根据组织具体情况,选择适当的领导方式。

2. 领导行为四分图

美国俄亥俄州立大学商业研究所于1945年开始了针对领导行为的研究。研究人员设计了一张领导行为描述调查表,在问卷调查和分析的基础上,最终将领导行为的内容归纳为两个方面:关心人和关心工作。根据研究,这两种领导行为不是相互对立的两个端点,不是注重了一个方面必然忽视另一个方面,领导者的行为可以是这两个方面任意程度的结合,并由此可能形成四种基本领导网络,如图6.4所示。

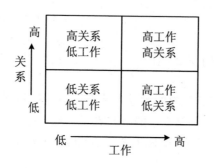

图6.4 领导行为四分图

一个方面是"抓组织",或称"主动型"。这种行为主要以工作为中心,领导者通过设计组织结构,明确职责、权力、相互关系和沟通办法,确定工作目标和要求,制定工作程序、工作方法与制度来引导和控制下属的行为表现。

另一个方面是"关心人",或称"体贴型"。这种行为主要是以人际关系为中心,关心和强调下属个人的需要,尊重下属意见,给下属较多的工作主动权,注意建立同事之间、上下级之间的互信气氛。

(1) 低关系、低工作行为。这种行为对工作与人均缺乏相应的关心,是一种不负责任的管理行为。

(2) 低关系、高工作行为。这种行为只重视工作而不重视对人的关心,属于强制管理的行为。

(3) 高关系、低工作行为。这种行为只重视对人的关心而忽视工作管理,可以认为是一种亲情管理行为。

(4) 高关系、高工作行为。这种行为既关心员工,又重视工作,是最理想的领导行为模式。然而,由于领导精力与其他方面的限制,做到这种模式比较困难。一般情况下,作为一名领导者,应当在重视工作和维护人际关系之间寻找平衡,达到一种比较理想的境界。

3. 管理方格图

管理方格图是由美国管理学家布莱克(Blake)和穆顿(Mouton)在1964年提出的。他们认为,领导者在对工作关心与对人关心之间存在着多种复杂的领导方式,可以用两维坐标图来加以表示。以横坐标代表领导者对工作的关心,以纵坐标代表领导者对人的关心,各划分9个格,反映关心的程度。这样形成81种组合,代表各种各样的领导方式,如图6.5所示。

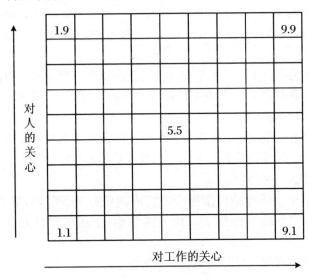

图6.5 管理方格图

(1) 1.1:放任式管理。领导者既不关心工作,也不关心人,是一种不称职的领导方式。

(2) 9.1:任务式管理。领导者高度关心工作任务,而不关心员工。这种方式有利于短期内生产任务的完成,但容易引起员工的反感,不利于长期管理。

(3) 1.9:俱乐部式管理。领导者不关心工作任务,只关心人,热衷于建立融洽的人际关系,不利于生产任务的完成。

(4) 9.9:团队式管理。领导者既关心工作,又关心人,是一种最理想的状态。但是,在现实中是很难做到的。

(5) 5.5:中间道路式管理。领导者对工作的关心与对人的关心都处于一个中等的水平。在现实中大部分领导者都属于这一类。

一个领导者较为理性的选择是:在不低于5.5的水平上,根据工作任务与环境等情况,在一定时期内,在关心工作与关心人之间作适当的倾斜,实行一种动态的平衡,并努力向 9.9 靠拢。

6.3.3 领导权变理论

领导权变理论又称情景理论,是领导行为理论的进一步发展,它关注的是领导者和被领导者的行为与环境的相互影响。该理论的基本观点是有效的领导方式取决于权变因素或情境因素,即在特定的情境下,应采取特定的领导方式。这里主要介绍权变理论和生命周期理论。

1. 菲德勒的权变理论

弗莱德·菲德勒(Fred Fiedler)的领导权变理论把领导方式研究的焦点转向了领导者所处的环境,认为任何领导形式均可能有效,关键是看其所处的环境与领导方式是否适应。

(1) 上下级关系。上下级关系即领导者是否受到下级的喜爱、尊敬和信任,下级是否愿意追随领导者为实现组织目标而奋斗。一般而言,领导者与下级的关系越融洽,领导环境越好。

(2) 职位权力。职位权力即领导者所处的职位提供的权力是否明确、充分,在上级和组织中得到的支持是否完全、有力,对奖惩方面的影响力的大小程度。领导者的职位权力越大,领导环境越好。

(3) 任务结构。任务结构指组织要完成的任务是否明确,其程序化程度如何,下属对这些任务的负责程度。任务越明确,下属的责任心越强,领导环境越好。

不同环境下的有效领导类型如表 6.3 所示。

表 6.3 不同环境下的有效领导类型

环境的有利程度	最有利							最不利
上下关系	好				差			
任务结构	明确		不明确		明确		不明确	
职位权力	强	弱	强	弱	强	弱	强	弱
环境类型	1	2	3	4	5	6	7	8
有效的领导风格	任务导向型				关系导向型		任务导向型	

菲德勒的研究结果表明,在对领导者有利和最不利的环境下,如类型 1、2、3、4 和 8,采用任务导向型效果较好;在对领导者环境条件一般的情况下,采用关系导向型较为有效。例如,一架将着陆的飞机,整个机组任务明确,上下关系融洽,机长职权充分,属于环境类型 1,这时机长只要下命令就可以了,根本不用征询机组人

员的意见。又如,一个司机走出驾驶室来指挥混乱的交通,他既不认识其他司机,也无职位权力,如何疏解堵塞又没有特定程序,属于最不利的环境类型8,那位司机只能果断地指挥,如果向大家征询下一步该如何办,每一位司机都希望自己的车先开走,结果可想而知,一定是更加混乱不堪。再如,一个外面调来的新任厂长,虽然职权很大,任务明确,但没有良好的上下关系,属于类型5,这位厂长最明智的选择就是先以关系导向来处理问题,而不是发号施令。菲德勒还强调,领导风格是固定不变的,提高领导的有效性有两条途径:一是替换领导者以适应情境,二是改变情境以适应领导者。

2. 领导生命周期理论

领导生命周期理论是由美国学者科曼(Korman)提出,经保罗·赫塞(Paul Hersey)和肯尼斯·布兰查德(Keneth Blanchard)完善和发展起来的,如图6.6所示。

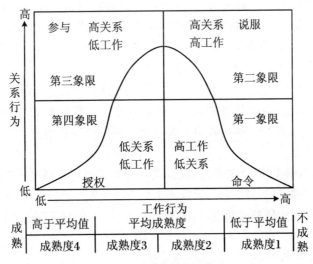

图6.6 领导生命周期模型

这一理论的基本出发点是有效的领导与被领导者的成熟度有关。所谓成熟度是指个体完成某一具体任务的能力与意愿的程度,即有成就感,有负责任的意愿和能力,有工作经验和受过一定的教育等。个体成熟度包括工作成熟度和心理成熟度两个方面。

工作成熟度:个体具有的与工作有关的知识与技能。工作成熟度高的个体拥有足够的知识、能力和经验完成他们的工作任务而不需要他人的指导。

心理成熟度:个体做某事的意愿与动机。心理成熟度高的个体不需要太多的外部鼓励,他们靠内部动机激励。

一般来说,个体成熟度有4个发展阶段,如表6.4所示。

表 6.4 成熟度的四个阶段

阶　　段	表　　现
不成熟(M1)	工作成熟度和心理成熟度都低(对于承担工作任务既无能力又不情愿)
初步成熟(M2)	工作成熟度低,心理成熟度高(缺乏能力,但愿意承担工作任务)
比较成熟(M3)	工作成熟度高,心理成熟度低(有能力却不愿意承担工作任务)
高度成熟(M4)	工作成熟度和心理成熟度都高(既有能力又愿意承担工作任务)

领导生命周期理论是由关系行为、工作行为和成熟度组成的三维领导理论。基于员工的成熟度和三维组合分析,对于不同的对象应采取不同的领导方式。

(1) 命令式(高工作、低关系)。对于不成熟的下属,他们通常缺少工作经验,不能自觉承担责任。因此,应采用命令式领导方式,明确规定其工作目标和工作规程,上级怎么说下属就怎么做,一切行动听指挥。

(2) 说服式(高工作、高关系)。对于初步成熟的下属,虽然他们已开始熟悉工作,也愿意承担责任,但尚缺乏工作技能,不能完全胜任工作,这时使用说服式领导方式比较有效。领导既要明确地下达任务,又要教他们完成任务的方法,然后听取他们对这些问题的看法和意见,最后达成共识。

(3) 参与式(低工作、高关系)。对比较成熟的下属最适当的领导方式是参与式。领导简要地把任务交代下去,让下属拿出实施方案交上来,修改、补充、商讨、确认后再让下属去执行。领导者对下属不要过多地控制和约束,而应加强交流,鼓励下属参与决策。

(4) 授权式(低工作、低关系)。授权式领导方式运用于高度成熟的下属。由于下属不仅具备了独立的工作能力,而且能主动完成任务并承担责任,领导者只需明确布置工作目标和完成任务的期限,具体怎么干、谁去干、何时干则由下属自己决定。

同步案例 6.4

"短命"的 CEO

某电脑公司正处于危机之中,其销售额与利润在不断地下滑,股票市值一落千丈,股东一片哗然。为此董事会聘请了一位新的 CEO,此人以扭转困境闻名。该 CEO 采用的就是专制型领导风格,上任之后就开始大力裁员,出售部分资产,做出了本应几年前就该实施的决定。最后,公司得救了,至少在短期内度过了危机。

但好景不长,由于他实行的是"恐怖统治",威逼、贬低手下的管理人员,对他们工作中的一丁点儿错误都大发雷霆。他的乖张暴戾导致了员工众叛亲离,公司的最高管理层最后几乎瓦解。他的直接下属因为害怕将坏消息告诉他而挨骂,不再向他汇报任何坏消息。员工的士气也是公司建立以来最低落的,结果公司在短暂的复苏后又再次陷入困境。最后,公司董事会不得不将他罢免。

资料来源:根据有关资料整理。

问　题

这个"短命"的 CEO 给你带来的启示是什么?

分析提示

领导者的领导方式应该随着经营环境的变化而变化。

公司处于危机之中时(如公司正处于扭亏为赢的当口,或者面临恶意收购的时候),任务简单明确,下属需要的是清晰的指令,专制型领导风格可以快刀斩乱麻,激发人们采用新的工作方式。但是如果长期采用这种领导风格,对员工士气和情感的漠视会使下属因为得不到发展而趋于反抗,消极怠工或离职,并造成毁灭性的影响。

当任务比较复杂时,专制可能会带来反叛,对有能力自我激励和自我指导、希望自主或有个人专长的高素质职工最不适用。

补充阅读资料 6.3

日本、美国及中国的领导实践活动

领导就是一些有影响力的人的价值实现的过程,使他们为公司或组织的目标作出贡献,主要涉及动机、领导人员和交流。表 6.5 总结了日本、美国及中国有关领导在管理上的实践。

表 6.5　日本、美国及中国领导之间的比较

日本的领导	美国的领导	中国的领导
1. 领导者作为小组组长或小组工作的促进者 2. 家长作风 3. 促进合作 4. 避免对抗,有时导致领导的含糊性 5. 批评性的交流,分为从上到下和从下到上	1. 领导者作为决策小组的领导人 2. 指示性领导(强制、强硬、坚决) 3. 个人主义有时阻碍合作 4. 通常面对面地对抗,强调领导的清晰度 5. 非批评性的交流,以从上到下的交流为主	1. 领导者为小组(委员会)的负责人 2. 指示性领导(父与子的关系) 3. 强调和谐 4. 避免对抗 5. 以从上到下的交流为主

资料来源:根据网络资料整理。

本章小结

领导实质上是一种对他人的影响力。这种影响力包括职位权力和非职位权力。领导权力的形成主要源于被领导者追随与服从心理和领导者的权力构成。前者包括对正统观念的认同、对利益的追逐、基于恐惧心理、理性信从、情感因素和自我实现的需要;后者包括法定权、奖赏权、惩罚权、专长权和感召权。

领导者的领导素养决定其领导水平和领导效能,其内容包括政治思想、道德、知识、能力、心身等方面。领导者应该重视领导素养的养成,促进领导力的提升。

管理者采取何种领导方式都是基于一定的人性假设的。在关于领导方式与行为的研究中,形成诸如领导行为理论和领导权变理论。本章重点介绍了领导行为四分图理论、管理方格图理论、菲德勒的权变理论和领导生命周期理论。

基本训练

一、知识训练

(一) 复习题

1. 单项选择题

(1) 领导者采用何种领导风格,应当视其下属的"成熟"程度而定。当某一下属既不愿也不能负担工作责任,学识和经验较少时,领导对于这种下属应采取如下哪种领导方式?(　　)

　　A. 命令型　　B. 说服型　　C. 参与型　　D. 授权型

(2) 权变理论是根据(　　)的观点提出来的。

　　A. 经济人　　B. 社会人　　C. 自我实现人　　D. 复杂人

(3) 一个企业中的管理者为了提高自己对下属的领导效果,他应当(　　)。

　　A. 提高在下属中的威信和影响力

　　B. 尽量升到更高的位置

　　C. 采取严厉的惩罚措施

　　D. 增加对下属的物质刺激,因为每个员工都是"经济人"

(4) 依据领导生命周期理论,适合于低成熟度情况的领导方式是(　　)。

　　A. 授权型领导　　B. 参与型领导　　C. 说服型领导　　D. 命令型领导

(5) 领导者运用权力的最重要原则是(　　)。

　　A. 慎重原则　　B. 公正原则　　C. 例外原则　　D. 有权不用过期作废

(6) 根据权变理论,领导是否有效取决于(　　)。

　　A. 稳定的领导行为　　　　　　　B. 领导者的品质

　　C. 领导者能否适应其所处的具体环境　　D. 是专制型领导还是民主型领导

(7) 有些领导事必躬亲、劳累不堪,但管理的效果不理想,这主要是因为他忽视了( )。

A. 提高自己的领导能力　　　　　　B. 运用现代的办公设施
C. 过分集权的弊端和分权的重要性　D. 锻炼身体的重要性

(8) 从管理方格理论中,我们体会到,欲使领导工作卓有成效则应( )。

A. 采取集权领导,注重完成任务　　　B. 注重和谐的人际关系
C. 注重组织目标的达成和对职工的关心　D. 充分发挥激励作用

(9) 某造纸厂厂长说:"走得正,行得端,领导才有威信,说话才有影响,群众才能信服。"这位厂长的这段话强调了领导的力量来源于( )。

A. 法定权　　B. 专长权　　C. 个人影响力　　D. 强制权

(10) 某部门主管将注意力几乎都放在了对任务的完成上,而对下属的心理因素、士气和发展很少关心。根据管理方格理论,该主管的领导作风属于( )。

A. 贫乏型　　B. 任务型　　C. 中庸型　　D. 战斗集体型

2. 判断题

(1) 领导工作是组织结构中一种特殊的人与人的关系,其实质是影响。( )
(2) 领导者只要拥有职权,就会对下属有激励力和鼓舞力。( )
(3) 在紧急情况下,专制式的领导是必要的。( )
(4) 分权式的领导总比独裁式的领导更有效。( )
(5) 费德勒模型认为,某一领导方式的有效性与是否和其所处的环境相适应无关。( )
(6) 有效的领导方式与环境和个性无关。( )
(7) 领导采用的领导方式应与下属的"成熟"程度一致。( )
(8) 一个优秀的领导通常是以一种领导方式为主。( )

3. 简答题

(1) 领导的影响力由哪两部分组成?各有哪些影响因素?
(2) 权变领导理论的特点是什么?

(二) 讨论题

领导者科学用人的艺术表现在哪些方面?

二、能力训练

 案例分析

周恩来总理的领导艺术

1954年中国代表团在日内瓦会议上举行首次新闻发布会,台湾当局国民党中央社驻巴黎记者王家松要求参加,我国新闻联络官拒绝其入场。事后周恩来总理知道了,问:"为什么要这样做?"新闻联络官说:"要警惕王家松在这里制造"两个中

国"的假象。"周总理皱了皱眉头对他说:"不能无根据地讲警惕,没有事实根据的警惕是主观主义,就会变成自己制造紧张,给工作造成损失。"接着周总理向他分析了蒋介石的基本政策也是坚持"一个中国"和对美国人又投靠又不信任的矛盾心理。然后说,你把人家拒之门外,这与情理不合,也不利于人家了解我们的真实情况,没有根据地说人家是国民党的官方代表,反而给人家造成了"两个中国"的假象。当新闻联络官认识到自己错了之后,周总理又教给他补救的办法。

资料来源:根据有关资料整理。

问题

请你根据领导科学的原理,谈谈周恩来在处理该问题时所表现出的领导艺术。

分析提示

1. 从理事艺术看,周恩来把原则性和灵活性高度统一了起来。

2. 从待人艺术看,周恩来发现下属工作失误,没有以势压人,采取命令主义,而是进行耐心细致的说服教育。

3. 从用权艺术看,在下属认识到工作失误后,周恩来相宜授权,不是撒手不管,而是精心指导。

第7章 沟　　通

 **学习目标**

　　知识目标：明确管理沟通的概念与过程；认识沟通路径；了解沟通中常见的错误与障碍。
　　技能目标：深刻领会不同沟通方式的特性；学习沟通的方法和技巧，掌握一些沟通的基本技能，实现高效的沟通效果。
　　基本素养：树立高效沟通的意识；养成良好的倾听习惯，掌握正确的表达方式；具备高效沟通的基本素质。

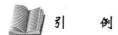 **引　例**

超飞行时限引发惊魂
——国航空客遭意大利战机拦截

　　一架来自中国上海的波音747民航客机，当地时间2004年5月21日，在意大利上空引发惊魂一幕，意大利空军急派两架F16战机升空拦截。有消息说，可能是讯号错误，才导致这一误会的发生。国航上海基地总经理王杰就此曾向媒体表示："没听说出了什么问题，就是上海至米兰的客机有些误点。"
　　《重庆晨报》援引意大利媒体的报道说，中国国际航空公司的客机当时正从上海飞往意大利米兰。飞机因为误点，在进入意大利上空时已超过原先许可的飞行时限，但没有通知意大利当局。当地空军不知情，派出战机拦截。
　　一名意大利空军新闻官说："两架第五中队F16战机接空军命令，从切塞纳起飞，追查一架未获飞行许可的飞机。"当时这架波音747客机正飞越阿尔卑斯山脉，两架战机飞近客机后，证实它是误点导致许可证过期，便批准它继续飞行，战机随即返回基地。这名新闻官称："客机原本被允许在周四(20日)午夜前进入意大利领空，但是，客机却在9个小时后才飞越意大利东北部博尔扎诺地区，故受到拦截。"
　　客机最终在目的地——米兰的马尔彭萨机场安全降落。有消息说，导致这一误会发生的原因，可能是意方发出的错误讯号所致。上海浦东国际机场指挥处副处长陈江在接受记者电话采访时表示："这是属于空中指挥问题，一般遇到这种情况应把客机引到地面再做进一步调查。"

资料来源:根据 2004 年 5 月 23 日《重庆晨报》有关资料整理。

问 题

1. 国航客机为何遭意大利战机拦截?
2. 这个事件给我们带来什么思考?

7.1 沟通的过程与作用

美国管理类畅销书作者玛丽·布恩说过:"我们的管理者每天都在考虑沟通什么,却没有考虑过怎么去沟通。"在一个组织内,人与人之间、人与群体之间思想与感情的传递和反馈具有重要的意义,离开了沟通,就难以达成思想一致和感情的通畅。

7.1.1 沟通的概念与过程

1. 沟通的概念

沟通是通过语言和非语言方式传递并且理解信息和知识的过程,是人们了解他人思想、情感、见解和价值观的一种双向途径。对于这一概念,可以从以下几个方面去理解:

(1)沟通是双方的行为。沟通必须在信息的发送者和接收者双方之间进行。双方既可以是个人,也可以是群体或组织。一般来说,在组织沟通中,上级是主要的信息发送者,下级和一般管理人员是主要的信息接收者。但是,随着组织的发展,上级越来越成为重要的信息接收者。因为当今组织活动日益复杂,上级必须从经验决策过渡到科学决策,要进行科学决策,就必须事先进行系统的调查研究,了解组织运营状况和社会动态,把握周围环境。

(2)沟通要有信息内容。沟通的信息内容包括观点、情感、情报和消息等,并且这些消息内容不像有形物品一样由发送者直接传递给接收者。在沟通过程中,信息的传递是通过一些符号来实现的,例如,语言、身体动作和表情等,这些符号经过传递,往往都附加了传送者和接收者一定的态度、思想和情感。

(3)沟通的有效性。沟通是一个传递和理解的过程。如果信息没有被传到对方,则意味着沟通没有发生。而信息在被传递之后还应该被理解,一般来说,信息经过传递之后,接收者感知到的信息与发送者发出的信息内容上完全一致或基本上接近,才能说是有效的沟通。否则,就意味着信息沟通发生了障碍。

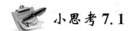
小思考 7.1

问　　题

从沟通角度谈谈你对以下观点的理解：
观点 1：沟通不是太难的事,我们不是每天都在进行沟通吗？
观点 2：我告诉他了,所以我已和他沟通了。
观点 3：我告诉他们了,但是他们没有搞清楚我的意思。
观点 4：只有当我想要沟通的时候,才会有沟通。

分析提示

观点 1 的错误：忽视了沟通的复杂和难度,容易失败；观点 2 和观点 3 的错误：忽视了沟通的双向性质,忽略了双向沟通和重要性；观点 4 的错误：忽视了沟通的多渠道性质。

2. 沟通的过程

沟通是信息传递的过程,是发送者通过一定的渠道将特定内容的信息传递给接收者的过程。这个过程可以通过以下几个环节来进行,如图 7.1 所示。

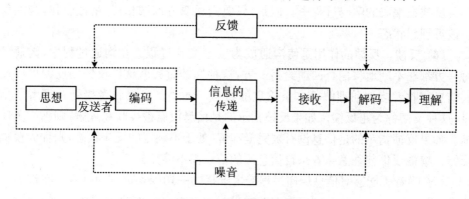

图 7.1　沟通过程模型

图 7.1 表明,一个完整的沟通过程包括以下 6 个环节：信息源(发送者)、编码、渠道、接收者、解码、反馈,同时还存在一个干扰源(噪音)。

(1) 信息源。信息产生于信息的发送者,它是由信息发送者经过思考或事先酝酿策划后才进入沟通过程的,是沟通的起点。

(2) 编码。将信息以相应的语言、文字、符号、图形或其他形式表达出来的过程就是编码。虽然我们很少能意识到编码过程的存在,但是编码过程的确十分重要。当幼儿还在牙牙学语时,你就会看到幼儿在表达意识的过程中常常有努力思索的表情,其实他正在努力选择合适的词语,即通过编码来表达自己的想法。通常,信息发送者会根据沟通的实际需要选择合适的编码形式向接收者发出信息,以便其接受与理解。

(3) 渠道。渠道是指传输信息的媒介载体。视、听、触、嗅、味等五种感觉器官都可以接收信息,但最主要的信息还是通过视听途径获得的。因此,人们最常用和有效的沟通渠道就是面对面地沟通。当然,除了当面沟通,还有通过不同媒介所进行的沟通,如电视、广播、报纸、电话等多种沟通形式。

(4) 接收者。接收者是信息发送的对象,接收者不同的接收方式与态度会直接影响其对信息的接收效果。一般来说,信息的收受实际上包括了接收、译码和理解三个步骤。首先收受信息的人必须处于接收准备状态,才可能接收和接受传来的信息。听而不闻会造成沟通的失败。然后是译码,即将收到的信息符号恢复为思想,再用自己的思维方式去理解这一思想。只有当信息接收者对信息的理解与信息发送者传递出的信息含义相同或近似时,才可能产生正确的信息沟通。

(5) 解码。接收者理解所获信息的过程称为解码。接收者的文化背景及主观意识对解码过程有显著的影响,这意味着信息发送者所表达的意思并不一定能使接收者完全理解。沟通的目的就在于使信息接收者尽可能理解发送者的真正的意图。信息发送者和接收者采取同一种语言进行沟通,是真正解码的基础。完全理解只是一种理想状态,因为每个人都具有自己独特的个性视角,这些个体的差异必然会反映在编码的解码过程中。但是,只要沟通双方以诚相待、精诚合作,沟通就会接近理想状态。

(6) 反馈。反馈的作用是使沟通成为一个交互过程。在沟通过程中,沟通的每一方都在不断地将信息回馈给另一方,这种回馈过程就称作反馈。反馈可以反映信息接收者接收和理解每一条信息的状态。如果信息接收者接受并理解了信息,这种反馈称为正反馈。如果反馈指示的是信息没有被接收和理解,则称为负反馈。如果反馈指示的是信息没有被完全理解,处于不确定的反应状态,则称为模糊反馈。模糊反馈往往意味着来自信息源的信息尚不够充分。

(7) 噪音。能够对信息传递过程产生干扰的一切因素都称为噪音。在沟通过程中,噪音是一种干扰源,它可能有意或无意地交织,会影响编码或解码的正确性,并导致信息在传递与接收过程中变得模糊和失真,从而影响正常交流与沟通。通常要有意识地避开或弱化噪音源,或者重复传递信息以增加信息强度。

噪音发生于信息发送者和接收者之间,存在于发送者、接收者、渠道等各个环节中。噪音分为三种形式:外部噪音、内部噪音和语义噪音。

外部噪音:来源于环境,它阻碍接收者对信息的收听和理解。

内部噪音:来源于发送者和接收者的头脑。注意力不集中、信念、存在偏见等都会造成内部噪音。

语义噪音:主要包括三方面情形,信息发送者的信息不够充分、明确;信息没有按照接收者易于理解的方式有效地编码;接收者对某些词语情感上存在抵触。这些语义噪音都会影响沟通的实际效果。

应该指出,图7.1描述的沟通过程模型只反映了两个人参与的信息交流过程,它是对实际情况的一种抽象化,是对人际沟通中最简单、最具代表性的一对一沟通过程的描述。

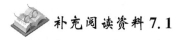

补充阅读资料7.1

谁能得救

有一条船在海上倾覆了,有3个幸存者被海浪冲到三个相距很远的孤岛上。第一个人大声呼救,但周围什么也没有。第二个人也高声呼救,恰好一架飞机飞过天空,但飞机上的人听不到他的声音。第三个人在呼救的同时点燃了一堆篝火,飞机上的人发现了孤岛上的浓烟,通知海上救护队把他救了出来。

虽然3个人都在向外联系请求救命,由于沟通方式不一样,效果截然不同。第一个人没有信息的接受者;第二个人发出的信息未能被对方辨认;只有第三个人既有信息的接受者,发出的信息又被对方辨认,才实现了有效的沟通。

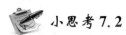

小思考7.2

问　　题

从沟通的过程看,沟通的基本要素有哪些?

分析提示

沟通的基本要素有信息的发送者、信息的接收者、信息的内容和信息沟通的渠道等。

7.1.2　沟通的作用

美国学者奈斯比特曾指出:"未来竞争是管理的竞争,竞争的焦点在于每个社会组织内部成员之间及其与外部组织的有效沟通上。"有效沟通作为一个重要的领导技巧,在管理活动中的作用体现在:

1. 提升效率和鼓舞斗志

有效的管理沟通,不仅能使组织成员在组织愿景方面达成共识,了解组织成员在物质与精神方面的需求,提升组织管理效能与成员工作效率,促使组织成员积极参与管理,而且能激发全体成员的潜能和团队精神。

2. 及时发现和解决问题

有效的管理沟通能鼓励成员发现问题,并且主动解决问题,高效、快速达成组织目标,进而促进上司与下属之间、同事之间、部门之间、组织内外人员之间的相互沟通。

3. 增强组织的应变能力

有效的管理沟通能使得组织适应外部环境变化,使组织成员对变化与风险有正确认知,并快速做出反应。如企业及时了解市场需求及价格变化,有利于有针对性地调整经营方式与策略,争取主动权。

现代企业管理以人本管理为主流,有效沟通成为平衡和调节员工心理的有力杠杆,是企业正常运转和不断发展的重要手段,是企业管理中必不可少的工作方式。所以,高效率的管理离不开有效的管理沟通。

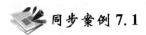同步案例 7.1

买复印纸的困惑

老板派一员工去买复印纸,员工去后买了三张复印纸回来。老板大叫,三张复印纸,怎么够?我至少要三摞。员工第二天就去买了三摞复印纸回来。老板一看,又叫,你怎么买了 B5 的,我要的是 A4 的。过了几天,员工买了三摞 A4 的复印纸回来,老板骂道:"怎么买了一个星期才买好?"员工回道:"你又没有说什么时候要。"一个买复印纸的小事,员工跑了三趟,老板气了三次。老板会摇头叹道,员工执行力太差了!员工心里会说,老板表达能力欠缺,连个任务都交代不清楚,只会支使下属白忙活!

资料来源:根据有关资料整理。

问 题

从沟通角度分析问题出现的原因。

分析提示

出现这样的问题,主要是信息发送者和接受者在信息沟通过程中,没有进行有效的反馈,每个人都按照自己的理解去编码和解码。

7.2 沟通的路径

沟通是循着一定的路径进行的,按沟通的路径或渠道不同可分为正式沟通和非正式沟通。正式沟通是通过组织正式结构或层次系统进行的,近年来已发展成为具体的信息系统。非正式沟通则是通过正式系统以外的途径进行的。

7.2.1 正式沟通

正式沟通是通过组织正式结构或层次系统运行的,一般指在组织系统中,依据组织明文规定的原则或规章制度所进行的信息传递与交流,例如,组织内的文件传达、召开会议、上下级之间的定期信息交流等。这种沟通的媒介物和线路都经过事先安排,因而被认为是正式且合法的。

1. 正式沟通形式

按照信息的流向,正式沟通可分为下行沟通、上行沟通、平行沟通和斜向沟通四种形式。

(1) 下行沟通。这是传统组织内最主要的沟通形式,指上级将信息传达给下级,是自上而下的沟通方式。传统上,下行沟通一直是组织沟通的主体,如上级将各种工作指令、指导文件、政策、有关决策、工作程序及要求传达给下级。下行沟通的目的主要包括以下几个方面:

① 让员工知晓组织重大活动的情况,如扩大再生产状况、销售状况、利润状况、新产品计划、技术革新等。
② 突出组织对员工的创造力、努力和忠诚度的重视态度。
③ 探讨员工在组织里的职责、成就和地位。
④ 介绍员工所享受的各种福利待遇。
⑤ 了解有关的社会活动、政府活动或政治事件对组织的影响。
⑥ 了解组织对社会福利、社会文化发展和教育进步作出的贡献。
⑦ 让员工的家属了解组织,致力于营造凝聚力。
⑧ 让新来的员工看到组织发展的生动足迹。
⑨ 让员工了解不同部门开展的各种活动。
⑩ 作为外界了解组织发展的窗口。

根据沟通的载体,下行沟通主要可以分为以下三种形式:

① 书面形式:如指南、声明、企业政策、公告、报告、商务信函、备忘录等。
② 面谈形式:如口头指示、谈话、电话指示、广播、各种会议(评估会、信息发布会、咨询会)、小组演示等。
③ 电子形式:如视频会议、电话会议、传真、电子邮件等。

下行沟通顺畅可以帮助下级明确工作的目标及要求,增强其责任感和归属感、协调组织各层次的活动,促进上下级之间的联系等。但是,如果组织内部层次较多,通过层层传达,其结果往往使下向信息发生歪曲,甚至遗失,而且过程迟缓,这些都是下行沟通中经常发生的问题。

（2）上行沟通。从本质上讲，上行沟通就是下属主动作为信息发送者而上司作为信息接收者的沟通。

上行沟通的目的是开辟一条让管理者听取员工意见、想法和建议的渠道。同时，上行沟通可以达到有效管理的目的。上层管理部门特别需要了解经营业绩、市场营销信息、财务数据，以及基层员工在做什么、在想什么，因此，客观地传递信息至关重要。上行沟通的目的主要包括：

① 为员工提供参与管理的机会。

② 减少员工因不能理解下达信息而造成的失误。

③ 营造民主式管理文化，提高组织的创新能力。

④ 缓解工作压力。

显然，这种积极的动机使上行沟通比下行沟通更具优势。在组织里正规的上行沟通主要有以下几种形式：

① 意见反馈系统。意见箱是最常见的保障上行沟通的途径之一。设置意见箱的最初动机是提高产品质量和生产效率，管理者相信一线员工肯定对此有独到的见解。渐渐地，收集生产建议的意见箱演变成了收集员工反馈意见和建议的渠道，至此，倾听员工心声的上行渠道渐具雏形。

② 员工座谈会。每个部门选派若干代表与各部门领导、高层领导一起召开员工座谈会，也是一种效果颇佳的上行沟通途径。在座谈会上，员工可以就自己部门存在的某些问题畅所欲言，提出意见和建议。这种座谈会要定期举行，比如每个月一次或每季度一次。同时，要确保座谈会的气氛轻松、愉悦，与会者畅所欲言。

③ 巡视员制度。巡视员的概念源于瑞典，在那里，公民可以向国家公务员提出调查有关政府的官僚主义的申诉。如今在许多组织中也设置了类似的职位，专门调查员工所关心的问题，然后向上级管理层汇报。

有效的上行沟通与组织环境、组织氛围直接相关，应建立开放的沟通渠道和沟通机制，领导多采用走动管理，鼓励非正式的上行沟通，以便让高层能够听到来自底层的真实声音。

（3）平行沟通。平行沟通又称横向沟通，是指组织内同一层次、不同业务部门人员之间的信息交流。与上行、下行沟通的实质性差别是：平行沟通中不存在上下级关系，沟通双方均为同一层面的同事。平行沟通是加强各部门之间联系、了解、协作与团结，减少各部门之间的矛盾和冲突，改善人际关系和群体关系的重要手段。平行沟通具有以下作用：

① 确保组织总目标的达成。基于劳动分工原理诞生的部门化便于组织提高劳动生产率，进行有效管理，但部门化势必导致员工在追求提高工作效率、力求完成本职工作的同时，忽略组织全局的整体利益。通过平行沟通可增强员工及本部门对其他部门的了解，便于员工及本部门从宏观层面上认识本职工作，并自觉协同其他相关部门开展活动，最终实现组织的总体目标。

② 弥补纵向沟通的不足。尽管组织努力地创建上、下行沟通渠道，但囿于沟通场合、时间及形式等因素的限制，误解、信息遗漏等情况仍不可避免。从某种程度上讲，员工间相互传递信息，其沟通氛围比纵向沟通更轻松，有利于员工达成共识。因此，平行沟通无疑可以起到相互确认信息、强化纵向沟通信息的作用。

随着组织结构越来越扁平化，这种跨职能、跨部门的沟通正受到绝大多数组织的关注，因为它已成为组织取得成功的关键。

（4）斜向沟通。这是指处于不同部门、不同层次的没有直接隶属关系的成员之间信息交流的沟通方式。这种沟通方式有利于加速信息的流动，促进理解，并为实现组织的目标而协调各方面关系做出努力。

正式沟通的特点是沟通效果好，比较严肃，约束力强，易于保密，可以使信息沟通保持权威性，所以重要的信息和文件的传达、组织的决策一般都采用正式沟通的渠道。但是，正式沟通由于多层次传递，呆板而缺乏灵活性，所以沟通速度比较慢。另外，正式沟通通常较难做到双向沟通。

2. 正式沟通网络

信息沟通网络实际上是由若干信息沟通渠道按一定的方式集结而成的结构和模式。正式沟通包括 5 种沟通网络形态：链式、轮式、Y 式、环式和全通道式，如图 7.2 所示。

（1）链式沟通。这是一个平行网络，其中居于两端的人只能与内侧的一个成员联系，居中的人则可分别与两人沟通信息。在一个组织系统中，它相当于一个纵向沟通网络，信息可自上而下或自下而上逐层传递。在这个网络中，信息经层层传递、筛选，容易失真，各个信息传递者所接收的信息差异很大，平均满意程度有较大差距。在管理中，如果某一组织系统过于庞大，需要实行分权授权管理，那么，链式沟通网络是一种行之有效的方法。

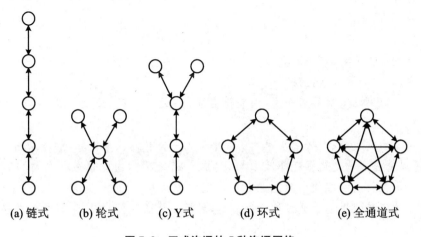

图 7.2　正式沟通的 5 种沟通网络

(2) 轮式沟通。轮式沟通网络属于控制型网络。其中只有一个成员是各种信息的汇集点和传递中心。在组织中,大体上相当于一个主管领导直接管理几个部门的权威控制系统。此种网络集中化程度高,解决问题速度快,但沟通渠道少,成员士气低落。在组织接受紧急任务、要求进行严密控制以争取时间、抢速度的情况下,轮式沟通网络是一种较合适的选择。

(3) Y式沟通。Y式沟通网络也是一种纵向沟通网络。其中只有一个成员处于中心位置,成为沟通的媒介。这种网络集中化程度高,解决问题速度快,但容易导致信息曲解或失真。此网络适用于领导工作任务十分繁重,需要有人选择信息、提供决策依据而要对组织实行有效控制的情况。

(4) 环式沟通。此形态可以看成是链式形态的一个封闭式控制结构,表示成员之间依次联络和沟通。其中,每个人都可同时与两侧的人沟通信息。在这个网络中,组织的集中化程度和领导对事物的预测程度都较低,畅通渠道不多,组织中成员具有比较一致的满意度,组织士气高昂。如果需要在组织中创造出一种高昂的士气来实现组织目标,环式沟通是一种行之有效的措施。

(5) 全通道式沟通。这是一个开放式的网络系统,其中每个成员之间都有一定的联系,彼此了解。此网络中组织的集中化程度及领导对事物的预测程度均很低。由于沟通渠道很多,组织成员的平均满意程度高且差异小,所以士气高昂,合作气氛浓厚。这对于解决复杂问题、增强组织合作精神、提高士气均有很大作用。但是,由于这种网络沟通渠道太多,易造成混乱,且又费时,影响工作效率。

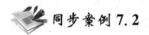
同步案例7.2

两份沟通效果迥异的电子邮件

邮件一:

收件人:张总

发件人:小王

日期:2019年6月20日

主题:包装香蕉新方法

张总,您知道,对香蕉来说,如果能明显减少运输损耗、降低成本,意味着什么?利润!

很幸运的是,我们又一次找到了一个良方。据我们认真计算,如果采用这种方法,可以使公司的运输损耗降低10%,总成本减少5%,由此带来利润增加7%,同时客户会因为更加方便而感到满意!我们的方法是:改变香蕉包装的方式——采用更小的包装以更便于通过集装箱装运,无需分销商分拆,顾客可以整包购买小包装香蕉。

新包装方式已从技术上、经济上证明是可行的,敬请张总考虑采纳,予以批准。

同时因涉及多个部门的合作,需要您协调。

敬请考虑!

邮件二:

收件人:张总

发件人:小陈

日期:2019年6月20日

主题:包装香蕉新方法

香蕉是不宜保存的食品,具有易腐烂的特点,这给我们公司的香蕉运输带来了麻烦。采用以往的包装方法,香蕉的腐烂率达到8%,这使我们的成本加大;采摘六成熟的香蕉可使腐烂率大幅下降,但是口味又会受到影响。针对这个问题,我查阅了一些资料并咨询了有关专家,掌握了一种新的包装方法,可使腐烂率降低到2%,又不会因采摘较生的香蕉而影响口味。

您对这一方法的看法如何?假如您认为该方法可取的话,我想将它在本公司推广,这需要您的大力支持,并帮助协调各部门之间的关系,以便新方法得以顺利采用。

资料来源:根据有关网络资料整理。

问　题

1. 案例中采用的是何种沟通方式?
2. 你认为哪一封邮件更能达到有效沟通的效果,为什么?

分析提示

1. 书面沟通方式。
2. 小陈发的邮件二更能让别人接受他的观点,小王的邮件一出发点是好的,建议也不错,但由于他运用了不恰当的符号和表述(如,感叹号的使用,以及"意味着什么""考虑采纳""需要您协调"等表述),传达了一种盛气凌人的语气,致使该信息无法被对方接受。邮件二小陈多站在对方的角度考虑问题,多用征求意见的话语来询问对方,容易让人接受他的观点。

7.2.2　非正式沟通

组织的非正式沟通也起着不容忽视的作用。非正式沟通与正式沟通的不同之处在于其沟通目的、对象、形式、时间及内容等都是未经计划或难以预料的。非正式沟通,就是通过正式系统以外的途径进行的沟通。非正式沟通主要是通过个人之间的接触来进行的,其主要功能是传播员工所关心的和与他们有关的信息,取决于员工的个人兴趣和利益,与正式组织的要求无关。

1. 非正式沟通的特点

与正式沟通相比,非正式沟通具有以下特点:

(1) 信息传递速度快。由于非正式沟通传递的信息都与员工的利益相关或是他们比较感兴趣的,又没有正式沟通的机械化程序,信息传播速度大大加快了。

(2) 信息量大、覆盖面广。非正式沟通所传递的信息几乎是无所不包,组织中各个层次的人都可以由此获得自己需要的或感兴趣的信息,而且容易及时了解到正式沟通难以提供的"内幕新闻"。

(3) 沟通效率较高。非正式沟通一般是有选择地针对个人的兴趣传播信息,正式沟通则常常将信息传递给不需要它们的人。

(4) 可以满足员工的部分需要。由于非正式沟通常是出于员工的愿望和需要自愿进行的,因而,员工由正式沟通不能获得满足的需要常常可以由此而得到满足,这些需要包括员工的安全需要、社交需要和尊重需要等。

(5) 有一定片面性。非正式沟通传递的信息常常被夸大、曲解,容易失真,难以控制,可能导致小集团、小圈子,影响组织的凝聚力和人心稳定,因而需要慎重对待。

非正式沟通的优点:同正式沟通相比,非正式沟通的优点是沟通形式灵活,直接明了,速度快,省去许多繁琐的程序,容易及时了解到正式沟通难以提供的信息,真实地反映员工的思想、态度和动机。非正式沟通能够发挥作用的基础在于有利于团体中良好的人际关系的建立,能够对管理决策起重要作用。

非正式沟通的缺点是难以控制,传递的信息不确切,容易失真、被曲解,并且它可能促进小集团、小圈子的建立,影响员工关系的稳定和团体的凝聚力。

2. 对待非正式沟通的策略

非正式沟通是客观存在的,它在组织中也扮演着重要的角色,管理人员应该正确对待非正式组织沟通。首先,必须承认它是一种重要的沟通方式。任何否认的态度都会铸成大错,企图消灭、阻止、打击的措施更是不理智的。其次,可以充分利用非正式沟通为组织服务。管理人员应注意获取非正式沟通的信息并对其进行分析,从而为己所用或及时采取对策。管理人员还可以将自己不便从正式渠道传递的信息,利用非正式渠道进行传递。我们认为,对于非正式沟通所采取的立场和对策是:

(1) 非正式沟通的产生和蔓延,主要是由于人们得不到他们所关心的消息。因此,管理者愈故作神秘,封锁消息,则造成谣言的流传愈加猖獗。管理者应正本清源,尽可能使组织内沟通系统较为开放或公开,这样不实的谣言将会自然消失。

(2) 要想阻止谣言的传播,与其采取防卫性的驳斥,或说明其不可能的道理,不如正面提出相反的事实,这样更为有效。

(3) 培养组织成员对组织管理当局的信任和好感,这样他们会比较愿意听组织提供的消息,也比较相信组织提供的消息。

(4) 在对于组织管理者的训练中,应增加这方面的知识,使他们有比较正确的观念和处理方法。

总之,对企业内部非正式的沟通渠道加以合理利用和引导,可以帮助企业管理者获得许多无法从正式渠道获得的信息,在达成理解的同时,解决潜在的问题,从而最大限度提升企业内部的凝聚力,发挥整体效应。

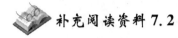

补充阅读资料7.2

均瑶的"小道消息"墙

在上海康桥的均瑶食堂里,你会看到这样的一块小黑板,上面写着现在公司流行的小道消息,后面是公司管理层或员工的答复或想法。小道消息一旦公开传播,对组织的负面影响就会大大降低,公司的领导就能察觉到并进行及时的处理,透明的组织文化使得大家畅所欲言。

公司领导十分重视小道消息,努力使小道消息透明化。对不同的小道消息,依事情的轻重缓急,分别由不同层面的管理者进行解释。一些比较"大"的小道消息,诸如重大人事任免、兼并重组等,甚至会由董事长亲自向大家解释;比较"小"的小道消息一般由基层经理来澄清。

资料来源:康青.管理沟通[M].北京:中国人民大学出版社,2011.

7.3 有效沟通的实现

7.3.1 有效沟通的障碍

在沟通过程中,由于存在着外界干扰以及其他种种因素即"噪音"的影响,信息往往会失真,使得信息的传递不能发挥正常的作用。一般来说,导致沟通不畅的障碍分为三大类。

1. 信息传递的问题

(1) 物理环境。信息发送者和接收者在沟通时,如果外在环境嘈杂吵闹或者沟通的双方因生理或心理因素而无法专心,则会降低沟通的正确性。此外,如果预留的时间不够,也将影响信息传递效果。

(2) 传达工具不畅。口头表达能力欠佳的管理者应尽量少用口头沟通,文笔不好或字迹不清楚的管理者最好少用书面沟通。从理论上讲,这种由于沟通方式不当而引起沟通障碍是很难纠正的。此外,忙碌的主管找人传递信息时,应该选择适当的人。

(3) 组织庞大层次多。组织规模的大小往往影响信息传递的速度和质量。一般来说,组织规模越大,中间层次越多,信息传递链越长,到达目的地的时间也越长,自然会产生过滤的现象,信息失真程度就越大。

2. 语言的问题

同样的词汇对不同的人来说含义是不一样的。词汇的意义不仅存在于词汇中,也存在于我们这些使用者中。年龄、教育和文化背景是这方面的三个最主要因素。在一个组织中,成员常常具有不同的背景,有不同的说话风格。另外,部门的分化使得专业人员发展了各自的行话和技术术语。在大型组织中,成员分布的地域也十分分散(有些人甚至在不同国家工作),而每个地区的成员都使用该地特有的术语或习惯用语。

(1) 专门术语。现代社会分工越来越细,专业术语越来越多,但是,经常使用专门术语,容易降低信息交流的准确性以及伤害对方的情感。例如,频繁使用专门术语容易使下属人员感觉受到威胁,尤其对新进员工来说,这种威胁就更大,常常给他们带来不安全感和厌恶情绪,从而导致沟通的失败。而当技术人员经常使用专业术语时,由于这些专业术语人们一般不太了解,容易降低人们对信息理解的准确性,也同样会带来沟通的麻烦。

(2) 字义含糊。任何语言都有具体的和抽象的两种。具体性的语言形象、生动,易于理解和交流沟通。而抽象性的语言其含义往往不那么明确,沟通双方容易产生不同的理解。因此,在组织内部,主管与员工沟通时应尽量避免过多使用抽象化的语言,以减少因字义含糊不清而导致的沟通障碍。

3. 沟通参与者的问题

(1) 沟通焦虑。有效沟通的一个主要障碍是一些人(占总数的5%—20%)总有某种程度的沟通焦虑或紧张。尽管很多人都害怕在人群面前讲话,但沟通焦虑所产生的问题比这严重得多。这种人在口头沟通、书面沟通或两者兼而有之的沟通中过分紧张和焦虑。比如,口头沟通的焦虑者可能会发现自己很难和其他人面对面交流,或当他们需要使用电话时极为焦虑。为此,他们会依赖于用备忘录或信件传递信息,即使打电话这种方式更快更合适,他们也不会采用。

(2) 关系和地位。一般情况下,沟通双方相互敌对或者不信任都容易影响沟通效果。关系友好的双方沟通比关系敌对的双方沟通所花费的时间和精力都要少。

关系的表现形式之一是地位。地位的不同会影响沟通的习惯和方式,例如,与地位比自己高的人交谈时往往需要站着,反之则可以坐着;地位高的人和地位低的人在时间安排上也不一样,如下属见上司一般要预约。另外,地位的差异还容易使沟通者产生畏惧感,进而造成沟通障碍。在管理实践中,信息沟通的成败主要取决于上级与下级、领导与员工之间能否全面、有效地合作。但在很多情况下,这些合作往往会因下属的恐惧心理以及沟通双方的个人心理品质差异而形成障碍。一方面,如果主管过分严格,给人造成难以接近的印象,或者管理人员缺乏必要的同情心,不愿体恤下级,都容易造成下级人员的恐惧心理,影响信息沟通的正常进行,进而失去很多重要的信息和建议。另一方面,沟通中任何一方不良的心理品质也会造成沟通障碍。

(3) 情绪。在接收信息时,接收者的情绪也会影响到他对信息的解释。不同的情绪感受会使个体对同一信息的解释截然不同。极端的情绪体验,如狂喜或悲痛,都可能阻碍有效的沟通。这种状态常常使我们无法进行客观而理性的思维活动,代之以情绪性的判断。所以当你面对忧心忡忡的信息接收者时,应该首先化解对方的这种情绪,努力使对方心情放松,使其能正确接收沟通中的信息。

补充阅读资料 7.3

要不要管理好情绪

有一个男孩脾气很坏,于是他的父亲就给了他一袋钉子,并且告诉他,当他想发脾气的时候,就钉一根钉子在后院的围篱上。第一天,这个男孩钉下了 40 根钉子。慢慢地,男孩可以控制他的情绪,不再乱发脾气,所以每天钉下的钉子也跟着减少了,他发现控制自己的脾气比钉下那些钉子来得容易一些。终于,父亲告诉他,从现在开始每当他能控制自己的脾气的时候,就拔出一根钉子。一天天过去了,最后男孩告诉他的父亲,他终于把所有的钉子都拔出来了。于是,父亲牵着他的手来到后院,告诉他说:"孩子,你做得很好。但看看那些围篱上的坑坑洞洞,这些围篱将永远不能恢复到从前的样子了,当你生气时所说的话就像这些钉子一样留下了疤痕,如果你拿刀子捅了别人一刀,不管你说多少次对不起,那个伤口都永远存在。话语的伤痛就像真实的伤痛一样令人无法承受。"

资料来源:根据有关网络资料整理。

(4) 兴趣。如果信息接收者兴趣不高,沟通时需要增加信息本身的吸引力,以引起其关注,特别是沟通的目的只是告知事实时,更应如此。受众的兴趣水平可能影响沟通目标。管理者必须根据信息接收者的兴趣而非自己个人的兴趣来调整信息的性质和特征。

(5) 选择性知觉。接收和发送信息也是一种知觉形式。但是,由于种种原因,人们总是习惯接收部分信息,而屏蔽另一部分信息,这就是知觉的选择性。造成选择性知觉的因素中既有主观层面的,也有客观层面的。客观因素如组成信息的各个部分的强度不同,对受讯人的价值大小不一样,都会致使一部分信息容易引人注意并被人接收,另一部分则受到忽视。主观因素主要指知觉选择时的个人心理品质。在接收或转述某一信息时,符合自己需要的、与自己有切身利害关系的,很容易听进去,而对自己不利的、有可能损害自身利益的,则不容易听进去。凡此种种,都会导致信息歪曲,影响信息沟通的顺利进行。

(6) 知识及经验差异。在信息沟通中,如果双方经验水平和知识水平差距过大,就会产生沟通障碍。在现实生活中,人们往往凭经验办事。一个经验丰富的人会对信息沟通做通盘考虑,谨慎细心;而一个初出茅庐者往往会不知所措。信息沟通的双方经常会依据自己已有的知识背景和经验判断去处理信息,这会进一步拉大双方沟通中的距离,形成沟通的障碍。

(7) 倾听能力欠佳。沟通是一种说与听互动的过程,虽然大多数的人并非耳聋,但大部分人却不是好听众。有人把倾听能力欠佳的人归为 5 种:

① 只喜欢讲而不耐烦听的人。
② 只注意听内容而忽视说话者感觉的人。
③ 过分积极而让人胆怯的人。
④ 过分被动而懒得听的人。
⑤ 时常把别人的意思领会错的人。

由于不能听出说话者的真正意思,人们的沟通效果也会因此而大打折扣。

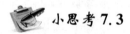
小思考 7.3

问 题

在"狼来了!"的故事中,惨剧的发生与沟通障碍有关。从沟通的角度分析,这则故事中的沟通障碍是由什么导致的?

分析提示

沟通障碍是由参与者的个人问题导致的,这个故事正说明由于放羊孩子以前的不诚实行为导致村民对他的不信任,最终造成这种结果。

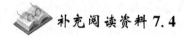
补充阅读资料 7.4

秀才买柴

有一个秀才去买柴。他对卖柴的人说:"荷薪者过来!"卖柴的人听不懂"荷薪者"(担柴的人)三个字,但是听得懂"过来"两个字,于是把柴担到秀才前面。秀才问他:"其价如何?"卖柴的人听不太懂这句话,但是听得懂"价"这个字,于是就告诉秀才价钱。秀才接着说:"外实而内虚,烟多而焰少,请损之。"(柴的外表是干的,里头却是湿的,燃烧起来,会浓烟多而火焰小,请减些价钱吧)卖柴人因为听不懂秀才的话,于是担着柴就走了。

管理者平时最好用简单的语言、易懂的言词来传达信息,而且对于说话的对象、时机要有所考虑,有时过分地修饰反而达不到沟通的目的。

资料来源:根据有关网络资料整理。

7.3.2 有效沟通的原则与方法

1. 有效沟通的原则

要达到良好的沟通效果,沟通双方应该遵循以下原则:

(1) 可依赖性。沟通应该从彼此信任的气氛中开始。这种气氛应该由沟通者所在的组织来创造,这反映了沟通者及其组织是否具有真诚地满足被沟通者愿望的态度。被沟通者应该相信沟通者传递的信息,并相信沟通者在解决他们共同关心的问题上有足够的能力。

(2) 一致性。沟通计划必须与组织的环境要求相一致,必须建立在对环境充分调查研究的基础上。

(3) 内容。信息的内容必须对接收者具有意义,必须与接收者原有价值观念具有同质性,必须与接收者所处的环境相关。一般来说,人们只接受那些能给他们带来更大回赠的信息,信息的内容决定了公众的态度。

(4) 明确性。信息必须用简明的语言表述,所用词汇对沟通者与被沟通者来说都代表同一含义。对于复杂的内容要用列出标题的方法,使其明确与简化。信息需要传递的环节越多,则越应该简单明确。一个组织对公众发表的信息口径要保持一致,不能有多种口径。

(5) 持续性与连贯性。沟通是一个没有终点的过程,要达到渗透的目的必须对信息进行重复,但又必须在重复中不断补充新的内容,这一过程应该持续地坚持下去。

(6) 渠道。沟通者应该利用现实社会生活中已经存在的信息传送渠道,这些渠道多是被沟通者日常使用并习惯使用的。要建立新的渠道是很困难的。在信息传播过程中,不同的渠道在不同阶段具有不同的影响。所以,应该有针对性地选用不同渠道,以达到向目标公众传播信息的作用。人们因自身的社会地位及背景不同,对各种渠道都有自己的评价和认识,这一点在选择渠道时应该牢记。

(7) 被沟通者的接受能力。沟通必须考虑被沟通者的接受能力。当用来沟通的内容对被沟通者接受能力的要求越小,也就是信息越容易为被沟通者接受时,沟通成功的可能性就越大。被沟通者的接受能力,主要包括他们接受信息的习惯、他们的阅读能力与知识水平。

2. 消除沟通障碍的方法

从有效沟通的原则看,只要采取适当的措施克服这些沟通的障碍,就能实现管理的有效沟通。消除沟通障碍的有效方法主要有以下几个方面：

(1) 沟通要有明确的目的和内容。沟通要有明确的目的，要有计划，要事先进行设计。信息传递者要对沟通的内容有正确、清晰的认识，重要的沟通最好事先征求他们意见，明确沟通要解决什么问题，达到什么目的。传递信息时力求准确表达自己的意思，选择准确的词汇、语气、标点符号，注意逻辑化和条理性，言简意赅，有些地方要加上强调性的说明，以突出重点。

(2) 沟通要有诚意，沟通双方应建立信任的关系。沟通双方地位有差别、缺乏诚意是沟通的最大障碍。有人对管理者的沟通做过分析，一天用于沟通的时间占55%左右，其中撰写占9%、阅读占16%、言谈占30%、聆听占45%，但一般管理者都不是好听众，效率只有25%。究其原因，主要是缺乏诚意。管理者要有民主作风，要经常深入基层和实际，不仅自己需要了解下级，还要使下级了解自己，从感情上建立联系。有的管理者整日忙于充当仲裁者的角色而且乐此不疲，以此说明自身的重要性，这不是明智的做法。

(3) 沟通要控制情绪、不感情用事。要求沟通双方完全以理性方式沟通，有时也是不现实的。但是，情绪激动、感情用事往往会使沟通失败。为此，在沟通过程中，沟通双方，特别是领导者要避免情绪激动、感情用事。要清醒地认识到情绪会使信息失真、阻塞，结果什么问题也解决不了。遇到不冷静时，先暂停沟通，待双方情绪稳定后再进行。

(4) 沟通要恰当地选择沟通时机、方式和环境。沟通的时间、方式和环境对沟通的效果会产生重要影响。管理者在宣布重要决定时，应考虑何时宣布才能增加积极作用，减少消极作用；有的消息适合于在办公室沟通，有的则适宜于在其他场合沟通。此外，在沟通时应尽量排除外界环境干扰，如重要的谈话应选择安静的场所，以避免被电话及他人请示工作等打断。管理者在沟通信息时，一定要对沟通的时间、地点、条件等充分考虑，使之适用于信息的性质特点，以增强沟通的效果。

(5) 要疏通沟通渠道，形成常规沟通模式。沟通渠道的任何环节出现故障都有可能严重影响沟通效果。管理者应根据组织的规模、业务性质、工作要求等选择沟通渠道，制定相关的工作流程和信息传递程序，保证信息上传下达的渠道畅通，为各级管理者决策提供准确可靠的信息；也可以通过开例会、开座谈会、进行问卷调查、安排领导接待日等形式传递和接受信息。

(6) 要注意非语言沟通手段。语调和表情既能够强化口头语言，有时也能与说话者的语言形成冲突，从而产生沟通障碍。沟通者要十分注意自己的非言语提示，保证它们传达正确的信息，避免使接收者误解。管理者了解一些体态语言所表达的含意是十分重要的，对其正确使用会产生意想不到的积极作用。例如初次见面时，马虎而随便的握手和热情而有力的握手会给人完全不同的感受。管理者可通过坚决而有力的动作，来明确管理者态度的坚定和对未来充满信心；用炯炯的目光表示信任，鼓励信息接收者接受信息和理解信息，并坚决执行。这些都可能产生

"此时无声胜有声"的效果。

（7）要提倡直接沟通，注意信息反馈。美国曾有一项关于管理者的调查，请他们选择良好的沟通方式，55%的管理者认为直接听口头汇报最好，37%的管理者喜欢下去检查；18%的管理者喜欢定期召开会议，25%的管理者喜欢下级汇报。另一项调查是询问51位管理者在传达重要政策时哪种沟通最有效（可多选），选择召开会议做口头说明的有44人，亲自接见重要工作人员的有27人，在管理公报上宣布政策的有16人，通过电话通知的仅1人。这些说明口头沟通和双向沟通是较好的直接沟通形式，既可以及时反馈信息，又可以建立融洽的人际关系。有许多问题是由于沟通误解造成的，在沟通中注意反馈，就会减少问题的发生，如接收者询问、复述并概括信息等，以确保理解，保证沟通的效果。

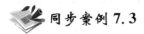

同步案例7.3

老板和员工的对话

美国老板：完成这份报告要花费多少时间？
希腊员工：我不知道完成这份报告需要多少时间。
美国老板：你是最有资格提出时间期限的人。
希腊员工：10天吧。
美国老板：你同意在15天内完成这份报告吗？
希腊员工：（没有做声，认为是命令）。
15天过后。
美国老板：你的报告呢？
希腊员工：明天完成（实际上需要30天才能完成）。
美国老板：你可是同意今天完成报告的。
第二天，希腊员工递交了辞职书。

资料来源：根据有关网络资料整理。

问　　题

请从沟通的角度分析美国老板和希腊员工对话，说明希腊员工辞职的原因并提出建议。

分析提示

1．在人与人的沟通过程中，存在一定的特殊性，即由于人们的政治观点、经济地位、年龄、经历、习惯等的不同，对同样的事情或谈话会有不同的解释和归因。

2．在本案例的对话中，美国老板问希腊人完成报告的时间，实际上是在征求希腊员工的意见（这是与美国管理的传统习惯有关），而希腊员工并非不知道完成报告所需要的时间，只是想让美国老板下命令（希腊员工习惯于命令式的管理）。

15天过后,美国老板要报告(要信守承诺),而希腊员工已经尽力把30天的工作用16天完成了(并且认为延迟些没有问题)。希腊员工认为美国老板是在找麻烦,因此不得已而辞职。

3. 要认识和掌握在沟通过程中个体差异及其影响,从而保证沟通的有效性。如我们通常所说的移情作用、设身处地等就是有效沟通的手段。

本章小结

沟通是通过语言和非语言方式传递并且理解信息、知识的过程,是人们了解他人思想、情感、见解和价值观的一种双向的途径。一个完整的沟通过程包括信息源(发送者)、编码、渠道、接收者、解码、反馈等6个环节和一个干扰源(噪音)。沟通在组织管理中具有重要的作用。

沟通的路径有正式沟通和非正式沟通,其中正式沟通有5种沟通网络形态:链式、Y式、环式、轮式和全通道式,并且应该有效利用普遍存在于各类组织中的非正式沟通,营造一种开放、和谐的组织氛围。

导致沟通不畅的障碍有信息传递的问题、语言的问题、沟通参与者的问题;要达到良好的沟通效果,沟通双方应该遵循相应原则,采取切实有效的办法,消除沟通障碍。

一、知识训练

(一)复习题

1. 单项选择题

(1)某位父亲很有生活情趣,经常会将一些自己的感受写在即时贴上,分散于家中各处,与妻子、儿女分享,这属于(   )。

A. 单向沟通   B. 口头沟通   C. 下行沟通   D. Y型沟通

(2)某个国家的两个教派经常是"话不投机半句多",从沟通的角度来看,这最有可能是由下列哪种原因造成的(   )。

A. 他们之间存在意识形态的差异

B. 他们之间由于宗教信仰不同而导致地位障碍

C. 他们个性有缺陷

D. 结构组织障碍导致沟通不畅

(3)下列关于正式和非正式组织表述正确的是(   )。

A. 既然有非正式组织,管理者就不应让正式组织存在

B. 非正式组织和正式组织能存在合作关系,也可能存在竞争关系

C. 既然有正式组织,就不应该存在非正式组织
D. 在管理中,管理者可以忽视非正式组织的作用
(4) 关于非正式组织如下说法中,哪一种是不正确的(　　)。
A. 非正式组织既可对正式组织目标的实现起到积极的作用,也可产生消极影响
B. 非正式组织的积极作用在于可以提供员工在正式组织中很难得到的心理需要满足
C. 非正式组织对正式组织目标的实现有不利的影响,应该取缔
D. 非正式组织的消极作用的一个方面在于非正式组织的压力有时会造成组织创新的惰性
(5) 通常存在于参与的和民主的组织环境中的沟通方式是(　　)。
A. 自上而下的信息沟通　　　　B. 自下而上的信息沟通
C. 横向的信息沟通　　　　　　D. 交叉的信息沟通
(6) 一个企业的领导者直接管理几个部门的控制系统的沟通形式为(　　)。
A. 环式　　B. Y 式　　C. 轮式　　D. 全通道式
(7) 对于组织解决复杂问题最有效的沟通方式是(　　)。
A. Y 式沟通网络　　　　　　　B. 全通道式沟通网络
C. 轮式沟通网络　　　　　　　D. 环式沟通网络

2. 多项选择题
(1) 在政府机关中,一位科员向领导递交了一份工作汇报而没有得到任何答复,这属于(　　)。
A. 单向沟通　　B. 书面沟通　　C. 非正式沟通　　D. 下行沟通
E. 圆形沟通
(2) 人际沟通服从于一般的信息沟通规律,实现这种沟通的必要条件包括(　　)。
A. 信息源　　B. 信息渠道　　C. 语言　　D. 接收者　　E. 信息
(3) 沟通受到诸多消极因素的影响,导致沟通过程受到阻碍,这些因素包括(　　)。
A. 地位障碍　　　B. 结构组织障碍　　　C. 文化背景障碍
D. 个性障碍　　　E. 语义表达不清障碍
(4) 以下属于沟通四个基本要素的是(　　)。
A. 信息的发送者　　　　　　　B. 信息的接收者
C. 所沟通信息的内容　　　　　D. 信息沟通的渠道

3. 简答题
(1) 沟通存在哪些障碍?怎样实现沟通的有效性?
(2) 如何看待小道消息?
(3) 书面形式沟通的特点是什么?

（二）讨论题

在当代美国,由来自不同国家的移民组成的家庭为数不少,但在这些家庭中往往会出现沟通困难,试分析讨论造成沟通困难的原因。

二、能力训练

> 实 训

你说我画

> 实训目的

分析比较沟通方式和沟通效果,理解不同沟通方式的差异性。

> 实训步骤

1. 事先准备两幅图。

2. 两人一组,面对面,由面对黑板的同学用语言描述其中的一幅图,另一个同学根据描述绘画,不能回答问题,不能使用手势比划,时间为6分钟。

3. 每组同学交换位置,同样由面对黑板的同学用语言描述另一幅图,本次画图可以回答问题,但是不能使用手势比划,时间也为6分钟。

4. 将两次所画的图进行对比分析,并谈谈感想。

5. 总结:沟通的障碍是什么,如何进行有效沟通?

第8章 激 励

 学习目标

知识目标：明确激励的概念、构成要素与作用过程，认识激励的作用，掌握内容型激励理论、过程型激励理论和行为改造理论的主要内容。

技能目标：领会激励的方式，能结合企业实际，针对具体对象加以灵活运用。

基本素养：养成关注员工需求的习惯，树立人本管理意识，运用激励调动人的积极性。

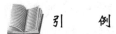 引 例

"谷歌"公司如何为员工制造幸福

"谷歌"公司不断提升与保持员工的幸福感，因而被《财富》杂志选为2012年美国最适合工作的公司。

"谷歌"公司的新妈妈可以获得5个月的带薪假期，这期间她们将获得全额工资和福利。而且，新妈妈还可以按照自己的意愿任意分割产假，包括在预产期以前休一部分假期。如果新妈妈喜欢的话，可以在生育以后休假两个月，回到公司工作一段时间，然后在孩子长大时再休剩下的假期。此外，"谷歌"还开始为全球所有员工提供7个星期的新父母产假。

相对于"谷歌"公司慷慨的产假计划来说，其为员工提供的额外津贴更让人感到惊讶。令这家公司大出风头的是为员工提供各种额外津贴——免费的美食、洗衣服务、配备Wi-Fi无线功能的通勤班车，这在企业界中都是传奇性的，而且推动了一种文化的产生，那就是科技公司员工的奢侈要求正在日益增长。

有些时候，"谷歌"公司的慷慨赠与听起来有些过分——从盈利的角度来看超群但却浪费。举例来说，《福布斯》杂志曾披露了一项以前从未对外宣布过的"谷歌"额外津贴——当一名员工身故以后，这家公司会在随后十年时间里每年向其配偶或家庭伴侣支付相当于这名员工一半薪水的补贴。

资料来源：根据Slate.com特写报道《一台幸福机器》整理。

> **思　考**
> 1. "谷歌"的激励机制有何特点？
> 2. "谷歌"何以成为美国最适合工作的公司？

8.1　激励的原理

8.1.1　激励的概念与构成要素

1. 激励的概念

激励是心理学的一个重要术语，原意是指人在外部条件刺激下出现的心理紧张状态。将激励概念引入管理学，是指管理者运用各种管理手段，刺激被管理者，激发其动机，使其朝向所期望的目标前进的心理过程。激励作为一种领导手段，最显著的特点是内在驱动性和自觉自愿性。由于激励起源于人的需要，是被管理者追求个人需要满足的过程，因此，这种实现组织目标的过程，不带有强制性，是完全依靠被管理者内在动机驱使的、自觉自愿的过程。

在组织中，研究员工由激励引发的行为十分重要。美国哈佛大学心理学家威廉·詹姆士在对员工的激励研究中发现：按时计酬的员工仅能发挥其能力的20%—30%，而受到充分激励的员工可发挥其能力的80%—90%。

2. 激励的构成要素

构成激励的要素主要包括动机、需要、外部刺激和行为。

（1）动机。动机是构成激励的核心要素，是推动人们从事某种活动的内在驱动力。人的行为都是由动机驱使的，有什么样的动机，就会产生什么样的行为。对每一个人来说，一般都会同时存在多个动机，这些动机的强度处于不断变化之中，当某个动机的强度在所有动机中处于优势地位时，该动机就成为优势动机。一般来说，只有优势动机才能引发行为。

（2）需要。需要是激励的起点与基础。所谓需要是指个体内部缺乏某种东西的状态。所谓缺乏某种东西，可能是个人体内维持生理作用的物质因素（如水、食物等），也可能是社会环境中的心理因素（如情感、成就感等）。当人缺乏这些东西时，就会形成紧张状态，感到不舒服，如果人们意识到了这种紧张感，就会设法加以消除。一般情况下，任何一个人，在同一时刻，都会存在多种不同的需要，并且各种需要的强度是不同的。一般来说，强度高的需要往往是人们优先考虑予以满足的对象。

(3) 外部刺激。外部刺激是激励的条件。需要并不能直接转变为行为,人的行为是由动机所直接驱动的。动机不是毫无原因自发产生的,人总是不断地接收到来自环境的各种因素的刺激,当某种刺激所包含的意义与人体内的某种需要相关时,这种外在的刺激就会和内在的需要相结合,引发动机,最终导致行为的产生。在激励过程中,内在的需要起决定作用,外在的刺激发挥诱发动机的作用。心理学中,将能满足个体需要的刺激物称为诱因。需要并不能直接推动机体的动机,高强度的需要可以使机体处于更易反应及更易准备反应的状态,在这种状态下,诱因就可以导致动机的产生。

(4) 行为。行为是激励的目的,是指在激励状态下,人们被动机驱使所采取的实现目标的一系列动作。激励要达到目的就是要通过恰当的激励措施和手段,使被管理者的行为朝着实现组织目标的方向发展。

8.1.2 激励过程

激发人的动机的心理过程模式可以表示为:需要引起动机,动机引起行为,行为又指向一定的目标。如图 8.1 所示。

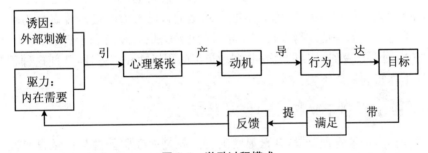

图 8.1 激励过程模式

图 8.1 表明,人的行为都是由动机支配的,而动机则是由需要引起的。人的行为都是在某种动机的策动下为了达到某个目标的活动。当人们有了某种需要且未得到满足之前,就会处在一种不安和紧张状态之中,从而成为从事某项活动的内在驱动力,即动机。动机产生以后,人们就会寻找能够满足需要的目标,而一旦目标确定,就会进行满足需要的活动。当一种需要得到满足后,人们会随之产生新的需要,作为未被满足的需要,又开始了新的激励过程。

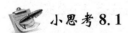 **小思考 8.1**

问 题

某地房地产价格上涨,导致 A 公司员工要求加薪,从激励过程看,这种要求合理吗?为什么?

> 分析提示

1. 要求合理。
2. 房地产价格上涨,引起A公司员工心理紧张,经济压力加大,购房或支付房价的需要引起加薪动机,期望通过加薪实现购房目标。

8.1.3 激励的功能

激励在管理中,主要有以下几个方面的功能:

1. 激励有利于调动人的积极性和创造性

激励是调动员工创造性和积极性,使他们始终保持高昂的工作热情的关键。它的主要作用是通过动机的激发,调动被管理者工作的积极性和创造性,自觉自愿地为实现组织目标而努力,其核心作用是调动人的积极性。

激励的过程直接涉及员工的个人利益,直接关系到能否调动员工的积极性。一般来说,每一位员工总是由一种动机或需求而激发自己内在的动力,努力去实现某一目标。当达到某一目标后,他就会自觉或不自觉地衡量自己为达到这个目标所做的努力是否值得。因此,绝大多数人总是把自己努力的过程看做是为获得某种报酬的过程。如果他的努力得到了相应的报酬,那么,就有利于巩固和强化他的这种努力。因此,激励的目的就是要调动员工的积极性和创造性,并使这种积极性和创造性保持和发挥下去。

2. 激励有利于发挥人的能动作用

激励作为一种管理手段,其最显著的特点就是内在驱动性与自觉自愿性。由于激励起源于人的需要,它的功能就在于以个人利益和需要的满足为基本作用力,是被管理者追求个人需要满足的过程。因此,激励不仅可以提高人们对自身工作的认识,还能激发人们的工作热情和兴趣,使成员对本职工作产生强烈的积极的情感,并以此为动力,以自己全部精力为实现预定的目标而努力,有利于充分发挥员工的能动性。

3. 激励有利于挖掘人的潜力,提高工作效率

员工的积极性与组织的绩效密切相关,在组织行为学中有这么一个公式:

$$绩效 = F(能力 \times 激励 \times 环境)$$

从这个公式中可以看出,组织的绩效本质上取决于组织成员的能力、被激励的情形和工作环境条件。由此可见,激励是提高绩效的一种很重要的有利因素,当然,能力和环境也都是不可或缺的。

4. 激励有利于增强企业凝聚力

为保证企业作为一个整体协调运行,除了用严密的组织结构和严格的规章制度进行规范外,还需通过运用激励方法,满足员工的多种心理需求,调动员工工作积极性,协调人际关系,进而促进内部各组成部分的协调统一,增强企业的凝聚力和向心力。

8.2 激励理论

激励理论主要研究激发人的动机的因素、机制与途径问题。心理学家和管理学家进行了大量研究,形成了一些著名理论。这些理论大致可划分为三类:

一是内容型激励理论,该理论重点研究激发动机的诱因,主要包括马斯洛的"需要层次理论"、赫茨伯格的"双因素理论"和麦克利兰的"成就需要理论"等。

二是过程型激励理论,该理论重点研究从动机的产生到采取行动的心理过程,主要包括弗鲁姆的"期望理论"、亚当斯的"公平理论"等。

三是行为改造理论,该理论重点研究激励的目的,即改造、修正行为,主要包括斯金纳的"强化理论"、海德的"归因理论"等。

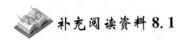
补充阅读资料 8.1

激励思想的发展阶段

在西方管理理论中,激励思想大致经过了四个发展阶段:

(1) 以"恐吓与惩罚"为主的激励思想,盛行于 20 世纪以前至 20 世纪初,以泰罗制为代表。这种思想坚持"经济人"的人性假设,以恐吓和惩罚作为激励的主要措施,而以奖赏作为较为次要的措施。

(2) 以"奖赏"为主的激励思想,流行于 20 世纪 20—40 年代,以霍桑实验为代表。这种思想坚持"社会人"的人性假设,更为重视对雇员的关心,提供各种福利和良好的工作条件,以使雇员心情愉快,对工厂"感恩戴德",从而起到激励的作用。

(3) 以"工作中的奖赏"为主的激励思想,二战后开始流行于美国,强调工作本身的激励作用。这种思想实际上是坚持了"自我实现的人"的人性假设,认为设置有利于员工交往的工作组织形式和工作内容就实现了对员工的激励。

(4) 以"激励特征"为主的激励思想,始于 20 世纪 70 年代,中心内容是建立具有激励特性的组织。这种思想以"复杂人"的人性假设为基础和前提,包括设计具有激励特征的工作,培养有利于员工发挥主动性和创造性的组织气氛,建立扁平化的组织结构,注重员工自我激励等。

资料来源:王金台.管理学[M].长春:吉林大学出版社,2010.

8.2.1 内容型激励理论

1. 需要层次理论

需要层次理论是由美国心理学家亚伯拉罕·马斯洛(Abraham Maslow)于1943年提出来的。这一理论揭示了人的需求与动机的规律,受到了管理学界的普遍重视。

(1) 基本内容。马斯洛提出人的需要可分为五个层次,即生理需要、安全需要、社交需要、尊重需要和自我实现需要。这五种需要呈梯形分布,如图8.2所示。

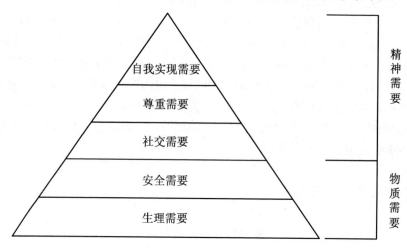

图8.2 需要层次模型

① 生理需要。生理需要是指维持人类自身生命的基本需要,如对衣、食、住、行的基本需要。在这些需要没有得到满足以维持生命之前,其他需要都不能发挥激励的作用。

② 安全需要。安全需要是指人们希望避免人身危险和不受丧失职业、财物等威胁方面的需要。它包括对现在安全的需要和对未来安全的需要,即一方面要求自己现在的社会生活的各方面均能有所保证,另一方面希望未来生活能有所保障。生理需要和安全需要都属于物质需要。

③ 社交需要。社交需要包括友谊、爱情、归属及接纳等方面的需要,这主要产生于人的社会性。

④ 尊重需要。当一个人的社交需要得到满足之后,就会追求尊重的需要。这种需要包括自尊与受人尊重两个方面。自尊是指在自己取得成功时有一种自豪感,它是驱使人们奋发向上的推动力。受人尊重,是指当自己作出贡献时能得到他

人的承认。

⑤ 自我实现需要。这是一种最高层次的需要，它是指人能最大限度地发挥潜能，实现自我理想和抱负的欲望。这种需要突出表现为工作胜任感、成就感和对理想的不断追求。他认为这一层次的需要是无止境的，一种自我实现需要满足以后，会产生更高的自我实现需要。后三个层次的需要属精神需要。

马斯洛认为，不同层次的需要可同时并存，但只有低一层次需要得到基本满足之后，较高层次需要才能发挥对人行为的推动作用；在同一时期内同时存在的几种需要中，总有一种需要占主导、支配地位，称之为优势需要，人的行为主要受优势需要所驱使；任何一种满足了的低层次需要并不因为高层次需要的发展而消失，只是不再成为主要激励力量。

(2) 对管理实践的启示。马斯洛理论的主要贡献是对人类的基本需要层次进行了分类，并对种种需要之间的关系做了表述，这对管理者进行激励是有启发意义的。

管理者应正确认识被管理者需要的多层次性，片面看待其需要是不正确的，需要科学分析，区别对待。

管理者应努力将本组织的管理手段、管理条件同被管理者的各层次需要联系起来，用被管理者正在追求的那一层次优势需要来激励他们，以取得较好的激励效果。

该理论为研究人的行为提供了一个比较科学的理论框架，成为激励理论的基础，对管理实践起到了积极的推动作用。

该理论的不足之处是：过于机械和简单，没有充分考虑人的信仰和精神的作用；关于人的需要是阶梯状由低向高递进的描述，不能说明人们复杂的需要和行为过程。

 补充阅读资料 8.2

亚伯拉罕·马斯洛

马斯洛

亚伯拉罕·马斯洛为全人类留下了一份珍贵遗产。他对人本心理学领域的开创性研究，对我们如何看待自己，如何看待生活和社会产生了不可磨灭的影响。马斯洛的职业生涯始于布鲁克林学院，后来到布兰迪斯大学任心理学系主任。1967—1968年，他还担任了美国心理学协会主席一职。马斯洛的研究涉及众多领域，但让人记忆最深的是其需要层次理论以及以自我实现为最高动机的理念，使人们开始对人类的动机及潜能形成一种更积极的认知框架。他写过数百篇关于创造力、先进管理技术、人的动机以及自我实现等方面的文章。他最著名的作品《存在心理学探索》就是一本广为流传的书。1962年出版的《夏日随笔》如今又以《马斯洛论管理》为名再版,立刻引起关注。马斯洛于1970年6月去世,享年62岁。

资料来源:根据有关资料整理。

2."双因素"理论

"双因素"理论也称"保健-激励理论",是美国心理学家赫茨伯格(Herzberg)于20世纪50年代提出来的。这一理论的研究重点是组织中个人与工作的关系问题。赫茨伯格将影响人的积极性的因素归结为保健因素和激励因素两大类,所以简称"双因素"理论。

(1) 保健因素。保健因素属于与工作环境或条件相关的因素,这类因素主要包括公司的政策、管理和监督、人际关系、工作条件、工资等。保健因素处理不好,会引发员工对工作不满情绪的产生;处理得好,可以预防或消除这种不满。但是,改善保健因素只能起到安抚员工的作用,以保持人的积极性,维持工作现状,并不能对员工起激励作用,所以,保健因素又称维持因素。

(2) 激励因素。激励因素属于与工作本身相关的因素。这类因素主要包括工作表现机会、工作愉悦感、工作成就感、工作挑战性、由于良好的工作成绩而得到的奖励、发展前途、职务上的责任感等。在管理工作中,与激励因素有关的工作如果处理得好,能够使员工产生满足的情绪,从而提高工作积极性;如果处理不当,其不利后果是会使员工得不到满足感,但还不会导致不满。因此,要想真正激励员工努力工作,就必须去改善那些激励因素,这样才会增加员工的工作满足感。

保健因素与激励因素如表8.1所示。

表8.1 保健因素与激励因素

保健因素	激励因素
工资	工作本身
管理方式	赏识
地位	进步
安全	成长的可能性
工作环境	责任
政策与行政管理	成就
人际关系	

(3) "双因素"理论对管理实践的启示。"双因素"理论对于实际管理工作有一定的指导意义,它为我们认识不同因素对人的作用提供了一个新的视角,提醒我们要注意激励因素的运用。

首先,要善于区分管理实践中存在的两类因素,对于保健因素(如工作条件、住房、福利等)要给予基本的满足,以消除下级的不满。

其次,要抓住激励因素,激发员工的工作热情,创造奋发向上的局面。如调整工作的分工、宣传工作的意义、增加工作的挑战性、实行工作内容丰富化等来增加员工对工作的兴趣,千方百计地使员工满意于自己的工作,从而收到有效激励的效果。

再次,注意激励因素的相对性。在管理实践中,能够对员工积极性产生重要影响作用的激励因素不是绝对的。它受社会、阶层及个人的经济状况、社会身份、文化层次、价值观念、个性、心理等诸多因素的影响。以奖金为例,奖金本来是职工超额劳动的报酬和由于良好的工作成绩而得到的奖励,属于激励因素。但在我国许多企事业单位中,奖金上的平均主义倾向以及奖金的"工资化",使它从原来意义上的激励因素变为保健因素,钱虽然多花了但却并未得到激励的效果。

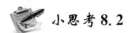
小思考 8.2

问 题

"在今天的企业组织中,下属出现很大程度的不满意是普遍现象,所以对管理者来说,消除引起下属不满意的根源、解决下属不满意的现象是管理工作的重中之重。"这种说法正确吗?

分析提示

1. 这种说法不正确。
2. "双因素"理论告诉我们,不满意现象的对立面是没有不满意,没有满意现象的对立面是满意,消除不满意现象并不能促使满意现象的发生,在管理过程中促使满意现象的发生是十分必要的,也就是说,要充分利用激励因素。

3. 成就需要理论

成就需要理论是美国哈佛大学教授戴维·麦克利兰(David McClelland)通过对人的需求和动机进行研究后提出的。他归纳出人的三大类社会性需要:对成就的需要、对社会交往的需要和对权力的需要,尤其对成就的需要和权力的需要进行了较为详细的论述。

(1) 基本内容。麦克利兰认为,当人的生存需要被满足后,还有三种需要:权力需要、交往需要和成就需要,其中成就需要最重要。

权力需要:具有较高权力欲望的人,从施加影响和控制他人中得到极大的满足感,热衷于追求领导者的地位。对于高权力需要者来说,他们更关心的是自己在组织中的威信和影响力,而不是工作绩效。

社会交往需要:社会交往需要是指人们对于良好人际关系、真挚情感和友谊的追求,能够从社会交往中得到快乐和满足。在工作中,高社会交往需要的人希望在平静、和谐的组织而不是竞争激烈的组织中工作。

成就需要:具有高成就需要的人,对工作的胜任感和成功有强烈的需求,经常思考个人职业生涯的发展规划。由于高成就需要者的注意力主要放在工作本身，而不是如何去影响他人的工作，因此，优秀的管理者应当是高权力需要和低友谊需要的人。

（2）对管理实践的启示。麦克利兰通过对英国等工业发达国家的大量研究，得到以下结论：组织中拥有越多的高成就需要者，组织就发展得越快；而且员工高成就需要可以通过后天的教育培养。这为管理工作提供了启示：提供能够发挥个人能力的工作环境；尽可能为高成就需要的人提供具有挑战性的工作环境，并对其工作成果及时反馈；注意培养员工的成就需要；由于成就需要可以后天培养，因此组织应当为员工创造良好的工作环境，培养员工的成就需要。

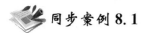
同步案例 8.1

奖金与积极性

某地区一墙之隔的两家企业，甲公司由于经营不善，职工下岗回家；乙公司则因为其产品目前在市场上仍有一定的销路，所以职工并未都下岗，且每月都能按时领到工资，这使职工们表现出了空前的工作积极性，令公司经理大惑不解："当初有奖金的时候也没这么积极，这是怎么了？"

资料来源：根据有关资料整理。

问　题

请你帮助厂长找到答案。

分析提示

1. 本案例主要涉及"双因素"理论。

2. 本案例主要涉及奖金所起作用的问题，奖金在不同的情形下会扮演不同的角色。当初属于保健因素，现在却变成了激励因素，所以影响着工作的效果和人的积极性。

8.2.2　过程型激励理论

1. 期望理论

美国心理学家弗鲁姆（Vroom）于 1964 年系统地提出了期望理论，这一理论通过人们的努力行为与预期奖酬之间的因果关系来研究激励的过程。

（1）基本内容。期望理论的基本观点是，人之所以能积极地从事某项工作，是因为这项工作或组织目标会帮助他们达成自己的目标，满足自己某方面的需要。而人对某项工作积极性的高低，又取决于他对这项工作能满足其需要的程度及实现可能性大小的评价。用公式表示就是：

$$M = V \times E$$

M——激励力,指调动人的积极性,激发人的内部潜力的强度,即激励作用的大小,它表示人们为达到目标而努力的程度。

V——效价,指个人对某项工作及其结果(可实现的目标)能够给自己带来满足程度的评价,即对工作目标有用性的评价。它既可以是精神的,也可以是物质的。它不是指某一单项效价,而是指各种效价的总和。

E——期望值,指人们对自己能够顺利完成某项工作可能性的估计,即对目标能够实现概率的估计。

由上式可知,激励作用的大小,与效价、期望值成正比,即效价、期望值越高,激励作用越大;反之,则越小。例如,一位员工认为某项工作目标的实现,将会给他带来巨大的利益(如巨额奖金、荣誉称号、获得晋升等),即效价(V)较高;而且只要通过努力,达到目标的可能性也很大,即期望值(E)也较高时,他就会以极高的积极性努力完成这一工作,也就是说激励作用大。

(2) 对管理实践的启示。要有效地进行激励就必须提高活动结果的效价,要提高效价就必须使活动结果能满足个人最迫切的需要。所以,管理者应选择多数组织成员感兴趣、评价高,即效价大的项目或手段。这样,才能产生较大的激励作用。

确定目标的标准不宜过高。凡是能起广泛激励作用的工作项目,都应是大多数人经过努力可以实现的,即通过增大目标实现的概率来增强激励作用。

如果不从实际出发,不考虑员工的实际需要,只从管理者本人或上级主管的长官意志或兴趣出发,推行对员工来说效价不高、实现概率不大的项目,是起不到激励作用的。

2. 公平理论

公平理论是美国心理学家亚当斯(Adams)于 1965 年提出来的,这一理论侧重于研究个人作出的贡献与所得报酬之间的关系及对激励的影响。

(1) 基本内容。公平理论的基本观点是人的劳动积极性不仅受绝对报酬的影响,更重要的是受相对报酬的影响。这种相对报酬是指个人付出劳动与所得报酬的比较值。人们都有一种将自己的投入和所得与他人的投入和所得相比较的倾向,其中,投入主要包括工龄、性别、所受的教育和训练、经验和技能、资历、对工作的态度等方面,所得主要包括工资水平、机会、激励、表扬、提升、地位及其他报酬。一种比较称为横向比较,即将自己的所得与自己的投入同组织内其他人作比较;另外人们也经常做纵向比较,即自己的目前的所得与自己目前的投入,同自己过去的所得与过去的投入进行比较。

当获得公平感受时,员工就会心情舒畅,努力工作;当得到不公平感受时,员工就会出现心理上的紧张不安,从而采取行动以消除或减轻这种心理紧张状态。其所采取的具体行为如：试图改变其所得报酬或付出，有意或无意地曲解自己或他人的报酬或付出，竭力改变他人的报酬等。

(2) 对管理实践的启示。要高度重视相对报酬问题。员工对自己的报酬进行横向比较是必然现象，管理者如果不加以重视，很可能出现员工"增收"的同时亦"增怨"的现象。自古就有"不患寡而患不均"的普遍社会心理现象，管理者必须始终将相对报酬作为有效激励的方式来加以运用。

要尽可能实现相对报酬的公平性。我国国有企业实行"多劳多得，少劳少得"正是体现了这种公平理论的要求。

当出现不公平现象时，要做好工作，积极引导，防止负面作用发生。要通过改革将管理工作科学化，消除不公平，或将不公平产生的不安心理引导到正确行事的轨道上来。

8.2.3 行为改造理论

1. 强化理论

强化理论是由美国心理学家斯金纳(Skinner)提出来的。该理论认为，外部刺激与人的行为之间存在相关关系。如果这种刺激对他有利，这种行为就会重复出现；如果对他不利，这种行为就会减弱直至消失。所谓强化，就是指通过不断改变环境的刺激因素来达到增强、减弱或消除某种行为的过程。

(1) 基本内容。强化理论包括正强化、负强化、不强化和惩罚等四种方式。

① 正强化。在积极的行为发生以后，立即用物质的或精神的鼓励来肯定这种行为，在这种刺激作用下，个体感到有利，从而增加以后的行为反应频率和强度。正强化的刺激物不仅仅是物质性的奖励，精神鼓励、表扬、充分的信任、安排挑战性工作、提升或给予学习提高的机会等都可以成为正强化的有效激励载体。

② 负强化。负强化是指人们为了避免出现不希望的结果，而使其行为得以强化。例如，下级努力按时完成任务，就可以避免上级的批评，于是人们就一直努力按时完成任务；上课迟到的学生都受到了老师的批评，不想被批评的学生就努力做到不迟到。

③ 不强化。不强化是指对某种行为不采取任何措施，既不奖励也不惩罚。这是一种消除不合理行为的策略，因为倘若一种行为得不到强化，那么这种行为的重复率就会下降。如果一个人老是抱怨分配给他的工作太多，但却没人理睬他，也不给他调换工作，也许过一段时间他就不再抱怨了。

④ 惩罚。惩罚就是对不良行为给予批评或处分。惩罚可以减少这种不良行为的重复出现，弱化不良行为。惩罚一方面可能会引起怨恨和敌意；另一方面随着时间的推移，惩罚的效果会减弱。因此，在采用惩罚策略时，要因人而异，注意方式方法。

(2) 对管理实践的启示：

① 要针对强化对象的不同需要采取不同的强化措施，奖惩结合，以奖为主。

② 小步幅前进，分阶段设立目标，及时给予强化。如果目标一次定得太高，就难以发挥强化的作用，也很难充分调动强化对象的积极性。

③ 及时反馈。通过一定形式和途径，及时将工作结果告诉行动者。结果无论好坏，对行为都具有强化的作用。对好的结果及时反馈，能够更有力地激励行动者继续努力；对不好的结果及时反馈，可以促使行动者分析原因，及时纠正。

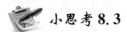

小思考8.3

问　题

王主任通过长期观察，发现办公室李秘书是典型的喜欢做表面文章、善于在领导面前表现自己、喜欢打小报告的人，故而对其许多行为常采用视而不见、不予理睬的方法。请评价王主任的行为。

分析提示

1. 用强化理论解析。

2. 强化理论告诉我们，不强化是指对某种行为不采取任何措施，既不奖励也不惩罚。这是一种消除不合理行为的策略，因为倘若一种行为得不到强化，那么这种行为的重复率就会下降。王主任对李秘书许多行为常采用视而不见、不予理睬的方法，就是不强化，久而久之，李秘书的做表面文章、善于在领导面前表现自己、喜欢打小报告行为就会自然消失。

2. 归因理论

归因理论是在美国心理学家海德的社会认知理论和人际关系理论的基础上，经过美国斯坦福大学教授罗斯和澳大利亚心理学家安德鲁斯等人的推动而发展壮大起来的。归因理论侧重于研究人的行为受到激励是"因为什么"的问题。

(1) 基本内容。归因是指观察者为了预测和评价被观察者的行为，对环境加以控制和对行为加以激励或控制，而对被观察者的行为过程所进行的因果解释和推论。归因可分为两类：一是情境归因；二是个性倾向归因。情境归因是把个人行为的根本原因归为外部力量，如环境条件、社会舆论、企业的设备、工作任务、天气的变化等。个人倾向归因，是把个人行为的根本原因归结为个人的自身特点，如能力、兴趣、性格、努力程度等。在海德看来，行为的原因或者在于环境或者在于个人。

(2) 对管理实践的启示。人们把成功和失败归于何种因素，对以后的工作积极性影响很大。若把成功归因于内部原因（努力或能力），会使人感到满意和自豪；把成功归结为外部原因（任务或机遇），会使人产生惊奇和感激之情。把失败归于内因,会使人产生内疚和无助感;把失败归于外因,会使人产生气愤和敌意。

在管理工作中,当员工在完成任务受挫折时,管理人员要及时了解职工的归因倾向,才能帮助员工正确总结经验教训和顺利进行归因,从而更好地激发员工的工作动机,调动员工的工作积极性。

3. 挫折理论

挫折理论是由美国的亚当斯提出的,挫折是指人类个体在从事有目的的活动过程中,指向目标的行为受到障碍或干扰,致使其动机不能实现、需要无法满足时所产生的情绪状态。挫折理论主要揭示人的动机行为受阻而需要未能满足时的心理状态,以及由此导致的行为表现,并采取措施将消极性行为转化为积极性、建设性行为。

(1) 基本内容。引起挫折的原因既有主观的,也有客观的。主观原因主要是个人因素,如身体素质不佳、个人能力有限、认识事物有偏差、性格缺陷、个人动机冲突等;客观原因主要是社会因素,如企业组织管理方式引起的冲突、人际关系不协调、工作条件不良、工作安排不当等。人是否遭受挫折与许多随机因素有关,也因人而异。归根结底,挫折的形成是由于人的认知与外界刺激因素相互作用失调所致。由于目标无法实现,动机和需要不能满足,就会导致一种情绪状态,这就是"挫折"。

基于不同人的心理特点,人在受到挫折后的行为表现主要有两大类:第一,采取积极进取的态度,采取减轻挫折和满足需要的积极适应的态度;第二,采取消极态度,甚至是对抗态度,诸如攻击、冷漠、幻想、退化、忧虑、固执和妥协等。

(2) 对管理实践的启示。一要培养员工掌握战胜挫折的正确方法,教育员工树立远大的目标,不要因为眼前的某种困难和挫折而失去前进的动力。二是正确对待遭受挫折的员工,为他们排忧解难,维护他们的自尊心,使他们尽快从挫折情境中解脱出来。三要积极改变情境,避免遭受挫折员工"触景生情",防止造成心理疾病和越轨行为。

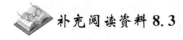
补充阅读资料 8.3

彼特-劳勒综合激励模型

1968年,美国心理学家彼特(Porter)和劳勒(Lawler)提出了一种综合激励模式。他们把激励的心理过程依次排列,并标明努力(动机所驱使的行为力量)与绩效、报酬之间的联系,也考虑到行为结果对后继行为的反馈作用。

这一模式表明,要使人们在工作或学习上取得较好成绩,第一步要激励,要激发人的行为动机。第二步,当人经努力取得绩效时,应给予恰当的评价和报酬。第三步,报酬的公平与否会影响人的满意度,满意度又会成为新的激励。如此往复运动,使人不断取得新的成绩。

资料来源:根据有关资料整理。

8.3 激励方式

要提高激励的有效性,必须采取恰当的激励方式,形成有效的激励机制。按照激励中诱因的内容和性质,可将激励分为物质利益激励、社会心理激励和工作激励三种。

8.3.1 物质利益激励

物质利益激励是指以物质利益为诱因,通过调节被管理者物质利益来刺激其物质需要,以激发其动机的方式与手段。物质利益激励的具体形式包括以下3种:

1. 奖酬激励

奖酬包括工资、奖金、各种形式的津贴及实物奖励等。虽然对于国外一些较高收入水平的人来说,工资、奖金已不是主要的激励因素,但对于我国相当一部分收入水平较低的人来说,工资、奖金仍是重要的激励因素。设计奖酬机制与体系要为实现工作目标服务,要确定适当的刺激量,奖酬要同思想政治工作有机结合。

2. 产权激励

产权激励就是将一个组织的产权卖给其员工或根据员工的贡献、业绩给予红股及股票期权等。对高层管理人员而言,红股和股票期权的激励方法更是常用的一种方法。这种奖励能克服管理人员的短期行为,从而保证组织长期持续发展。

3. 关怀激励

关怀激励即领导者通过对下属生活上关心照顾来激励职工。关怀激励不但可以使下属获得物质上的利益和帮助,而且,还能获得受尊重和归属感上的满足。领导者对下属的关怀的内容是多种多样的,既包括物质上的,也包括精神上的。

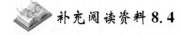
补充阅读资料 8.4

"保龄球"效应:赞赏与批评的差异

两名保龄球教练分别训练各自的队员。他们的队员都是一球打倒了7只瓶。教练甲对自己的队员说:"很好!打倒了7只。"他的队员听了教练的赞扬很受鼓舞,心里想,下次一定再加把劲,把剩下的3只也打倒。教练乙则对他的队员说:

"怎么搞的！还有3只没打倒。"队员听了教练的指责,心里很不服气,暗想,你咋就看不见我已经打倒的那7只。结果,教练甲训练的队员成绩不断上升,教练乙训练的队员打得一次不如一次。

希望得到他人的肯定、赞赏,是每一个人的正常心理需要。面对指责时,不自觉地为自己辩护,也是人的正常的心理防卫机制。

一个成功的管理者,会努力去满足下属的这种心理需求,对下属亲切,鼓励下属发挥创造精神,帮助下属解决困难。相反,专爱挑下属的毛病,靠发威震慑下属的管理者,也许真的能够击败他的部下,但是,一头暴怒的狮子领着一群绵羊,又能创造出什么事业呢?

用好赞赏的技巧,关键是把你的注意力集中到"被球击倒的那7只瓶上",别总是忘不了没击倒的那3只。要相信任何人或多或少都有长处、优点,只要"诚于嘉许,宽于称道",你就会看到神奇的效力。

资料来源:根据有关资料整理。

8.3.2 社会心理激励

社会心理激励就是管理者根据下属复杂的心理需求,以心理需求的满足为诱因,利用社会心理学、行为科学的方法来刺激与满足心理需求的方式和手段。社会心理激励的方法主要有以下几种:

1. 目标激励

目标激励即组织为员工设置适当的目标,激发员工的动机,达到调动员工工作积极性的目的。目标可以是外在的实体对象,如工作量;也可以是精神的对象,如学术水平。目标的内容要具体明确,能够有定量要求的目标当然更好。同时,目标要具有挑战性,要把树上的果子挂到"跳一跳就够得着"的程度。实践表明,无论目标客观上是否可以达到,只要员工主观认为目标达不到,他们的努力程度就会降低。

2. 教育激励

教育激励就是通过教育方式与手段,激发下属动机,调动其工作的积极性。教育激励手段最主要的是要搞好政治教育与思想教育。这就要求领导者注重探索思想政治工作的规律性,提高思想政治工作的科学性。

3. 表扬与批评

表扬与批评是管理者经常运用的激励手段。要讲究表扬与批评的艺术,因为它将直接关系到表扬与批评的效果。运用表扬与批评手段应注意以下几点:① 坚持以表扬为主,批评为辅;② 要讲究表扬与批评的方式、时机、地点,注重实际效果;③ 批评要对事不对人;④ 要限制批评的频次,尽量减少批评的次数,否则,会冲淡教育效果,同时要一事一评;⑤ 批评与表扬适当结合。

4. 榜样激励

榜样的力量是无穷的,组织的典范人物所树立的形象和模范作用对组织中的其他人员具有很强的激励功能。榜样应是公认的,具有权威性,能使大家产生敬仰之情。特别是领导者应发挥榜样作用,激发下属的动机,以调动其工作和学习的积极性。

5. 感情激励

感情激励即以感情作为激励的诱因,调动人的积极性。现代人对社会交往和感情的需要是强烈的,感情激励已成为现代管理中调动人积极性的极为重要的手段。搞好感情激励就要求上下级之间建立融洽、和谐的关系,促进上下级之间关系的协调与融洽,营造健康、愉悦的团体氛围,增强组织成员的归属感。

6. 尊重激励

随着人类文明的发展,人们越来越重视尊重的需要。管理者应利用各种机会信任、鼓励、支持下属,努力满足其受尊重的需要,以激励其工作积极性。尊重激励包括要尊重下属的人格,要尽力满足下属对于成就感的要求,支持下属自我管理、自我控制。

7. 参与激励

参与激励即以让下属参与管理为诱因,调动下属的积极性和创造性。下属参与管理,有利于集中群众意见,以防止决策的失误;有利于满足下属受尊重的心理需要,从而受到激励;有利于下属对决策的认同,从而激励他们积极自觉地推进决策的实施。支持下属参与管理或称民主管理,主要注意以下几点:① 增强民主管理意识,建立参与的机制;② 真正授权于下属,使下属实实在在地参与决策和管理过程;③ 有效利用多种参与形式,鼓励全员参与。

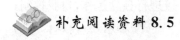
补充阅读资料8.5

竞赛(竞争)激励

人们普遍存在着争强好胜的心理,这是由于人谋求实现自我价值、重视自我实现所决定的。管理者可结合工作任务,组织各种形式的竞赛,鼓励各种形式的竞争,激发员工的热情、工作兴趣和克服困难的勇气与力量。

在组织竞赛、鼓励竞争的过程中，应注意以下几方面：① 要有明确的目标和要求，并加以正确地引导；② 竞争必须是公平的；③ 竞赛与竞争的结果要有明确的评价和相应的奖励，并尽可能增加竞争结果评价或奖励的效价，以增强激励作用。

资料来源：根据有关资料整理。

8.3.3 工作激励

每个人对自己工作与事业都有追求，希望事业有所成就。这种对自己工作、事业的追求，成为人产生行为的最大激励。领导者必须善于调整和调动各种工作因素，千方百计地使下属满意自己的工作，"以事业留人"，以实现最有效的激励。工作激励可以通过以下途径来实现。

1. 工作的适应性

工作的适应性包括两方面的内容：一是根据每个组织成员的专长与个性，将其安排到最能发挥其优势的工作岗位上，提高组织成员的工作兴趣与工作满意度；二是对于一项需集体完成的团队工作，领导者应当把具有不同专长或优势、不同性格、不同素质的组织成员合理组合起来，形成一个团结、有战斗力、凝聚力强的团队，形成一个具有和谐人际关系的团队，为完成团队工作打下组织基础。

2. 工作的挑战性

人们愿意从事重要的工作，并愿意接受挑战性的工作，这反映了人们有追求实现自我价值、渴望获得别人尊重的需要。因此，激励员工的重要手段就是向员工说明工作的意义，并增加工作的挑战性，从而使员工更加重视和热衷于自己的工作，达到激励的目的。

3. 工作的自主性

人们出于自尊和自我实现的心理需要，期望独立自主地完成工作，排斥外来干预，不愿意在别人的指使或强制下被迫工作。这就要求管理者能尊重下级的这种心理，通过目标管理等方式，大胆授权，放手使用，让下级进行独立运作，自我控制。这样，下级将受到巨大激励，会对由自己自主管理的工作高度感兴趣，并以极大的热情全身心投入，以谋求成功。

4. 工作扩大化

影响工作积极性的最突出原因是员工厌烦自己所从事的工作，而造成这种现象的基本原因之一就是工作的长期单调乏味或简单重复。工作扩大化旨在消除单调的状况,增加员工工作的种类,令其同时承担几项工作或周期更长的工作。这样,既有利于增加员工对工作的兴趣,又有利于促进人的全面发展。

5. 工作丰富化

工作丰富化指让员工参与一些具有较高技术或管理含量的工作,即提高其工作的层次,从而使员工获得一种成就感,使其渴望得到尊重的需要得到满足。具体形式包括:① 将部分管理工作交给员工,使员工也成为管理者;② 吸收员工参与决策和计划,提升其工作层次;③ 对员工进行业务培训,全面提高其技能;④ 让员工承担一些具有较高技术水平的工作,提高其工作的技术含量等。

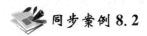
同步案例8.2

兰森计算机公司

兰森计算机公司是张林博士创建的,该公司的管理一直受到业界人士的好评。创建不久,兰森公司的销售额达到1.7亿元人民币。张林雄心勃勃,计划在10年内使销售额增长到5亿元人民币。

兰森公司地处北京中关村,面对激烈的竞争环境,张林凭借本人卓越的管理技巧,创造了一套有效而独特的管理方法。他为员工创造了极为良好的工作环境,在公司总部设有专门的网球场、游泳池,还有供员工休息的花园和散步的小道。公司每天下午免费为员工提供啤酒。公司还定期举办各种酒会、宴会,同时还举办各种比赛活动。除此之外,张林还允许员工有选择灵活机动的工作时间的自由。

张林很注意用经济因素来激励员工。他定期在员工中拍卖本公司的股票。目前,大部分员工已拥有公司的股票了,这样大大地激发了员工为公司努力工作的热情。他要求每个员工都要制订一个具体的公司五年期战略计划。这样,每个员工都能了解公司,都对公司具有强烈的责任心和浓厚的感情,平时用不着别人来监督就能自觉地关心公司的利益。再加上相当一部分员工拥有公司股票,所以他们对公司的利益及公司的成败极为关心。

张林本人是一个极为随和、喜欢以非正式的身份进行工作的有才能的管理者。由于他在公司内对所有管理者、技术人员和其他员工都能平等地采取上述一系列措施,公司绝大多数人员都极为赞同他的做法,把自己的成长与公司的发展联系起来,并为此感到满意和自豪。

资料来源:根据有关网络资料整理。

问 题

兰森公司采用了哪些有效的激励方法?

分析提示

1. 物质激励：员工股份制、产权激励。
2. 精神激励：感情、目标、公平。

本章小结

激励是指管理者运用各种管理手段，刺激被管理者需要，激发其动机，使其朝向所期望的目标前进的心理过程。激励作为一种领导手段，最显著的特点是内在驱动性和自觉自愿性。构成激励的要素主要包括动机、需要、外部刺激和行为。激励产生的过程即由需要转化为动机向目标前进的过程。激励有利于调动人的积极性和创造性，有利于发挥人的能动作用，有利于挖掘人的潜力、提高工作效率，有利于增强企业凝聚力。

激励理论主要研究激发人的动机的因素、机制与途径问题。心理学家和管理学家进行了大量研究，形成了一些著名理论。这些理论大致可划分为三类：一是内容型激励理论，该理论重点研究激发动机的诱因，主要包括马斯洛的"需要层次理论"、赫茨伯格的"双因素理论"和麦克利兰的"成就需要理论"等。二是过程型激励理论，该理论重点研究从动机的产生到采取行动的心理过程，主要包括弗鲁姆的"期望理论"、亚当斯的"公平理论"等。三是行为改造理论，该理论重点研究激励的目的，即改造、修正行为，主要包括斯金纳的"强化理论"、海德的"归因理论"等。

要提高激励的有效性，就必须采取恰当的激励方式，形成有效的激励机制。按照激励中诱因的内容和性质，可将激励方式分为奖惩激励、社会心理激励和工作激励等三种。

基本训练

一、知识训练

（一）复习题

1. 单项选择题

（1）银行开展有奖储蓄活动，事先公开奖励的物质和奖金的数额，这主要是为了（　　）。

  A. 提高人们对获奖的期望值　　　B. 提高人们对获奖的满足感
  C. 增加人们选择的自由度　　　　D. 增加人们对活动的公平感

（2）为了提高劳动生产效率，就必须采取强制、监督、惩罚的方法。麦格雷戈把这种理论称之为（　　）。

  A. "X"理论　　B. "Y"理论　　C. 超"Y"理论　　D. "Z"理论

(3) 近年来,许多高等学校为了提高教学质量,对学生考试作弊都采取了严厉的措施,规定凡考试违纪者,一旦发现,成绩将以零分计,并不准再参加重修。这项规定发布后,作弊现象大大减少。从强化理论分析,它是属于(　　)。
　　A. 负强化　　B. 惩罚　　C. 自然消退　　D. 正强化
(4) "双因素"理论中的"双因素"指的是(　　)。
　　A. 人和物的因素　　　　　　B. 信息与环境的因素
　　C. 保健因素与激励因素　　　D. 自然因素和社会因素
(5) 小张在设计公司里工作了一段时间,突然有一天老板将一件非常重要的设计任务交给了他,小张受到激励干劲十足,这位老板采取了精神激励中的(　　)。
　　A. 目标激励　　B. 信任激励　　C. 榜样激励　　D. 文化激励

2. 多项选择题
(1) 弗鲁姆认为,激励取决于下列哪些选项的乘积(　　)。
　　A. 期望值　　B. 效价　　C. 需要　　D. 公平性　　E. 动机
(2) 麦克利兰提出了三种需要理论,即人们在工作中主要有三种基本的动机或需要,包括(　　)。
　　A. 成就需要　　B. 保健需要　　C. 权力需要　　D. 归属需要
　　E. 生理需要
(3) 内容型激励理论主要包括(　　)。
　　A. 需要层次理论　　B. "双因素"理论　　C. 期望理论
　　D. 公平理论　　　　E. 强化理论
(4) 激励-保健理论将以下哪些内容看作保健因素(　　)。
　　A. 责任感　　B. 人际关系　　C. 工作条件　　D. 报酬　　E. 晋升
(5) 人们最常见的减少明显不公平的方法有(　　)。
　　A. 发牢骚　　B. 改变收入　　C. 改变产出　　D. 心理调节　　E. 离职

3. 简答题
(1) 公平理论的主要内容有哪些?组织应如何消除员工的不公平感?
(2) 举例说明社会心理激励的方法。

(二)讨论题

背景资料

　　小张是MR计算机公司的软件开发人员,并担任项目的技术主管一职,由于业绩突出,公司总经理找他谈话,准备提拔他为部门经理,但被小张拒绝了。

问　题

　　试用麦克利兰的成就需要理论对小张的这种行为加以分析。

二、能力训练

 案例分析

寻找真正的"激励因素"

一家IT公司的老板每年中秋节都会额外给员工发放一笔1 000元的奖金。但是,几年下来,老板感到这笔奖金正在失去它应有的作用,因为员工在领取奖金的时候反应相当平静,每次都像领取自己的薪水一样自然,并且在随后的工作中也没有人会为这1 000元表现得特别努力。

既然奖金起不到激励作用,老板决定停发,加上行业不景气,这样做也可以减少公司的一部分开支。但是,停发的结果却大大出乎意料,公司上下几乎每一个人都在抱怨老板的决定,有些员工明显情绪低落,工作效率也受到不同程度的影响。老板很困惑:为什么有奖金的时候,没有人会为此在工作上表现得积极主动,而取消资金之后,大家都不约而同地指责、抱怨甚至消极怠工呢?

资料来源:根据有关资料整理。

问　　题

1. 这一案例体现了什么激励理论?
2. 如何利用这一理论对员工进行激励?

分析提示

1. 体现了"双因素"理论。

2. 根据"双因素"理论,要把目光从"保健因素"转移到"激励因素",只有"激励因素"才能真正起到对员工的激励作用;在实践中要避免把"激励因素"转化为"保健因素"。

第9章 控 制

 **学习目标**

知识目标：掌握控制的概念与类型，理解控制的工作原理和要求，认识控制的基本过程。

技能目标：掌握并会运用控制的技术和方法，能用控制的基本原理对工作过程实施有效控制。

基本素养：认识控制机制与要领，理解有效控制的要求，树立控制关键点的意识。

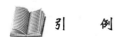 **引 例**

扁鹊的医术

魏文王问名医扁鹊："你们家兄弟三人，都精于医术，到底哪一位医术最好呢？"扁鹊回答说："长兄最好，中兄次之，我最差。"文王吃惊地问："你的名气最大，为何长兄医术最高呢？"扁鹊惭愧地说："我扁鹊治病，是治病于病情严重之时。一般人都看到我在经脉上扎针来放血、在皮肤上敷药等大手术，所以以为我的医术高明，名气因此响遍全国。我中兄治病，是治病于病情初起之时。一般人以为他只能治轻微的小病，所以他的名气只及于本乡里。而我长兄治病，是治病于病情发作之前。由于一般人不知道他事先能铲除病因，所以觉得他水平一般，但在医者看来他水平最高。"魏文王说："嗯，不错，说得很好。"

资料来源：根据有关资料整理。

思 考

1. 文中提到了哪几种控制类型？
2. 扁鹊为什么说医术"长兄最好，中兄次之，我最差"？

9.1 控制的作用与类型

组织的一切活动都是为了实现组织目标,要使计划的任务和目标转化为现实,主管人员就必须在管理工作中执行控制工作的职能,即按照既定的目标和标准对组织活动进行监督、检查,发现偏差时,采取纠正措施,使工作能够按原定的计划进行,或适当调整计划,以达到预期的目的。

9.1.1 控制的作用

控制论的思想和方法是美国数学家诺伯特·维纳(Novert Wiener)在《控制论》一书中明确提出的。维纳认为:控制是指为了改善某个或某些受控对象的功能或性能,需要获得并使用信息,以这种信息为基础而选出的、施加于该对象上的作用。

作为管理重要职能的控制是指管理者为保证组织计划与实际活动动态相一致,有效实现目标而采取的一切活动。控制的结果一般有两种情况:一是纠正实际工作与原有计划及标准的偏差;二是纠正组织已经确定的目标及计划与变化了的内外环境的偏差。

在现代管理工作中,控制的目的有两个:维持现状和改变现状。

维持现状,即将计划的执行情况与预先设定的标准进行比较,若发现有超计划允许范围的偏差时,就及时采取措施纠正,以使组织的管理活动回到规定的轨道上来。

改变现状,即根据控制活动发现问题,需要对组织目前工作的现状进行改变,使之更适应组织面临的新形势,解决存在的问题。但控制本身不是目的,它是保证目标实现的手段。

控制可以说既是一个管理工作过程的终结,又是一个新的管理工作过程的开始。控制在管理中具有重要的作用,主要体现在以下几个方面。

1. 控制是完成计划的重要保障

计划是对未来工作的设想,是组织要执行的行动计划。在计划执行过程中,由于受不确定因素的影响,难免出现缺陷和偏差,这都要靠控制来弥补和纠正。

控制对计划的保障作用主要表现在两个方面:一是通过控制纠正执行过程中出现的各种偏差,督促计划执行者按计划办事;二是对计划中不符合实际情况的内容,根据执行过程中的实际情况,进行必要的修正、调整,使计划更符合实际。

2. 控制是提高组织效率的有效手段

控制对于组织效率的提高主要表现在：

（1）控制过程是一个纠正偏差的过程，这一过程不仅能够使计划执行者回到计划确定的路线和目标上来，而且还有助于提高人们的责任心，防止再出现类似的偏差。既可以使计划更加符合实际情况，又可以发现和分析制订的计划所存在的缺陷以及产生缺陷的原因，发现计划制订工作中的不足，从而使计划工作得以不断改进。

（2）在控制过程中，施控者通过反馈所了解的不仅仅是受控者执行决策的水平和效率，同时他也可以了解到自己的决策能力和水平以及管理控制的能力和水平。

3. 控制是管理创新的催化剂

控制不仅要保证计划完成，还要有利于管理创新，这是现代控制的特点。如在预算控制中实行弹性预算就是这种控制思想的具体体现，特别是在具有良好反馈机制的控制系统中，施控者通过接收受控者的反馈，不仅可及时了解计划执行的状况，纠正计划执行中出现的偏差，而且还可以从反馈中受到启发，激发创新。

4. 控制是使组织适应环境的重要保障

一个组织要想生存发展，必须适应环境。计划就是组织为了适应环境而做的准备。但是，组织在实施目标和计划的过程中，环境的变动使得组织的计划不再正确，实质上也就是组织与环境不再适应。控制在某个方面就是防止这种不适应的距离变大。因此说，控制的一个重要作用是使组织与环境相适应。

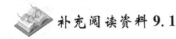
补充阅读资料 9.1

控制论的创始人诺伯特·维纳

诺伯特·维纳(1894—1964)，美国数学家，美国国家科学院院士，控制论的创始人。幼年的维纳就是当地著名的神童，3岁即能读书和写字。维纳14岁毕业于塔夫茨学院，获得文学学士学位，18岁时在哈佛大学获得哲学博士学位，毕业后到英国剑桥大学在哲学家和数学家罗素的指导下研究数理逻辑，后又到德国格丁根大学在著名的数学家希尔伯特指导下研究数学。1933年维纳当选为美国国家科学院院士。1935—1937年任美国数学会副主席。维纳曾获哈佛大学的鲍登奖(1914)、美国数学会的博歇奖(1933)、美国洛德和泰勒设计奖(1949)、美国制造工程师学会的研究奖章(1960)和美国科学奖章(1963)。

第二次世界大战期间，维纳从事防空火力自动控制装置的研究，围绕如何瞄准运动目标开展研究。他发表了《平稳时间序列的外推、内插和平滑》的论文,建立了著名的维纳滤波理论,用统计方法来处理控制工程和通信工程问题。1948年维纳发表名著《控制论,或关于在动物和机器中控制与通信的科学》,成为控制论的创始人。此后,他积极传播控制论思想,发表了许多重要的著作和论文,如1950年发表的《人有人的用处——控制论与社会》。

资料来源:根据有关资料整理。

9.1.2 控制的类型

在管理控制中,按控制时点不同分类,控制可分为事前控制、事中控制和事后控制。事前、事中与事后控制过程如图9.1所示。

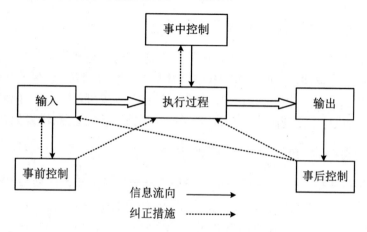

图9.1 事前、事中与事后控制过程

1. 事前控制

事前控制是一种防患于未然的控制,它是指在工作开始前对工作中可能产生的偏差进行预测和估计,并采取防范措施,将可能的偏差消除于产生之前,所以又称为"前馈控制"。这是一种面向未来的控制,是建立在预测的基础上的控制。事前控制的重点是预先对组织的人、财、物、信息等进行合理地配置,使它们符合预期的标准,从而保证计划的实现,如成本控制中的标准成本法、预算控制以及管理部门制定的规章制度、政策和程序等,都属于事前控制;又比如,企业在需求高峰到来之前,提前添置机器设备,安排人员,加大工业生产量,以防供不应求;公司在预计到产品需求量下降之前就开始准备研发新产品上市;等等。

相对于事中控制和事后控制而言,事前控制的优点是:一是事前控制是在工作开始之前进行的控制,能够防患于未然,避免了事后控制存在的对于已发生的差错无能为力的弊端;二是事前控制是在工作开始之前针对某项计划行动所依赖的条件进行控制,不针对具体人员,因而不易造成面对面的冲突,易于被员工接受并付诸实施。缺点是事前控制需要及时、准确的信息,要求管理人员能充分了解事前控制因素与计划工作的影响关系,但从实际工作来看,要做到这些是十分困难的。

2. 事中控制

事中控制也称"实时控制",是指计划执行过程中所实施的控制,即通过对计划执行过程的直接检查和监督,随时纠正实际与计划的偏差。其目的是保证本次活动尽可能地少发生偏差,改进本次而非下一次活动的质量。这是一种基层主管人员所采用的主要的控制方法,主管人员通过蹲守现场亲自监督、检查、指导和控制下属人员的活动。

事中控制的作用有两个:一是具有指导职能,可以指导下属以正确的方法进行工作,现场监督可以使上级有机会当面解释工作的要领和技巧,纠正下属错误的作业方法与过程,从而有利于提高工作人员的工作能力和自我控制能力;二是可以保证计划的执行和计划目标的实现,通过现场实时检查,可以使管理者随时发现下属在活动中与计划要求相偏离的现象,从而采取措施,将问题消灭在萌芽状态,或者避免已经发生的问题对企业产生的不利影响的扩散。但事中控制也存在以下弊端:一是事中控制的效率受管理者的时间、精力、业务水平等的制约,只能在关键时间、关键项目上实施,而不能面面俱到;二是应用范围较窄,一些工作无法运用事中控制;三是容易在控制者与被控制者之间形成对立情绪,给工作者造成心理压力,影响工作者的积极性和主动性。

3. 事后控制

事后控制也称反馈控制,是指一个时期的生产经营活动已经对本期的资源利用状况及其结果进行总结,从已经执行的计划或已经产生的事件中获得实际信息,将它与控制标准相比较,发现偏差并分析产生的原因,拟定纠正措施以防止偏差存在或继续恶化。事后控制是一种最主要也最传统的控制方式。它的控制作用发生在行动开始之后,其特点是把注意力集中在行动的结果上,并以此作为改进下一次行动的依据。其目的并非要改进本次行动,而是力求能"吃一堑,长一智",提高下一次行动的质量。事后控制的对象可以是行动的最终结果,如企业的产量、销售额、利润等;也可以是行动过程中的中间结果,如新产品样机、工序质量、产品库存等。在组织中使用事后控制的例子很多,如产成品质检、人事考评、各类财务报表分析等。这类控制对组织运营水平的提高发挥着很大的作用。事后控制主要包括财务分析、成本分析、质量分析以及职工成绩评定等内容。

财务分析的目的是通过分析反映资金运动过程的各种财务资料,了解本期资金占用和利用的结果,弄清企业的盈利能力、偿债能力、维持运营的能力以及投资能力,以指导企业在下期活动中调整产品结构和生产方向,决定缩小或扩大某种产品的生产。

成本分析是通过比较标准成本（预定成本）和实际成本，了解成本计划的完成情况，通过分析成本结构和各成本要素的情况，了解材料、设备、人力等资源的消耗与利用对成本计划执行结果的影响程度，以找出降低成本、提高经济效益的潜力。

质量分析是通过研究质量控制系统收集的统计数据，判断企业产品的平均等级系数，了解产品质量水平与其费用要求的关系，找出企业质量工作的薄弱环节，为组织下一期生产过程中的质量管理和确定关键的质量控制点提供依据。

职工成绩评定是通过检查企业员工在本期的工作表现，分析他们的行动是否符合预定要求，判断每一位职工对企业的劳动数量和质量贡献。成绩评定不仅为企业确定付给职工的报酬（物质或精神上的奖惩）提供了客观的依据，而且会通过职工对报酬公平与否的判断，影响他们在下一期工作中的积极性。公开报酬的前提是公开评价，这种评价要求以对职工表现的客观认识和组织对每个人的工作要求为依据。

值得指出的是，事后控制最大的弊端是它只能在事后发挥作用，对已经发生的对组织可能的危害却无能为力，它的作用类似于"亡羊补牢"；而且在事后控制中，偏差发生与被发现并得到纠正之间有较长一段时间，这必然对偏差纠正的效果产生很大的影响。

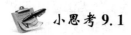 小思考9.1

问　题

管理者怎样使用三种类型的控制才是最有效的？

分析提示

1. 事前控制是一种防患于未然的控制，可通过制定规章制度等将偏差消除在产生之前，适用于可以预测和估计的领域，以及对结果很难定量控制的领域。

2. 事中控制有监督和指导的职能，能及时纠正偏差，适用于便于计量的工作。

3. 事后控制是对工作或行为结果的测量、分析和评估，据此采取纠偏措施，适用于周期性重复的活动，可消除偏差对后续活动的影响，而且还是员工奖惩的依据。

9.2 控制原理与要求

9.2.1 控制工作原理

任何一个管理者,都希望有一个适宜的、有效的控制系统来确保他们的各项活动都符合计划要求。但是,管理者往往认识不到他们所进行的控制工作,必须针对计划要求、组织结构、关键环节和下级主管人员的特点来设计,他们往往不能全面了解设计控制系统的原理。因此,要使控制工作发挥有效的作用,在建立控制系统时,必须遵循一些基本的原理。

1. 控制趋势原理

对控制全局的主管人员来说,重要的是了解现状所预示的趋势,而不是现状本身。控制变化的趋势比仅仅改善现状重要得多,也困难得多。一般来说,趋势是多种复杂因素综合作用的结果,是在一段较长的时期内逐渐形成的,并对管理工作成效起着长期的制约作用。也就是说,控制应该是向前的,这才合乎理想。实际上这条原理往往被忽视,主要原因是现有的管理工作水平不太容易实现事前控制。主管人员一般仍依赖历史数据。其实,当趋势可以明显地描绘成一条曲线,或是可以描述为某种数学模型时,再进行控制就为时已晚了。因此,控制趋势的关键就在于从现状中就能揭示倾向,特别是在趋势刚露出苗头时就敏锐地觉察到,这对现代管理工作上水平、提高有效性是非常重要的。

2. 反映计划原理

控制是实现计划的保证。控制的目的是为了实现计划,因此,计划越是明确、全面、完整,所设计的控制系统越是能反映这样的计划,则控制工作也就越有效。

每一项计划、每一种工作都各有其特点,它们所产生的信息也各不相同。所以,为实现每一项计划和完成每一种工作所设计的控制系统和所进行的控制工作,尽管基本过程是一样的,但在确定什么标准、控制哪些关键点和重要参数、收集什么信息、如何收集信息、采用何种方法评定成效,以及由谁来控制和采取纠正措施等方面,都必须按不同计划的特殊要求和具体情况来设计。例如,质量控制系统和成本控制系统尽管都在同一个生产系统中,但两者之间的设计要求是完全不同的。

另一方面我们也要认识到,虽然某些控制技术,例如预算、定额工时、定额费用以及各种财务比率等,在各种不同的情况下得到了广泛的应用,但不能认为其任意一种方法在任何一种情况下都是适用的。主管人员必须经常了解计划及其在实施过程中要加以控制的关键因素,注意使用对它们适用的方法。

3. 组织适宜性原理

一个组织结构的设计越是明确、完整和完善,所设计的控制系统越是符合组织机构中的职责和职务的要求,就越有助于纠正脱离计划的偏差。例如,如果产品成本不按制造部门的组织机构分别进行核算和累计,如果每一个车间主任都不知道该部门产出的产成品或半成品的目标成本,那么他们就既不可能知道实际成本是否合理,也不可能对成本承担起责任。这种情况下是谈不上成本控制的。

因此,控制工作除了要能及时发现执行过程中发生偏离计划的情况外,还必须知道发生偏差的责任和采取纠正措施的责任应当由谁来承担。控制越是能够反映组织结构中的负责采取措施的职位职责,就越有利于纠正偏离计划的情况。

组织适宜性原理的另一层含义是,控制系统必须切合每个主管人员的特点。也就是说,在设计控制系统时,不仅要考虑具体的职务要求,还应考虑到担当该项职务的主管人员的个性。在设计控制信息的格式时,这一点特别重要。送给每位主管人员的信息所采用的形式,必须分别设计。例如,送给上层主管人员的信息要经过筛选,还要特别标示出与设计的偏差、与去年同期相比的结果以及重要的例外情况。为了突出比较的效果,应把比较的数字按纵行排列,而不要按横行排列,因为从上到下要比从左到右看数字更容易得到一个比较的概念。

4. 控制关键点原理

为了进行有效的控制,需要特别注意在根据各种计划来衡量工作成效时有关键意义的那些因素。对一个主管人员来说,随时注意计划执行情况的每一个细节,通常是浪费时间精力和没有必要的。他们应当也只能够将注意力集中于计划执行中的一些主要影响因素上。事实上,控制住了关键点,也就控制住了全局。

选择关键控制点的能力是管理工作的一种艺术,有效的控制在很大程度上取决于这种能力。目前,学界已经开发出了一些有效的方法,帮助主管人员在某些控制工作中选择关键点。例如,计划评审技术就是一种在有着多种平行作业的复杂的管理活动网络中,寻找关键活动和关键线路的方法。这是一种强有力的系统工程方法,它的成功运用确保了像美国北极星导弹研制工程和阿波罗登月工程等大型工程项目的提前和如期完成。

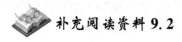
补充阅读资料 9.2

阿吉里斯的脚后跟

古希腊神话中有一位伟大的英雄阿吉里斯,他有着超乎普通人的神力和刀枪不入的身体,在激烈的特洛伊战争中无往不胜,取得了赫赫战功。但就在阿吉里斯攻占特洛伊城奋勇作战之际,站在对手一边的太阳神阿波罗却悄悄一箭射中了伟大的阿吉里斯,在一声悲凉的哀叹中,强大的阿吉里斯竟然倒下去了。

原来这支箭射中了阿吉里斯右脚的脚后跟,这是他全身唯一的弱点,只有他的父母和天上的神才知道这个秘密。在他还是婴儿的时候,他的母亲——海之神特提斯,就曾捏着他的右脚后跟,把他浸在神奇的斯堤克斯河中。被河水浸过的身体变得刀枪不入,近乎于神。可那个被母亲捏着的脚后跟由于浸不到水,成了阿吉里斯全身唯一的弱点。母亲造成的这唯一弱点要了阿吉里斯的命!

由于局部的一个弱点而导致全局的崩溃,是这则寓言所揭示的道理。在企业管理过程中,一个细节的失误就可能给整个企业带来巨大甚至致命的损失。因此,一定要全力把握好关键点控制。控制住了关键点,也就控制住了全局。

5. 例外原理

管理人员越是只注意一些重要的例外偏差,也就把控制的主要注意力集中在那些超出一般情况的特别好或特别坏的情况上,控制工作的效能和效率就越高。

在质量控制中,管理人员应广泛地运用例外原理来控制工序质量。工序质量控制的目的是检查生产过程是否稳定。如果影响产品质量的主要因素,例如原材料、工具、设备、操作工人等无显著变化,那么产品质量也就不会发生很大差异。这时我们可以认为生产过程是稳定的,或者说工序质量处于控制状态中。反之,如果生产过程出现违反规律性的异常状态时,应立即查明原因,采取措施使之恢复稳定。

应当指出的是,只注意例外情况是不够的。在偏离标准的各种情况中,有一些是无关紧要的,而另一些则不然,某些微小的偏差可能比某些较大的偏差影响更大。比如说,一个主管人员可能对利润率下降了一个百分点感到非常严重,而对"合理化建议"奖励超出预算的20%却不以为然。

因此,在实际运用当中,例外原理必须与控制关键点原理相结合。仅仅立足于寻找例外情况是不够的,我们应把注意力集中在对关键点的例外情况的控制上。这两条原理有某些共同之处。但是,我们应当注意到它们的区别:控制关键点原理强调选择控制点,而例外原理则强调观察在这些点上所发生的异常偏差。

6. 直接控制原理

直接控制原理是指主管人员及其下属的工作质量越高,就越不需要进行间接控制。直接控制是相对于间接控制而言的。它是通过提高管理人员的素质来进行控制工作的。直接控制的指导思想认为:合格的管理人员出的差错最小,而且他能觉察到正在形成的问题,并能及时地采取纠正措施。所谓"合格",就是指他们能熟练地运用管理的概念、原理和技术,能以系统的观点来开展管理工作。

直接控制方法的合理性是以下列四个较为可靠的假设为依据的:一是合格的

管理人员所犯的错误最少;二是管理工作的成效是可以计量的;三是在计量管理工作成效时,管理的概念、原理和方法是一些实用的判断标准;四是管理基本原理的应用情况是可以评价的。

9.2.2 有效控制的要求

要使控制工作发挥作用,取得预期的成效,在具体运用上述六条原理时,还要特别注意满足以下几个要求:

1. 控制的客观性

控制应该客观,这是对控制工作的基本要求。在对工作绩效进行评价时,管理人员比较容易带有主观因素。这可能来自两种心理方面的作用:一种是"晕轮效应",即以点代面,把人的行为的某一点覆盖于人的全部行为之上;另一种是"优先效应",即把第一印象看得很重要,先入为主以至于影响今后的评价。管理人员应防止上述两种心理效应在评价工作中出现,因为如果没有对绩效的客观的评价或衡量,就不可能有正确的控制。

保证控制客观性的最有效的办法就是建立客观的、准确的和适当的标准。客观的标准可以是定量的,例如,每一个预防对象的费用或每日门诊病人数,或工作完成的日期。客观的标准也可以是定性的,例如,一项专门性的训练计划,或者是旨在提高人员质量的专门培训计划。问题的关键在于,在每一种情况下,标准都应是可以测定和可以考核的。

2. 控制的灵活性

控制工作即使在面临着计划发生了变动、出现了未预见的情况或计划全盘错误的情况下,也应当能发挥它的作用。这就是说,在某种特殊情况下,一个复杂的管理计划可能失常,控制系统除了应当报告这种失常的情况之外,还应当包含足够灵活的要素,以便在出现任何失常情况下,都能保持对运行过程的管理控制。换言之,如果要使控制工作在计划出现失常或预见不到的变动情况下保持有效性的话,所设计的控制系统就要有灵活性。这就要求在制订计划时,要考虑到各种可能的情况而拟定各种抉择方案。一般说来,灵活的计划有利于灵活控制。但要注意的是,这一要求仅仅适用于计划失常的情况,而不适用于在正确计划指导下发生了工作不当的情况。

3. 控制的经济性

控制是一项需要投入人力、物力、财力的事情,从经济的角度看其必须是合理的,如果控制所付出的代价比得到的好处要大,那么就失去了意义。任何控制系统产生的效益必须与其投入的成本进行比较。为了使成本最少，管理人员应当尝试使用能产生期望结果的最少量的控制。这个要求看起来简单，但做起来却比较复杂。因为一个管理人员有时很难确定某个控制系统究竟能带来多少效益，也难以计算其费用到底是多少，是否经济也是相对的，因为控制的效益随业务活动的重要性和规模的大小而不同。例如，为调查某种原因不明的流行病而花费大量的人力和时间去拟定调查表格，这被认为是值得的。但谁也不会说花费同样的费用去拟定一个旨在了解本单位医护人员技术状况的表格也是划算的。

由于判断控制系统效果的一个限定因素是相对的经济效益，因而自然就在很大程度上决定了主管人员只能在他认为是重要的方面选择一些关键问题来进行控制。因此可以断言，如果控制技术和方法能够以最小的费用或其他代价来探查和阐明偏离计划的实际原因或潜在原因，那么它就是有效的。

4. 控制的全局性

在组织结构中，各个部门及其成员都在为实现其个别的或局部的目标而活动着。许多主管人员在进行控制工作时，往往从本部门的利益出发，只求能正确实现自己局部的目标而忽视了组织目标的实现，因为他们忘记了组织的总目标是要靠各部门及成员协调一致的活动才能实现的。因此，对于一个合格的主管人员来说，在开展控制工作时，不能没有全局观点，要从整体利益出发来实施控制，将各个局部的目标协调一致。

5. 控制的可操作性

控制必须适合每个主管人员，一项不容易被理解的控制是没有价值的。人们对不能理解的就不会信任，而对不信任的就不会去操作或使用。不同的主管人员适合或者擅长不同的控制技术，即使是很聪明的管理人员也可能被专家的某些复杂技术难倒。这方面的专家一定不会对别人炫耀自己如何内行，而是宁愿去设计一种让人们容易理解、容易掌握的方法或系统。如果从一个相当粗糙的系统中能够获得 80% 的效益，那么这个系统远比一个虽然完善但难以使用而得不到任何好处的系统更有价值。

6. 控制的及时性

控制时机的选择十分重要。较好的控制必须能及时发现偏差，及时提供信息，使管理人员能迅速采取措施加以纠正。再好的信息如果过时了，也将是毫无用处的，而且往往会造成不可弥补的损失。时滞现象是反馈控制的一个难以克服的困难。从检查实施结果、将结果同标准比较到找出偏差，可能会花费较长的时间，同时分析偏差产生的原因、提出纠正偏差的具体办法也可能旷日持久，但当真正采取这些办法去纠正偏差时，实际情况可能已有了很大变化，解决这一问题的最好办法是采取预防性控制措施。一个真正有效的控制系统应该能预测未来,及时发现可能出现的偏差,预先采取措施,调整计划,而不是等问题真的出现了再去想办法解决。

7. 控制的将来性

根据控制趋势原理,控制工作应当着眼于未来。由于在整个控制系统中存在着时滞,所以一个控制系统越是以前馈而不是以简单的信息反馈为基础,则管理人员越是能够有效地预防偏差或及时采取措施纠正偏差。也就是说,控制应该是向前的,这才合乎理想。

补充阅读资料 9.3

控制应突出重点

管理人员不可能控制组织中的每一件事情,即使能这样做,也将得不偿失。因此,管理人员应当控制那些对组织行为有战略性影响的因素。控制应该包括组织中关键性的活动、作业和事件。也就是说,控制的重点应放在容易出现偏差或者偏差造成的危害很大的地方,而不是眉毛胡子一把抓。

9.3 控制过程

控制的对象一般是人员、财务、作业、信息及组织。无论何种控制对象都必须根据计划的要求,确定衡量绩效的标准,把工作的结果与预定的标准相比较,找出偏差,有针对性地采取必要的纠正措施。因此,完整的管理控制工作过程一般都包括三个步骤:一是确定标准,二是衡量绩效,三是纠正偏差。如图 9.2 所示。

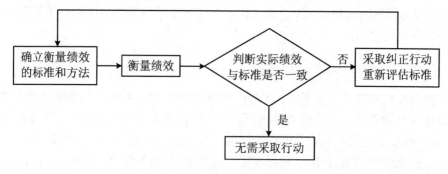

图 9.2 控制过程示意图

9.3.1 建立标准

标准是人们检查和衡量工作及结果的规范。制定标准是进行控制的基础,没有一套完整的控制标准,衡量绩效和纠正偏差就会失去客观的依据。在实际工作中,组织中有效的控制标准一般需要具有简明性、一致性、可行性、相对稳定性和前瞻性等。控制标准的制定是从确定控制对象、选择关键点到制定控制标准的科学决策过程。

1. 确定控制对象

标准的具体内容涉及需要控制的对象,这是在建立标准之前首先要分析的。在现实中,由于人力、物力、财力、知识与信息的限制,管理者不可能对全部影响组织目标实现的因素都进行控制。因此,管理者必须对影响组织目标实现的各种要素进行科学的分析研究,从中选择出重点的要素作为控制对象。影响组织目标实现的主要因素如图 9.3 所示。

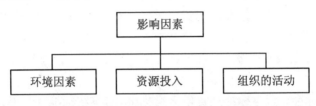

图 9.3 影响组织目标实现的主要因素

(1) 环境因素。企业在特定时期内的经营活动是根据决策者对经营环境的认识和预测来计划和安排的。如果预期的市场环境没有出现,或者企业外部发生了某种无法预料和抗拒的变化,那么原来计划的活动就可能无法继续进行,从而难以为组织带来预期的结果。因此,制订计划时应将经营环境作为控制对象,列出各项环境控制的具体标准和标志。

(2) 资源投入。企业经营成果是通过对一定资源的加工转化而成的。没有或缺乏这种资源,企业经营就会成为无源之水、无本之木。投入的资源,不仅会在数量和质量上影响经营活动的按期、按量、按要求进行,影响最终的物质产品,而且资源获取费用也会影响生产成本,从而影响经营的盈利程度。因此,必须对资源投入进行控制,使之在数量、质量以及价格等方面符合预期经营成果的要求。

(3) 组织的活动。输入到生产经营中的各种资源不可能自动形成产品。企业经营成果是通过全体员工在不同时间和空间上,用一定技术和设备对不同资源进行加工才最终形成的。企业员工的工作质量和数量是决定经营成果的重要因素,因此,必须使企业员工的活动符合计划和预期结果的要求。要建立员工的工作规范,以及各部门和各员工在各个时期应实现的阶段成果的标准,以便对他们的活动进行控制。

2. 关键点控制和标准

企业无力也没有必要对所有成员的所有活动进行控制,只能在影响经营成果的众多因素中选择若干关键环节作为控制对象。关键控制点有时也被称为战略控制点,是指在管理活动中受到限制的因素或是最能体现计划是否得以有效实施的因素。事实上,企业控制住了关键点也就控制了全局。比如,在酿酒企业中,酒的质量是控制的重点对象。尽管影响酒质量的因素很多,但只要抓住了水的质量、酿造温度和酿造时间,就能保证酒的质量。

组织选择了关键控制点以后,就可以依据关键控制点制定出明确的控制标准。控制标准的种类很多,如:

(1) 实物标准。这是一类非货币衡量标准,通常用于耗用原材料、雇佣劳动力、提供产品及服务的基层单位。如单位产量工时和所耗用的燃料数、单位设备台时产量、每日门诊的病人数、单位产品原材料消耗等。标准也可以反映品质,诸如材料的硬度、公差的精密度、飞机的爬升高度、产品某成分的含量等。

(2) 资本标准。资本标准是用货币单位来衡量实物项目而形成的,是成本标准的变种。这些标准与企业的投入资本有关。对于新的投资和综合控制而言,使用最广泛的标准是投资回报率。此外还有资产负债比率、债务与资本净值比率、现金及应收账款、应付账款的比率等。

(3) 成本标准。成本标准是货币衡量标准,与实物标准一样通用于企业基层管理单位。这类标准是把货币值加到经营活动的成本之中。例如,单位产品的直接成本和间接成本、单位产品或单位时间的人工成本、单位产品的原材料成本、单位面积的土地使用成本等。

(4) 收益标准。用货币值衡量销售量即为收益标准。例如,每名顾客的平均购货额、某市场售货员的人均销售额等。

(5) 计划标准。为进行控制有时会安排管理人员编制一个可变动预算方案,或一个准备实施的新产品开发计划,或一个提高销售人员素质的计划。在评估计划的执行情况时,虽然难免会有一些主观判断,但也可以运用计划中规定的时间安排和其他因素作为客观的判断标准。

(6) 无形标准。无形标准是既不能以实物也不能以货币来衡量的标准。管理人员经常遇到这样的难题:能用什么标准来测定公司人事部主管的才干? 能用什么标准来确定广告计划是否符合长期目标、办公室的职员是否称职? 等等。对于这类问题,要确定既明确定量又明确定性的标准是非常困难的。任何一个组织当中都存在着许多无形标准,这是因为对于某些工作的预期成果缺乏具体的研究。在工作业绩涉及人际关系尤其是在上层机构中,很难衡量何谓"良好""有效果"或"有效率"。虽然心理学家和社会学家提出了诸多测试、调查和抽样方法,使判断人的行为与动机成为可能,但对于人际关系的许多管理控制却仍要以一些无形标准、主观判断、反复试验,有时甚至是以纯粹的直觉为依据。

(7) 指标标准。一些管理出色的企业往往要在每一层次的管理部门建立可考核的定性指标或定量指标,无形标准尽管也很重要,但人们正日益减少通过这些指标来考核复杂的计划工作或衡量管理人员的业绩。定量指标一般采取上文阐述过的各类标准。定性指标尽管不能像定量指标那样准确地标注出来,但可以用详细的说明或一些具体目标的特征和完成日期来增强其可操作性。

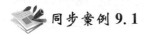
同步案例 9.1

天安公司的管理创新

天安公司是一家以生产微波炉为主的家电企业。企业近几年来取得了长足的发展,主要得益于公司内部的管理创新,主要是:

1. 生产管理创新。公司对产品的设计设立高起点,严格要求;依靠公司设置的关键质量控制点对产品的生产过程实施全程监控。同时,利用 PDCA 和 PAMS 方法,持续不断地提高产品的质量,加强对员工的生产质量教育和岗位培训。

2. 供应管理创新。天安公司把所需采购的原辅材料和外购零部件,根据性能、技术含量以及对成品质量的影响程度,划分为 A、B、C 三类,并设置了不同类别的原辅材料和零部件的具体质量控制标准,进而协助供应厂家达到质量控制要求。

3. 服务管理创新。公司通过大量的市场调研和市场分析活动制定了售前决策,进行了市场策划,树立了公司形象;与经销商携手寻找最佳点共同为消费者提供优质服务;公司建立了一支高素质的服务队伍,购置先进的维修设备,建立消费者投诉制度和用户档案制度,开展多种形式的售后服务工作,提高了消费者满意度。

资料来源:根据有关资料整理。

问 题

1. 天安公司设置不同类别的原辅材料和零部件的具体质量控制标准属于哪类控制标准?为什么?

2. 案例中公司所设置关键质量控制点,体现了有效控制原则中的哪一项?为什么?

分析提示

1. 控制标准可以分为定量和定性两大标准。天安公司是根据原辅材料和零部件的性能、技术含量以及对成品质量的影响程度,从而设置不同类别的原辅材料和零部件的具体质量控制标准,因而它属于定量标准中的实物标准。

2. 天安公司设置关键质量控制点以保证对产品质量的控制就是在确定了重

点的控制对象后,在产品质量控制相关环节上建立了关键控制点,体现了控制原则中的重点原则。

9.3.2 衡量绩效

衡量绩效是指用控制标准衡量活动的业绩成效,找出实际活动绩效与控制标准的差异,并以此对实际活动进行评估。为了对实际工作的绩效进行衡量,在控制标准确定以后,管理人员应收集必要的信息,考虑如何衡量和衡量什么。这样,一方面可以反映出计划的执行过程,使管理人员了解到哪些员工的绩效显著,以便对其奖励;另一方面,还可使管理人员及时发现那些已经发生或预计将发生的偏差。

1. 如何衡量

一般来讲,可以通过个人观察、统计报告、口头汇报和书面报告等四种信息衡量实际绩效。这四种信息各有优缺点,只有将它们结合起来,才能丰富信息的来源并提高信息的准确度。

(1) 个人观察。这种方法提供了关于实际工作的最直接和最深入的第一手资料。观察可以包括非常广泛的内容,因为任何实际工作的过程都是可以观察到的。个人观察的显著优势是可以直接观察到面部表情、声音语调以及情绪等,它是常被其他来源忽略的信息。

(2) 统计报告。随着信息技术的发展,计算机的广泛应用使统计报告的制作日益方便。这种报告不仅有计算机输出的文字,还包括许多图形、图表,并且能按管理者的要求列出各种数据。需要注意的是,这种统计数据可以清楚有效地显示各种数据之间的关系,但它们对实际工作提供的信息是有限的。因为它只能提供一些关键的数据,忽略了其他许多重要因素。

(3) 口头汇报。通过口头汇报的形式获得信息十分方便,如会议、一对一的谈话或电话交谈等。这种信息可能是经过过滤的,但是它快捷、有反馈,同时可以通过语言词汇和身体语言来扩大信息,还可以录制下来,像书面文字一样能够永久保存。

(4) 书面报告。书面报告比较精确和全面,与口头报告相比要显得正式一些,且易于分类存档和查找。

2. 衡量什么

衡量什么是比如何衡量更为关键的一个问题。如果错误地选择了对象,将会导致严重的不良后果。衡量什么还将在很大程度上决定组织中的员工追求什么。

有一些控制准则是在任何管理环境中都通用的。比如,营业额或出勤率可以考核员工的基本情况;费用预算可以将管理人员的办公支出控制在一定的范围之内。但是必须认识到内容广泛的控制系统中管理人员的多样性,所以控制的标准也大不相同。例如,一个制造业工厂的经理可以用每日的产量、单位产品所消耗的工时及资源、顾客退货率等进行衡量;一个政府管理部门的负责人可用每天起草的文件数、每天发布的命令数、电话处理一件事务的平均时间等来衡量;销售经理常常可用市场占有率、每笔合同的销售额、每位销售员拜访的顾客数等来进行衡量。

如果有了恰如其分的标准和准确测定下属工作绩效的手段,那么对实际或预期的工作进行评价就比较容易。但是有些工作和活动的结果是难以用数量标准来衡量的。如对大批量生产的产品制定工时标准和质量标准是简单的,但对于顾客订制的单件产品,评价其标准的执行情况就难以确定。此外,对管理人员的工作评价要比对普通员工的工作评价困难得多,因为他们的业绩很难用有形的标准来衡量,而他们本身和他们的工作却又非常重要。他们既是计划的制订者,又是计划的执行者和监督者,他们的工作绩效不仅决定着他们个人的前途,而且关系到整个组织的未来,因此不能由于标准难以量化而放松或放弃衡量。有时可以把他们的工作分解成能够用目标去衡量的活动;或者采取一些定性的标准,尽管会带有一些主观局限性,但这总比没有控制标准、没有控制机制要好。

9.3.3 纠正偏差

控制的最后一个步骤就是根据衡量和分析的结果采取适当的措施。衡量和分析的结果通常有两种情况:结果比较令人满意或出现偏差。当衡量绩效的结果比较令人满意时,可维持现状;如果出现偏差就要分析偏差产生的原因,并对不同的情况采取不同的更正行动。

1. 分析偏差产生的原因

偏差可能是由不同的原因造成的。对造成偏差的原因进行正确的分析,是采取措施的依据。偏差有时可能是由于绩效不足造成的。人员不称职、技术条件跟不上、制度不完善和策略失误等,都有可能造成绩效不足。有时偏差也可能是计划和标准本身有误造成的,即使是同一偏差,也可能是由不同的原因造成的。如销售利润的下降既可能是因为销售量的降低,也可能是因为生产成本提高。前者既可能是因为市场上出现了技术更加先进的新产品,也可能是因为竞争对手采取了某种竞争策略,或是企业产品质量下降;后者既可能是因为原材料消耗和劳动力占用数量增加,也可能是因为购买价格提高。

针对不同的原因要采取不同的纠正措施。通过评估反映偏差的信息,分析影响因素,通过表面现象找出造成偏差的深层原因,再在众多的深层原因中找出最主要者,为纠偏措施的制定指导方向。

2. 纠正偏差

根据偏差产生的不同原因,采取不同的纠正措施。如果偏差是由于绩效不足产生的,管理者就应该采取相应的纠正措施。这种措施的具体方式可以是:管理策略的调整、组织结构的完善、及时进行补救、加强人员培训以及进行人事调整等。

在采取措施时,管理者要决定是应该采取立即纠正行动,还是彻底纠正行动。立即纠正行动是立即将出现问题的工作矫正到正确的轨道上。彻底纠正行动,首先要弄清工作中的偏差是如何产生的,为什么会产生,然后再从产生偏差的地方开展纠正行动。在日常管理工作中,许多管理者常以没有时间为借口而不采取彻底纠正行动,或者因为采取彻底纠正行动会遇到思想观念、组织结构调整及人事安排等方面的阻力,因此只满足于救火式的应急控制。事实证明,作为一个有效的管理者,对偏差进行认真的分析,永久性地纠正这些偏差才是非常有益的。

3. 修订标准

不合理的标准也可能造成工作的偏差。指标有时会定得太高或太低,原有的标准随着时间的推移可能不适应新的情况,这时就需要调整标准了。

在现实生活中,当实际工作与目标之间的差距非常大时,发生偏差的部门及其员工往往首先想到的是标准本身。如销售人员可能会觉得定额太高致使他们没有完成销售计划。人们不大愿意承认绩效不足是自己努力不够的结果,作为一个管理者对此应保持清醒的认识。如果你认为标准是恰当的,就应该坚持,否则就应做出适当的修改。

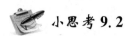
小思考 9.2

问　题

种庄稼需要水,但某地区近年老是不下雨,怎么办?一种办法是灌溉,以补充不下雨的不足;另一办法是改种耐旱作物,使所种作物与环境相适应。按照控制理论,这两种措施属于什么活动?

分析提示

纠正偏差和调整计划。

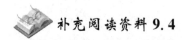
补充阅读资料 9.4

日本、美国和中国的控制实践活动

在西方的管理人员看来,控制需要设定标准,以衡量业绩并纠正不期望出现的偏差。但是对日本人来说，这一过程则不那么直截了当，如表 9.1 所示。

表 9.1　日本、美国及中国的控制实践活动对比

日本的管理	美国的管理	中国的管理
1. 同级控制 2. 控制集中在集体业绩 3. 留有面子 4. 广泛使用质量控制小组	1. 上级控制 2. 控制集中在个人业绩 3. 追究责任到人 4. 有限地使用质量控制小组	1. 受集体领导的控制（上级） 2. 控制主要针对集体，有时也集中在个人业绩 3. 试图留面子 4. 有限地使用质量控制小组

资料来源：根据有关资料整理。

9.4　控制技术与方法

如何有效地运用控制技术和方法是成功地进行控制的重要保证。要对组织的各项活动进行全面的控制，必须借助于各种各样的控制技术和方法。充分了解和综合运用各种控制技术和方法，是搞好控制工作的一个重要前提。本节介绍一些常用的控制技术和方法。

9.4.1　预算控制

预算是一种以货币和数量表示的计划，它是按财务项目或非财务项目表示的组织的预期成果，它反映了组织在未来某一时期内的综合计划。预算将计划规定的活动用货币和数量表达出来。因而实现了计划的具体化，为控制工作提供了明确的控制标准，更加有利于控制工作的开展。预算控制是一种传统而又广泛的控制方法。

1. 预算的种类

根据预算内容，可以把预算分成以下几种类型。

（1）收支预算。收支预算是从财务角度计划和预测未来活动的成果以及为取得这些成果所要付出的费用。它实际上是以货币表示组织的收入和经营费用支出的计划。收支预算包括收入预算和支出预算。

收入预算主要是销售预算。企业主要是依靠产品销售或提供服务所获得的收入来支付经营管理费用并获取利润的，因此销售预算是工作的基石，销售预算是预算控制的基础。

支出预算是企业关于生产活动的预算。支出预算与销售预算相对应,是保证销售过程顺利进行的生产活动的预算,主要是对直接人工、直接材料和间接费用的预计与测算。支出预算是企业预算中最重要的预算。

(2) 资本支出预算。资本支出预算概括了专门用于厂房、机器、设备、库存和其他一些类目的资本支出。由于资本通常是企业最有限制性的因素,而且一个企业要花很长时间才能收回厂房、机器设备等方面的投资。因此,对这部分资金的投入一定要慎重地进行预算,并且应尽量与长期计划综合在一起全面考虑。

(3) 现金预算。现金预算是对未来生产与销售活动中现金的流入与流出进行预测,这里所指的现金是指现实的、可立即使用的资金。从这个意义上讲,现金预算并不反映企业的资产负债情况,而反映的是企业在未来活动中的现金流量与流程。通过现金预算,可以帮助企业发现企业资金的闲置与不足,从而指导企业及时规划资金的运作,以免影响企业的正常活动。

(4) 资产负债预算。资产负债预算是对企业会计年度期末的财务状况进行预算,是各部门各项目分预算的汇总。资产负债表是资产负债预算的载体。利用资产负债表的资料,可以了解企业拥有或控制的资产总额及其构成情况,企业负债和所有者权益状况;评价企业的清偿能力和筹资能力;考察企业资本的保全和增值情况;分析企业财务结构的优劣和负债经营的合理程度;预测企业未来的财务状况和财务安全程度等。

(5) 总预算。总预算是以组织整体为范围,涉及组织收入或者支出项目总额的预算。总预算通过编制预算汇总表,可以用于企业的全面业绩控制。它把各部门的预算集中起来,反映组织计划与目标要求,使人们可以全面了解销售额、销售成本、利润、资本的运用、投资利润率及其相互关系,揭示实现组织目标的进展情况。

2. 现代预算方法

(1) 弹性预算。为使预算适应将来可能出现变化的环境,在编制预算中必须注意预算的弹性问题。实行弹性预算的方法主要有两种:一种是变动预算,另一种是滚动预算。

① 变动预算。这是根据成本习性的不同而将其分解的一种预算方法。即一部分费用与产量大小无关,是固定要发生的,称为固定成本;另一部分费用则随产量的变化而变化,称为变动成本。由于预算期条件经常变化,生产量可能随之变动,这就需要相应调整变动成本(固定成本并不受影响)。根据不同的预期产量,编制变动成本不同的预算,这就是一种变动预算的方法。这种控制方法主要用于制造、销售等与产量直接有关的成本系统。

② 滚动预算。这是指先确定一定时期的预算,然后每隔一定时间修改以使其符合新的情况,从而形成时间向后推移一段的新预算。变动预算与滚动预算都保

持了较大的灵活性,能较好地适应各种变化。

(2) 程序性预算。程序性预算方法(即计划—规划—预算法)是美国国防部在制定1963年预算时开始在政府机构中采用的。传统的预算方法是以各项开支为目标制定的。它一般是根据以往开支情况,将资源分配在各个开支项目上,而忽略了开支只是完成计划目标的手段。这样的预算,必然导致资源分配的不合理以及不能有效地保证组织或部门目标的特定需要。而程序性预算,完全是以计划为基础的,按照计划目标的实际需要来分配资源,使资源最有效地保证目标的实现。

(3) 零基预算。在传统的预算方法中,人们确定某项职能的成本费用,往往是以过去的实际支出为基础的。然后,再根据新情况的变化,作适当增加、减少或维持不动。但这样做的结果,很可能是这笔费用的调整不适应实际情况的变化,甚至可能原有的费用支出本来就是不合理的。因此,那种以原来费用支出为基准上下调整的办法是有很多弊端的。零基预算就是在制定某项职能预算时以零为起点开始其预算过程,即每次都是重新由零开始编制预算。这样可以打破原有的条条框框,避免不合理资源分配情况的延续,使预算更符合实际,更能适应情况的变化。

零基预算主要使用于支援、参谋等领域,如营销、研究开发、人事、财务等部门。它们的支出一般无硬性根据,主要根据目标要求来灵活制定。零基预算的主要做法是:把每一项支援性活动描述为一个决策的组件,每个组件都包含目标、行动及所需资源;对每一个组件或活动用成本-效益分析的方法进行评价和安排顺序;对拥有的资源按照每种职能对于实现组织目标所作的贡献大小进行分配。

3. 预算的局限性及对策

预算是一种普遍使用的、行之有效的计划和控制方法,有着重要的作用,但也存在着局限性,主要表现为以下几点:

(1) 缺乏灵活性。这是预算最大的缺陷。因为实际情况常常会不同于预算,情况的发展变化可以使一个刚编制出来的预算已然过时。

(2) 导致控制过细倾向。某些预算控制计划过于繁琐,详细地列出细枝末节,以致束缚了管理者在管理本部门时所必需的自由,出现了预算工作过细过死的倾向。

(3) 可能导致效能低下。预算通常是在上年度成果的基础上按比例增减来编制的,所以许多管理者也常常以过去所支出的费用作为本年度预算的依据,预算的申请数往往要大于它的实际需要数。

(4) 导致本位主义倾向。部门预算目标有时会取代组织目标,因为有些管理者只把注意力集中在尽量使自己部门的经营费用不超过预算,而忘记了自己的首要职责是实现组织的目标。

克服这些局限性的对策通常是采用可变或灵活的预算方案,具体做法是:

(1) 可变的预算通常是随着业务量(生产量或销售量)的变化而做出不同的安

排,其编制依据是在费用基础上进行分析,以此来确定各个费用项目应怎样随着业务量的变化而变化。这种预算主要适合于费用预算。

(2) 编制可选择的和补充的预算。这种预算是按预测的各种不同情况,编制上、中、下三种不同经营水平的预算,使管理者可根据本部门的经营情况,灵活选择使用其中的一种。

(3) 还可以通过追加预算的办法来增加预算的弹性。即在中期或长期预算的基础上,通过预算该月业务量来编制每月的补充预算。

9.4.2 非预算控制

1. 审计控制

审计控制也是一种常用的控制方法。它是对反映组织的资金运动过程及其结果的会计记录和财务报表进行审计、鉴定,以判断其真实可靠性,从而为决策和控制提供依据。审计控制的主要内容包括财务审计和管理审计。

(1) 财务审计是指以组织的财务活动为主体所开展的审计。财务审计的主要内容是组织的财务活动,主要方法是对组织的财务账目、凭证、财物、债务等进行检查,以规范组织的财务行为。财务审计对于加强组织内部财务管理的制度化、控制支出的合理性、严格管理组织的财产、严格管理会计工作、改进组织的财务情况,都具有十分重要的意义。

(2) 管理审计是对一个组织的管理工作进行的审计。管理审计的目的是通过对组织管理工作的检查来评价组织各种资源利用的效果,以提高组织的管理水平。管理审计既包括对组织管理能力与效果的审计,也包括对各阶段管理活动的状况与效果的审计,如对组织内部门的审计,主要有对生产管理、财务管理、销售管理、人事管理等部门的审计。

在具体的审计过程中,应根据组织的实际情况及审计的目的来确定进行什么类型的审计,要将财务审计与管理审计等结合起来,以利于发现组织运行中存在的问题,及时进行整改,更好地实现控制目标。

2. 行政控制

行政控制泛指借用行政手段监测、控制被控制对象的方法,主要包括以下几种:

(1) 实地观察。实地观察即管理者亲临工作现场,对受控系统的运营进行直接的巡视、察看,了解运行情况,直接衡量工作绩效,如发现偏差及时予以纠正。管理者亲临现场的这种控制方式,有其特定的功能,如可以直接掌握第一手资料、能亲自辨别情报真伪、能及时把握变化情况,并有利于缩短管理者与被管理者的心理距离。因此,它是其他控制手段所不能替代的。

（2）资料统计。这是指管理者借助各种数据资料，掌握受控系统运行情况，以便进行控制的方法。如果有连续反映受控系统运行情况的原始记录，将便于实施有效的控制。同时，坚持对有关统计资料的分析与积累，就能为控制系统运行、监测偏差并及时采取纠正行动提供有效手段。

（3）报告。这是指管理者搜集与阅读关于受控系统运行信息的各种报告，了解情况，以控制系统运行的方法。这些报告较为详尽地提供有关信息并进行偏差分析，为纠正偏差的行动提供依据和指南。这些报告往往带有专题性，可以集中阐述某一子系统的情况，对于管理者深入了解系统状态、及时采取恰当的纠正措施是非常有用的。

（4）制度规范与培训。即由管理部门对一些例行工作的运作程序、工作标准及一些人员的行为规范、责任制等制定制度及规范，靠制度体系进行控制。同时，对人员进行培训，使他们掌握组织规范并全面提高其素质，其实这也是有效控制的一种根本性举措。

3. 经济控制

利用管理经济学和管理会计所提供的一些专业方法，对实际系统进行经济分析与控制，是管理控制的重要手段。比率分析和盈亏平衡分析是常用的两种方法。

（1）比率分析。比率表示两个变量之间的对比关系。它对反映受控系统的实际状态以帮助控制者作出正确评价，是很有用处的。反映系统某方面数量特征的绝对数，有时并不能提供控制所需的信息。如利润额较大，并不能直接向管理人员反映出企业经营效益究竟如何，而资金利润率则较好地反映了该企业相对本行业的经济效益的大小。因此，比率分析是一种必需的控制技术。一般可以把这些比率分为财务比率和经营比率两大类。

① 财务比率分析，主要用来分析财务结构，控制财务状况，并透过这种资金形式来集中对整个系统进行控制。例如，通过投资利润率分析可以掌握投资的经济效益，通过销售利润率分析可以一般地考察企业的盈利能力。

② 经营比率分析。经营比率分析有助于直接控制企业的经营活动。例如，用年度销售产品成本除以当年平均库存价值，即得到库存周转率，它反映了商品周转的速度及库存的合理性；市场占有率，它反映了企业占领与开拓市场的情况；而用销售费用去比净销售额，可以用来测定销售工作的效率。

（2）盈亏平衡分析。这是进行经济分析的一种重要工具。盈亏平衡模型可以用来进行成本控制。这一模型将固定成本与变动成本分列，容易发现实际费用与预算的背离情况，可将注意力集中于可能采取纠正行动的那些领域。盈亏平衡分析模型已在决策一章中作了介绍。它既是决策工具，又是控制工具。运用盈亏平衡点模型可以进行生产量或销售量控制。当生产量或销售量为盈亏平衡点时，企业既不亏损也不盈利。低于这个数量就要亏损，高于这个数量就能获得盈利。这一数量界限成为控制产量、销量以及反映相应盈亏状况的重要手段。

经营杠杆率是进行盈亏平衡分析的另一有用工具。它是指产品销售量变化1%而引起利润变化的百分数。经营杠杆率大的企业,表明其利润对销售量变化的反应敏感性强,即销售量的一个较小的变化,将导致利润较大幅度的变化。通过这样的分析,就可以测定利润随销售量变化而变化的情况,以便加强对销售量与利润的控制。而一个企业经营杠杆率的大小,又取决于其生产要素的结构,即固定成本与可变成本间的比例。固定成本比重大,则盈亏平衡点位置高,其经营杠杆率大。

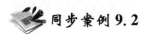
同步案例9.2

麦当劳的管理控制

麦当劳是全球最大的连锁快餐企业。麦当劳的黄金准则是顾客至上,顾客永远第一。提供服务的最高标准是质量(Quality)、服务(Service)、清洁(Cleanliness)和价值(Value),即 QSC&V 原则。这些是最能体现麦当劳特色的重要原则。Quality是指麦当劳为保障食品品质制定了极其严格的标准。Service是指按照细心、关心和爱心的原则,提供热情、周到、快捷的服务。Cleanliness是指麦当劳制定了必须严格遵守的清洁工作标准。Value代表价值,是后来添加上的准则(原来只有 Q,S,C),加上 V 是为了进一步传达麦当劳的"向顾客提供更有价值的高品质"的理念。也可以说,QSC&V 原则不仅体现了麦当劳的经营理念,而且因为这些原则有详细、严格的量化标准,使其成为所有麦当劳餐厅从业人员的行为规范。

为了使各加盟店都能够提供令消费者满意的服务并实现标准化,除了上述理念和规范以外,麦当劳公司还建立了严格的检查监督制度。麦当劳体系有三种检查制度:一是常规性月度考评,二是公司总部的检查,三是抽查(在选定的分店每年进行一次)。公司总部统一检查的表格主要有食品制作检查表、柜台工作检查表、全面营运评价表和每月例行考核表等;公司总部的抽查资料有分店的账目、银行账户、月报表、现金库和重要档案等,详略不等。而对每个分店一年一次的检查一般主要由地区督导主持,主要检查现金、库存和人员等内容。地区督导常以普通顾客的身份考察食品的新鲜度、温度、味道,检查地板、天花板、墙壁、桌椅等是否整洁卫生,考察柜台服务员为顾客服务的态度和速度等。

正是因为麦当劳制定并严格执行这种管理控制方法和严格的检查监督制度,使得麦当劳得以在世界范围内推广,麦当劳餐厅遍布全世界六大洲百余个国家,成为全球餐饮业最有价值的品牌。

资料来源:根据有关资料整理。

问 题

麦当劳运用了哪些控制手段和方法?

分析提示

麦当劳运用了间接控制、任务控制、管理控制、预算控制和财务控制等手段和方法。

本章小结

控制工作是指组织在动态的环境中为保证组织目标的实现而采取的各种检查和纠偏等一系列活动或过程,目的在于保证组织活动的开展能够与预定的组织目标和计划协调一致,保证组织目标的最终实现。在管理控制中,按控制时点不同分类,控制可分为事前控制、事中控制和事后控制。

要使控制工作发挥有效的作用,在建立控制系统时,必须遵循一些基本的原理,包括控制趋势原理、反映计划原理、组织适宜性原理、控制关键点原理、例外原理、直接控制原理。要使控制工作发挥作用,取得预期的成效,在具体运用上述六条原理时,还要特别注意满足以下几个要求:控制的客观性、控制的灵活性、控制的经济性、控制的全局性、控制的可操作性、控制的及时性、控制的将来性。

有效的控制过程一般应包括建立控制标准、衡量工作成效和纠正偏差等几个基本环节。

预算控制是管理控制中运用最广泛的控制方法。常用的预算种类有收支预算、资本支出预算、现金预算、资产负债预算和总预算等。现代预算控制方法包括弹性预算、程序性预算和零基预算。非预算控制主要包括审计控制、行政控制、经济控制等。

一、知识训练

（一）复习题

1. 单项选择题

(1) 下列属于事前控制的是(　　)。

A. 驾驶员驾驶汽车行驶　　B. 建筑工地上的检查

C. 财务预算　　D. 适度控制

(2) 预算的实质是(　　)。

A. 用统一的货币单位为企业各部门的各项活动编制计划

B. 使管理者了解企业的经营状况

C. 比较不同时期的活动效果

D. 比较不同部门的经营绩效

(3) 财务分析、成本分析、质量分析等都属于(　　)。

A. 反馈控制　　B. 结果控制　　C. 同期控制　　D. 前馈控制

(4) 所有权和经营权相分离的股份公司,为强化对经营者行为的约束,往往设计有各种治理和制衡的手段,包括:① 股东们要召开大会对董事和监事人选进行投票表决;② 董事会要对经理人员的行为进行监督和控制;③ 监事会要对董事会和经理人员的经营行为进行检查监督;④ 要强化审计监督。这些措施是:(　　)。

A. 均为事前控制

B. 均为事后控制

C. ①为事前控制,②为同步控制,③、④为事后控制

D. ①、②为事前控制,③、④为事后控制

(5) 有人说,人的身体是"三分治七分养",从管理学的角度这句话说的是(　　)。

A. 事后控制比事前控制更重要　　　　B. 现场控制比事后控制更重要

C. 反馈控制比事后控制更为重要　　　D. 事前控制比事后控制更重要

2. 多项选择题

(1) 控制的基本过程包括(　　)。

A. 制订计划　　B. 确立标准　　C. 衡量绩效　　D. 诊断原因

E. 纠正偏差

(2) 在(　　)情况下,预定计划或标准需要调整。

A. 原来正确的标准或计划由于客观环境的变化,不再适应新形势

B. 高层人员的变动

C. 原先计划或标准制定得不科学,在执行中发现了问题

D. 计划人员调整

E. 以上都不是

(3) 下列哪些是有效控制的要求(　　)。

A. 灵活性　　B. 适度性　　C. 经济性　　D. 及时性　　E. 客观性

(4) 下列属于控制方法的有(　　)。

A. 预算　　B. 全面质量管理　　C. 比率分析　　D. 网络计划技术

E. 审计

(5) 下列属于运用预先控制的是(　　)。

A. 企业根据现有产品销售不畅的情况,决定改变产品结构

B. 猎人把瞄准点定在飞奔的野兔的前方

C. 根据虫情预报,农业公司做好农药储备

D. 汽车驾驶员在上坡时,为了保持一定的车速,提前踩加速器

E. 瞄准靶心射击

3. 简答题

(1) 简述控制工作基本原理与有效控制的要求。

(2) 预算控制有哪些主要的方法?

（二）讨论题

背景资料

在"三鹿奶粉事件"发生后，各食品企业都对自己的产品质量进行了审查。其中某果汁饮料厂也发现了产品中某种添加剂"超标"。在企业内部组织的一次讨论会上，与会者从企业如何加强自我控制角度提出了很多建议。有人说，要在源头上进行控制，把好原料、水和各种添加剂的质量关；有人说，要在实际的生产过程上下功夫，做到每时每刻、每个环节都有人检查；有人说，要加大对各批次产品抽检力度，过去是每批次抽出一箱再抽出一瓶来化验，现在应每批次抽出两箱再抽出四瓶来化验。大家说得都有道理，但对于最关键的控制点是什么没有形成统一意见。

问题

说一说与会者提出的建议涉及哪几种控制类型。你认为在厂家内部控制中哪种控制最重要？为什么？

二、能力训练

案例分析

作为全球最著名的工业企业之一，丰田汽车公司一直以"品质和安全"为"看家宝"。丰田一贯依靠强大的设计和制造能力，适应全球不同区域市场需求的多产品线以及高速扩张来"攻城略地"，通过零部件外包和精益生产来降低成本，这个秘诀成为其日益壮大的杀手锏。如果从根本上分析，丰田的经营哲学就是"哪个地方需要什么，我们就能大批量更便宜地生产什么"，这是赤裸裸的实用主义精神。

但近年来，丰田似乎已经偏离了其强调谨慎、按需生产、追求商品竞争力的"丰田之道"，曾经的稳扎稳打越来越多地被投机行为所取代，迅速扩张带来的产品质量下降也没有得到及时处理，不惜以牺牲品质来换取产能扩张，甚至在其赖以生存的美国市场铸下大错，以至于在2010年深陷产品大量召回的泥潭难以自拔。

资料来源：根据有关资料整理。

问题

1. 全面评估"召回门"给丰田汽车公司带来的影响。
2. 企业有没有办法杜绝此类事件？

分析提示

1. 直接经济损失（维修等）、间接经济损失（停产、销售减少等）、品牌受损、可能的诉讼与赔偿成本、股价下跌、市场地位削弱。
2. 理论上有方法预防此类危机，但很难完全做到。预防的方法主要包括：做好战略控制，做好运行控制，严格执行工作标准，塑造"品质第一"的文化。

第 10 章 创 新

学习目标

知识目标：了解创新的概念与类型，理解企业创新的过程与组织，基本掌握企业创新的内容。

技能目标：领会创新的方法和内容，能结合企业与产品或劳务的实际，了解企业创新的过程，提高对创新的认识。

基本素养：认识创新的重要性，培养创新意识和创新勇气，初步具有掌握和运用创新的思维方法的能力。

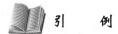
引 例

"华为"的创新

华为技术有限公司是一家生产销售通信设备的民营通信科技公司，于 1987 年正式注册成立，总部位于中国广东省深圳市龙岗区。华为是全球领先的信息与通信技术（ICT）解决方案供应商，专注于 ICT 领域，坚持稳健经营、持续创新、开放合作，在电信运营商、企业、终端和云计算等领域构筑了端到端的解决方案优势，为运营商客户、企业客户和消费者提供有竞争力的 ICT 解决方案、产品和服务，并致力于构建未来信息社会。

华为认为，持续创新是华为基业长青的基石。长期持续以客户为中心的研发创新，是华为赖以生存和发展的根本。华为公司经过 30 多年的发展，在产业领域的多个方向做到了技术和解决方案世界领先，这是华为多年以来坚持战略投入、厚积薄发的必然结果。

2018 年华为在世界 500 强中排名第 72。从 30 年前一个小小的民营企业发展成为世界 500 强，成功的因素有多种，但关键一条是：长期重视研发投入。

华为高度重视技术创新与研究，坚持将每年收入的 10%—15% 投入到研发中。2018 年，华为在研发方面投入了 1 000 多亿元人民币，在"2018 年欧盟工业研发投资排名"中位列全球第五。近 10 年华为累计投入的研发费用超过 4 800 亿人民币（约 730 亿美元）。研发不是短跑，而是马拉松，身在跑道就必须一直跑下去。未来几年，华为每年的研发经费将逐步提升到 150 亿—200 亿美元。相应的，华为公司每年的专利申请数量和授权数量也持续增长。持续的投入在今天开花结果，转化为华为能够向客户持续提供创新产品并拥有高效服务的能力。目前，华为的业务遍及170多个国家和地区，服务30多亿人。

2009年，华为投入6亿美元启动5G技术和标准的研究；2016年后，又追加投资14亿美元，用于加快端到端5G商用产品的研发。至此，华为已率先投资20亿美元进行5G研发。超过了美国和欧洲主要设备供应商5G研发的投资总和。

基础研究非一朝一夕之功，一种基础理论转变成大产业，往往要经历几十年甚至上百年的积累。但凡求短期收益、计较短期投入产出比，就不可能在基础研究领域进行大的投入。企业需要有足够的战略耐性，要有长期坐"冷板凳"的打算，最终才能够成为行业的佼佼者。

资料来源：根据《华为白皮书》等资料整理。

问　题

1. 华为是如何实现创新的？
2. 华为的成功对我们有何启示？

10.1　创新的概念与类型

在动态的发展环境中，现代组织管理必须不断调整其活动的内容和目标，以适应环境变化的要求，这就需要依靠管理的创新职能。创新是一种思想以及在这种思想指导下的实践，是一种原则以及在这种原则指导下的具体活动，是管理的一种基本职能。

10.1.1　创新的概念

最早论述创新的学者当推著名的经济学家熊彼特（Schumpeter），他在《经济发展理论》一书中首次给出了创新的定义，并将创新这个概念纳入经济发展理论之中，论证了创新在经济发展过程中的重大作用。熊彼特的创新概念包含下列五种情况：

（1）采用一种新的产品，也就是消费者还不熟悉的产品，或开发产品的某种新的特性。

（2）采用一种新的生产方法，也就是有关制造部门尚未鉴定通过的方法，这种新的方法不需要建立在新的科学发现的基础之上，但可作为生产产品的一种新方式。

（3）开辟一个新的市场，也就是有关国家的某一制造部门以前不曾进入的市场,不管这个市场以前是否存在过。

(4) 掠取或控制原材料或半成品的一种新的供应来源,也不问这种来源是已经存在的,还是第一次创造出来的。

(5) 创造任何一种工业上的新组织,比如造成一种垄断地位(例如通过"托拉斯化"),或打破一种垄断地位。

从这个新概念中,我们已经看到了管理创新的部分内涵。

补充阅读资料 10.1

熊彼特

熊彼特(1883—1950),美籍奥国经济学家,当代资产阶级经济学代表人物之一。熊彼特的主要著作有《经济发展理论》(1912年)、《经济周期:资本主义过程的理论、历史和统计分析》(1939)、《资本主义、社会主义和民主主义》(1942)、《从马克思到凯恩斯十大经济学家》(1951)、《经济分析史》(1954)。

熊彼特

熊彼特以"创新理论"解释资本主义的本质特征,解释资本主义发生、发展和趋于灭亡的结局,从而闻名于资产阶级经济学界,影响颇大。他在《经济发展理论》一书中提出"创新理论"以后,又相继在《经济周期:资本主义过程的理论、历史和统计分析》和《资本主义、社会主义和民主主义》两书中加以运用和发挥,形成了以"创新理论"为基础的独特的理论体系。"创新理论"的最大特色,就是强调生产技术的革新和生产方法的变革在资本主义经济发展过程中的至高无上的作用。但在分析中,他抽掉了资本主义的生产关系,掩盖了资本家对工人的剥削实质。

熊彼特以"创新理论"为依据,提出了他的经济周期理论。他还在《资本主义、社会主义和民主主义》一书提出了资本主义的自动过渡理论。

当前熊彼特学说在西方学术界的影响有更大的扩展,特别是由于科学技术的进步,熊彼特的"创新理论"受到更多西方学者的重视。

资料来源:根据有关资料整理。

我国管理学者芮明杰认为,从管理的角度看,创新是创造一种新的更有效的资源整合范式,这种范式既可以是更新的、更有效地整合资源以实现企业目标和承担所肩负的责任的全过程式管理,也可以是具体的资源整合及目标制定等方面的细节管理。这一概念至少包含下列五种情况:

1. 提出一种新的经营思路并加以有效实施

新的经营思路如果是可行的,这便是管理方面的一种创新,但这种经营思路并非仅针对一个企业而言是新的,而应对所有企业来说是新的。

2. 创立一个新的组织机构并使之有效运转

组织机构是企业管理活动及其他活动有序化的支撑。一个新的组织机构的诞生是一种创新,但如果不能有效运转则成为空想,不是实实在在的创新。

3. 提出一种新的管理方式方法

一种新的管理方式方法能提高生产效率,或使人际关系协调,或能更好地激励员工,等等。这些都将有助于企业资源的有效整合以实现企业目标和承担所肩负的责任。

4. 设计一种新的管理模式

所谓管理模式是指企业综合性的管理范式,是指企业总体资源有效配置实施的范式。这么一个范式如果对所有企业的综合管理而言是新的,则自然是一种创新。

5. 进行一项制度的创新

管理制度是企业资源整合行为的规范,既是企业行为的规范,也是企业员工行为的规范。制度的变革会给企业行为带来变化,进而有助于资源的有效整合,使企业更上一层楼。因此,制度创新也是管理创新之一。

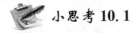

小思考 10.1

问 题

创新与发明创造有何区别?

分析提示

创新与发明创造之间的主要区别表现在以下几个方面:创新与发明创造的行为主体不同,创新与发明创造的着眼点不同,创新与发明创造的目的不同。

10.1.2 创新的类型

创新的类型多样,可以按照不同的标准进行分类,如表 10.1 所示。

表 10.1 创新的类型

分类的标准	类 型
创新的规模与创新对组织的影响	局部创新与整体创新
创新与环境的关系	消极防御型创新与积极攻击型创新
创新发生的时期	系统初建期的创新和运行中的创新
创新的组织程度	自发创新与有组织的创新

1. 局部创新与整体创新

局部创新指的是在组织的目标与性质不变的前提下,对组织内部的一部分内容、某些生产要素的组合方式、某些技术进行的创新或改造。这种创新对组织的整体发展影响不是太大,只对组织的某个局部方面产生影响,并且规模也相对较小。而整体创新就不同了,这种创新指的是对组织的整体进行的改革,对组织的目标有较大的影响,或者是对组织发展起决定性作用的技术方面的创新。整体创新的特点是对组织的影响较大,创新本身的规模也较局部创新大,对组织的发展具有十分重大的意义。

2. 消极防御型创新与积极攻击型创新

防御型创新是指由于外部环境的变化对系统的存在和运行造成了某种程度的威胁,为了避免威胁或由此造成的系统损失扩大,系统在内部展开的局部或全局性调整。攻击型创新是在观察外部世界运动的过程中,敏锐地预测到未来环境可能提供某种有利机会,从而主动地调整系统的战略和技术,以积极地开发和利用这些机会,谋求系统的发展。

3. 系统初建期的创新和运行中的创新

系统组建本身就是社会的一项创新活动。系统的创建者在一张白纸上绘制系统的目标、结构、运行规划等蓝图,这本身就要求有创新的思想和意识,创造一个全然不同于现有社会(经济组织)的新系统,寻找最满意的方案,取得最优秀的要素,并以最合理方式组合,使系统开展活动。但是"创业难,守业更难",创新活动更多地存在于系统组建完毕及运转以后。系统的管理者要不断地在系统运行的过程中寻找、发现和利用新的创业机会,更新系统的活动内容,调整系统的结构,扩展系统的规模。

4. 自发创新与有组织的创新

任何社会经济组织都是在一定环境中运转的开放系统,环境的任何变化都会对系统的存在和存在方式产生一定影响,系统内部与外部直接联系的各子系统接收到环境变化的信号以后,必然会在其工作内容、工作方式、工作目标等方面进行积极或消极的调整,以应付变化或适应变化的要求。同时,系统的相关性决定了与外部有联系的子系统根据环境变化的要求自发地作了调整后,必然会对那些与外部没有直接联系的子系统产生影响,从而要求后者也作相应调整。系统内部各部分的自发调整可能产生两种结果:一种是各子系统的调整均是正确的,从整体上说是相互协调的,从而给系统带来的总效应是积极的,可使系统各部分的关系实现更高层次的平衡;另一种情况是,各子系统的调整有的是正确的,而另一些则是错误的,这是通常可能出现的情况,因此,系统各部分自发创新的结果是不确定的。

与自发创新相对应的,是有组织的创新。有组织的创新包含两层意思:

(1) 系统的管理人员根据创新的客观要求和创新活动本身的客观规律,制度化地检查外部环境状况和内部工作,寻求和利用创新机会,计划和组织创新活动。

(2) 与此同时,系统的管理人员要积极地引导和利用各要素的自发创新,使之相互协调并与系统有计划的创新活动相配合,使整个系统内的创新活动有计划、有组织地展开。只有组织创新,才能给系统带来预期的、积极的、比较确定的结果。当然,有组织的创新也有可能失败,因为创新本身意味着打破旧的秩序,打破原来的平衡,因此,具有一定的风险。

同步案例 10.1

虚拟经营模式

耐克公司是服装业虚拟经营的典范。耐克把主要精力放在产品设计上,具体生产则承包给劳动力成本低廉的国家和地区的厂家,以此降低生产成本。这种虚拟制造模式使耐克迅速在全球拓展市场。近年来,耐克试图转变既有的产品驱动型的商业模式,进而发展成为通过全球核心部门的品类管理推动利润增长的以客户为中心的组织。

耐克的虚拟经营模式到了中国,受到温州商人的热捧。早在十几年前美特斯邦威就不生产一件成衣,全部产品由全国的 200 多家代工服装厂代生产,销售则通过分散在全国的 1 200 多家加盟店来完成。目前,美特斯邦威已成为中国民营休闲服装的领军企业。

资料来源:南林.影响中国管理的十大商业模式[J].华东科技,2007(6).

问 题

耐克、美特斯邦威的创新主要体现在哪些方面?

分析提示

经营模式创新、组织创新。

10.2 创新的内容

现代组织生存环境的差异性、发展的阶段性以及各自特征的不同,决定了组织运行中的管理创新所涉及的内容、侧重点有所不同。因此,管理创新的内容比较丰富。

10.2.1 思维创新

企业的管理者不但要敢于创新,还要善于通过科学的创新思维来完成创新的构思。没有创造性思维,不掌握创新思维的方法与技巧,不采用科学可行的创造性技法是很难实现管理上的突破与创新的。思维创新常表现为大胆的猜想、假设或一种灵感。思维创新产生的创造力,是企业创新的思想源泉。

1. 发散型思维

发散型思维是指为解决某一问题而最大限度地放开思路,从多视角、多方向、多途径寻求解决方法的一种开放性思维方式。主要包括:

(1) 立体思维,即突破平面思维定势,从多维视角对事物进行观察和思考。

(2) 联结思维与反联结思维。联结思维指将相关的或表面看起来不相关的事物以某种方式组合起来加以认识;反联结思维则是指将整体分解或利用其中一部分的方式进行思维,两者的目的都在于寻求新事物。

(3) 求异思维,即打破常规,寻求变更和差异,建立新事物的一种思维形式。

(4) 逆向思维,即改变原有的思维方向,倒过来向相反方向进行思维的一种形式。

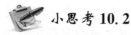
小思考 10.2

问 题

在司马光砸缸的故事中,司马光运用了哪种思维方式?

分析提示

逆向思维。如果有人落水,常规的思维模式是"救人离水",而司马光面对紧急险情,运用了逆向思维,果断地用石头把缸砸破,"使水离人",从而挽救了小伙伴生命。

2. 收束型思维

收束型思维是指利用已有的知识和经验,对众多信息、经验进行分析、整理和综合,以便最终实现最优化和系统化的思维形式。它本身不产生创造性成果,但要依靠它将发散思维产生的各种思维成果逻辑化、系统化。

3. 灵感思维

灵感思维是创造性思维的重要形式。它是一种非自觉创新思维。灵感思维来自于外部的偶然机遇和内部的显意识与潜意识交互作用两个方面,是内、外双重作用的结果,并且靠显意识与潜意识交互作用才能形成。

10.2.2 技术创新

现代企业的一个主要特征是在生产经营过程中广泛应用先进的科学技术。技术水平是反映企业经营实力的一个重要标志,企业要在激烈的市场竞争中处于主动地位,就必须顺应甚至引导社会的技术进步,不断地进行技术创新。企业的技术创新主要表现在产品创新、工艺创新和服务创新三个方面。

1. 产品创新

企业的生存和发展是通过产品实现的,产品创新是企业最直接、最重要的创新活动。产品创新按创新程度分为全新的产品创新和渐进的产品创新。全新的产品创新对企业发展影响较大,难度也大。渐进的产品创新影响较小,但容易进行。渐进的产品创新包括两种情况:一种是使用高性能的材料或部件得以改进性能或降低成本的产品,如用塑料代替木料做家具等;另一种是通过改变一个局部系统的功能进而改变整个系统功能的产品,如在汽车生产中引入新的汽车制动系统,就会显著改善汽车的整体性能等。

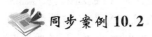
同步案例 10.2

海尔的非洲故事:5 年内雄踞当地品牌第一

海尔这家中国最大的白色家电制造商的国际化能力在尼日利亚得到了检验:在 5 年内雄踞当地品牌第一。

在非洲,尼日利亚是第一人口大国。大约有 1.4 亿人口、2 300 多万个家庭生活在这个紧邻赤道的国家。由于尼日利亚靠近赤道,紫外线很强,日平均温度都在 33℃ 以上,最高达到 44℃。与此同时,长达 9 个月的雨季夹杂着带着腥咸味的空气直接影响到了当地人的生活。家用电器生锈就是当地人的烦恼之一。尼日利亚人为此更需要耐腐蚀的日常用品和家用电器。这里的消费者在购买冰箱、冰柜时也格外挑剔。他们最喜欢的就是海尔永不生锈的冰箱与100小时不化冰的冰柜。海尔在尼日利亚庞大的销售网络也为当地人提供了便利的服务。

如今,海尔冰箱在尼日利亚市场销售的产品除了本土研发、制造、销售的外,还从中国、泰国、印度等制造基地进口到当地销售。以全球资源应对全球需求成为海尔冰箱全球化运营的一个标志。

资料来源:徐国良,王进.企业管理案例精选简析[M].北京:中国社会科学出版社,2009.

问 题

1. 如何理解案例中海尔创新的成功?
2. 如何判断某企业创新是否成功?

分析提示

1. 技术创新是企业发展的不竭动力,海尔通过技术创新不断提升冰箱的品质,从而在市场竞争中立于不败之地。海尔通过技术的重大突破,使其产品明显在性价比上优于其他同类产品,从而创造出全新的市场需求,或是激发市场的潜在需求。因此,海尔取得了成功。

2. 主要看以下几个方面:创新是否得到了当前市场的认可,创新是否使企业在市场竞争中占据了优势,创新是否给企业带来了利润的增加。

2. 工艺创新

工艺创新是指生产和传输某种新产品或服务的新方式(如对产品的加工过程、工艺路线及设备所进行的创新)。对制造型企业来说,工艺创新包括采用新工艺、新方式以及整合新的制造方法和技术以获得成本、质量、周期、开发时间、配送速度方面的优势,或者提高大规模定制产品和服务的能力。例如,在生产洗衣机时采用了新钢板材料,或者把生产洗衣机的生产设备从传统机床更换为数控机床,从而降低50%的生产成本,或提高生产效率3倍以上,这都是工艺(流程)创新的例子。区别产品创新与工艺创新是有意义的。产品创新的目的是提高产品设计与性能的独特性;工艺创新的目的是提高产品质量,降低生产成本,提高生产效率,降低消耗与改善工作环境等。

3. 服务创新

服务创新指新设想转变成新的或改进的服务。近年来,正在实行的电子银行、电子邮政等,都是应用电子网络新技术推出的新的服务。还有通过改变组织结构而推出的新的服务,如连锁快餐店服务、连锁超级市场等。

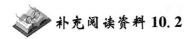
补充阅读资料 10.2

中集集团的工艺创新

中集集团一直以来坚持工艺(流程)创新。公司于20世纪90年代后期引进具有世界领先水平的德国格拉芙公司的冷藏箱生产技术,并在其基础上不断进行开发和创新,在长期实践中积累了很强的工艺(流程)创新能力。例如,通过对原来从德国引进的生产线与流程进行优化改进,原来1万箱的设计生产能力,在同样面积的厂房空间中提高到现在的2.5万箱,大大提高了生产效率和效益。

伴随着时代的进步与行业的发展,单纯的工艺改进难以适应企业创新发展的需求。集装箱制造是典型的劳动力密集型行业,其传统的生产线往往技术含量不高,多依赖重体力劳动。因此,对人的尊重,最直接的是降低体力劳动的强度,提高生产线的自动化,但技术的进步很大程度上源于生产需求和市场拉动。

2010年年底,中集集团在深圳东部建设了一家全新的集装箱生产线,并将之命名为"梦工厂",几乎集成了集装箱生产领域所有最先进的工艺和技术,重新搭建了一整套自动化制造执行系统,最大限度地实现了整个生产系统的物料闭路循环,那种旱烟弥漫、油漆味刺鼻的集装箱车间终于在这里成为历史。"梦工厂"投产之后,产能提高了50%,电耗降低超过36%,95%以上的"天那水"被回收并循环利用。中集集团"梦工厂"成了中国重体力、高污染、高能耗产业如何由粗放制造向精益制造转变的典范。

资料来源:陈劲,郑刚.创新管理[M].北京:北京大学出版社,2013.

10.2.3 制度创新

制度创新是指在现有的生产和生活环境条件下,通过创设新的、更能有效激励人们行为的制度来实现社会的持续发展和变革的创新。所有创新活动都有赖于制度创新的积淀和持续激励,通过制度创新得以固化,并以制度化的方式持续发挥着自己的作用,这是制度创新的积极意义所在。

1. 产权制度创新

任何企业制度的基础都是产权制度,它规定着企业最重要的生产经营要素的所有者对企业的权利、利益和责任。一般而言,产权制度主要是指企业生产经营资料的所有制。从发展的角度看,企业产权制度的创新,必然朝着生产经营资料个人拥有和社会成员共同拥有相结合的方向发展,即混合所有制,以从根本上解决企业发展的财产激励、利益激励和实际控制管理的专业化问题。我国企业产权制度创新的最终目标是要建立起适应社会主义市场经济和社会化大生产客观要求的"产权清晰、权责明确、政企分开,管理科学"的现代企业制度。

2. 治理结构创新

企业的治理结构是继产权制度之后最重要的企业制度,它规范了企业运作的基本模式,即企业是通过什么样的结构来运作的。企业的治理结构应当规范企业运作的基本方式,规范企业的管理人员在管理企业的过程中应遵循的标准和准则,规定对企业高层管理人员的监督与约束。因此,它是企业管理的根本性制度。

3. 管理制度创新

在确定了企业的治理结构之后,就可以制定企业的各项管理制度了。管理制度涵盖的内容非常广泛,如企业人力资源管理制度、财务管理制度、物资设备管理制度、投资决策管理制度和营销管理制度等。管理制度的创新,要求企业根据内外环境的变化、自身的特点和企业目标的调整,适时、灵活地完善管理制度,提高企业运行的有效性。

10.2.4 结构创新

企业组织的正常运行,既要求具有符合企业及其环境特点的运行制度,又要求具有与之相适应的运行载体,即合理的组织形式。企业组织结构创新的思路如下:

一是以产品生产过程为基础的结构划分取代以职能部门为基础的结构划分。随着技术的进步及生产规模的扩大,企业以职能为基础的结构划分难以适应发展的需要,这样就产生了以产品生产过程为基础的结构划分,更好地适应了生产发展的需要。

二是以横向协调代替纵向控制。随着市场需求的不断复杂化,市场管理人员对基层情况的了解较之一线管理人员要少,这就需要给予一线人员更大的决策权,而高层管理人员的纵向控制由横向的协调与支持来代替。

三是以现代信息技术的广泛应用取代传统的人工处理信息方式。现代信息技术的广泛使用为信息的快速传播提供了可能,而信息的快速传播又为企业组织结构的扁平化提供了可能,从而使得管理层次与管理人员不断减少,为组织管理的创新提供了良好的基础。

四是知识正在成为一切变革的基础,随着知识经济时代的到来,知识在人类生活中的作用日趋重要,在组织结构创新的过程中也不例外。如知识的重要性使得学习型组织的建立成了组织结构建设中需要考虑的问题。

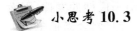

小思考 10.3

问 题

层级组织会被网络组织所代替吗？

分析提示

知识经济带来的变化可能是对现存的层级组织进行网络化改造——用网络结构补充层级结构，而不是被网络组织完全取代。

10.3 创新过程与组织

10.3.1 创新过程

创新是一个非常复杂的过程，涉及组织与组织内部的各个方面。有观点认为创新是对旧事物的否定，对新事物的探索，因此，创新在本质上是杂乱无章的，是不可能用一个程序来进行安排的。我们不否认创新的复杂性，以及创新所涉及的智力与偶然因素，但创新还是有一定规律可循的。总结各种创新的基本情况，创新过程可以归纳为以下几个步骤。

1. 寻找机会

创新是对原有秩序的破坏。原有秩序之所以要打破，是因为其内部存在着或已经出现了某种不协调的现象。这些不协调现象可能为系统的发展提供了有利的机会，也可能带来了某种不利的威胁。创新活动正是从发现和利用旧秩序内部的这些不协调现象开始的。不协调现象为创新提供了契机。

旧秩序中的不协调现象既可存在于系统的内部，也可产生于对系统有影响的外部。就系统的外部说，有可能成为创新契机的变化主要有：

(1) 技术的变化，可能影响企业资源的获取、生产设备和产品的技术水平。

(2) 人口的变化，可能影响劳动市场的供给和产品销售市场的需求。

(3) 宏观经济环境的变化。迅速增长的经济背景可能给企业带来不断扩大的市场，而整个国民经济的萧条则可能降低企业产品需求者的购买能力。

(4) 文化与价值观念的转变，可能改变消费者的消费喜好或劳动者对工作及其报酬的态度。

就系统内部来说，引发创新的不协调现象主要有：

(1) 生产经营中的瓶颈影响了劳动生产率的提高或劳动积极性的发挥，因而始终困扰着企业的管理人员。产生瓶颈的原因，既可能是某种材料的质地不够理想，且始终找不到替代品，也可能是某种工艺加工方法的不完善，或是某种分配政策的不合理。

(2) 企业意外的成功和失败，如派生产品的销售额及其利润贡献不动声色地、出人意料地超过了企业的主营产品，老产品经过精心改进后，结构更加合理、性能更加完善、质量更加优异，但并未得到预期数量的订单……这些出乎企业意料的成功和失败，往往可以把企业从原先的思维模式中"驱赶"出来，从而可以成为企业创新的一个重要源泉。

企业的创新，往往就是从密切地注视、系统地分析社会经济组织在运行过程中出现的不协调现象开始的。

2. 提出构想

敏锐地观察到了不协调现象产生以后，还要透过现象究其原因，并据此分析和预测不协调现象的未来变化趋势，估计它们可能给组织带来的积极或消极后果，并在此基础上，努力利用机会或将威胁转换为机会，采用头脑风暴、德尔菲法、畅谈会等科学的方法提出多种解决问题，消除不协调现象，使系统在更高层次实现平衡。

3. 迅速行动

创新成功的秘密主要在于迅速行动。提出的构想可能还不完善，甚至可能很不完善，但这种并非十全十美的构想必须立即付诸行动才有意义。"没有行动的思想会自生自灭"，这句话对于创新思想的实践尤为重要，一味追求完美，以减少受讥讽、被攻击的机会，就可能错失良机，把创新的机会白白地送给自己的竞争对手。创新的构想只有在不断地尝试中才能逐渐完善，企业只有迅速地行动才能有效地利用"不协调"提供的机会。

4. 坚持不懈

构想经过尝试才能成熟，而尝试是有风险的，不可能"一箭中的"，可能会失败。创新的过程是不断尝试、不断失败、不断提高的过程。因此，创新者在开始行动以后，为取得最终的成功，必须坚定不移地继续下去，绝不能半途而废，否则便会前功尽弃。要在创新中坚持下去，创新者必须有足够的自信心，有较强的忍耐力，能正确对待尝试过程中出现的失败，既为减少失误或消除失误后的影响采取必要的预防或纠正措施，又不把一次"战役"（尝试）的失利看成整个"战争"的失败，要认识到创新的成功只能在屡屡失败后才能获得。

10.3.2 创新组织

有效的管理者不仅要根据管理创新的规律对自己的工作进行创新,而且更主要的是组织下属人员创新。管理创新不是去计划和安排某个组织成员在某个时间去从事某种创新活动,这在某些时候也许是必要的,但更重要的是管理者要为下属的创新创造条件、创造环境,以有效地组织企业系统内部的管理创新。

1. 创新主体

创新活动的组织者是创新主体,根据创新的定义,就企业管理而言,创新的主体应包含以下一些人员。

(1) 企业家。企业家是指从事企业管理实践的有管理支配力的高级管理人员。企业家由于所处的特殊地位往往会对管理创新产生重大的影响,或在管理创新过程中扮演重要的角色,因此许多人会误认为某项管理创新是某一企业家所为,事实并非如此。事实上,我们也不要求所有的企业家都像先知先觉者那样一定要有创意的产生,一个企业家如能善用别人或下属员工的创意,同样是一名优秀的企业家,但此时他不是管理创新的主体。也有一些企业家有自己的创意,并在自己任职期间设计具体操作方案并加以实施,这些企业家才是严格意义上的管理创新主体。

(2) 管理者。企业中有许多管理者,在专业分工条件下对自己职责范围内的事务、人员、资源进行管理。这些管理领域如人事、财务、生产、营销等均处于管理创新的空间范围内。如果从事这些工作的管理者的确拥有创意并加以有效实施,他们也可以成为管理创新的主体。只是,这一阶层的管理者,他们的行为要受到上级领导的约束,受到自身权力的约束,他们有创意并不一定能够实施,因为这一创意要得到上级的赞许,否则就要冒被"炒鱿鱼"的风险。相反,一旦该创意被上级认可,这些管理人员便可在自己的领域内大胆创新,成为管理创新的主体。

对一个要取得成功的企业、一个有远见的企业家而言,应该充分重视企业中管理人员成为管理创新主体的可能性。如果一个企业中许多管理人员都在进行管理创新的探索,那么这个企业必定无往而不胜。这就产生了另一个问题,即企业家即便自己不是管理创新主体,也应该发掘和培养本企业的管理创新主体,就像企业需要拥有一支技术或产品创新的人员队伍一样。事实上,从事企业某些专业领域的管理工作的管理工作者可以成为很好的管理创新主体,他们所取得的管理创新成果也可能是非常了不起的。

(3) 企业员工。企业员工也可以是管理创新的主体,但作为个人的员工却难以成为管理创新的主体,因为单个员工在企业中属于操作层,其工作仅涉及管理创新的边缘,何况单个员工会受到上司多方面的控制,虽有创意也难以在工作中进行实践以至成功。作为个人的员工虽难以成为管理创新的主体，但作为一个群体的员工却往往能成为管理创新的主体，这是因为作为群体的员工可以产生大量的创意，即俗话所说的"三个臭皮匠顶个诸葛亮"。例如，1986年日本全国职工提出的合理化建议（创意）多达4 792万件，每个员工平均达24.7件，采用率也高达94.5%，创造效益3 089亿日元。许多大企业员工每年提出的合理化建议，都是以百万项计算的。

当作为群体的员工们的创意得到企业家认可并决定试行时，这些员工们就成为了真正的管理创新主体，因为他们在每日的工作过程中就可以尝试实践。日本企业通过员工的各种小群体活动的形式，全员性地参与管理创新，如质量管理小组、合理化建议制度、无缺点运动、创造发明委员会等，创造了许多后来广泛流传的管理创新成果。

补充阅读资料10.3

海尔鼓励员工创造力的制度

《海尔企业文化手册》明确规定了海尔的各项奖励制度。

海尔奖：用于奖励本集团内各个岗位上的职工对企业所作出的突出贡献。

海尔希望奖：用于奖励企业员工创造的小发明、提出的小改革及合理化建议。

命名工具的规定：凡本集团内员工发明、改革的工具，如果明显提高了劳动生产率，可由所在工厂逐级上报厂职代会研究，以发明者或改革者的名字命名，公开表彰宣传。1998—2002年，海尔集团共收到合理化建议13.6万条，采用了7.8万条，创造效益4.1亿元。青年女工杨晓玲用业余时间发明了一种扳手，大幅度提高了产品质量合格率，企业为此将其命名为"晓玲扳手"，从而进一步激发了员工创新发明的积极性。此后，"云燕镜子""启明焊枪""申强挂钩""峰远过渡轮""姚鹏支撑台"等一大批员工发明和革新成果涌现出来。如今，员工技术创新和发明已成为海尔的一道亮丽风景。

资料来源：《海尔内部宣传手册》。

2. 创新活动的组织

(1) 做好创新活动的带头人和组织者。组织管理者要正确理解和扮演"管理者"角色，克服一般管理者中存在的维持现状的管理思想，带头创新，并将组织的每一个人的创新作为自己的责任，努力为企业成员提供和创造一个有利于管理创新的环境，积极鼓励、支持、引导企业成员进行创新。

(2) 创造促进管理创新的组织氛围。促进管理创新的最好方法是大张旗鼓地宣传创新、激发创新、树立"无功便是过"的观念，使每个人都认识到企业聘用自己的目的，不是简单地用既定的方式重复程序化的操作，而是希望自己去探索新的方法,找出新的程序,只有不断地去探索、去尝试才有继续留在企业的资格。因此,要使企业保持旺盛的生命力,就应当不断创新,在组织内部营造一种人人想创新、时时想创新、事事敢创新、无处不创新的良好环境。日本企业就比较重视创新。日本之所以能以二战战败国的身份重新成为一个世界性的经济强国,主要受益于日本政府、企业、个人对创新活动的重视、提倡与参与。

(3) 制订弹性计划。管理创新意味着打破旧的规则,意味着时间和资源的计划外占用,因此,创新要求企业的计划必须具有弹性。管理创新需要思考,思考需要时间。把每个人的每个工作日都安排得非常紧凑,对每个人在每时每刻都实行"满负荷工作制",则管理创新的许多机遇便不可能发现,管理创新的构想也无条件产生。同时,管理创新需要尝试,而尝试需要物质条件和试验的场所。要求企业每个部门在任何时间都严格地制订和执行严密的计划,则创新会失去基地,而永无尝试机会的新构想就只能留在人们的脑子里或图纸上,不可能给企业带来任何实际的效果。因此,为了使人们有时间去思考、有条件去尝试,企业制订的计划必须具有一定的弹性。

(4) 正确对待失败。管理创新的过程是一个充满着失败的过程。作为组织的管理者,甚至是组织的普通员工,应当正确对待创新工作中可能有的失败。一方面,应当允许失败。失败是创新过程中的必然环节,是成功的必经之路。另一方面,要从失败中吸取教训,找出失败的原因,为后续工作积累经验,为实现创新的最终目标而努力。

(5) 建立激励机制。管理创新的原动力之一是个人的成就感、自我实现的需要,但是如果创新的努力不能得到企业或社会的承认,不能得到公正的评价和合理的奖励,则会渐渐失去继续创新的动力。因此,必须建立起合理的激励机制。

一是物质激励与精神激励相结合。奖励是组织对创新工作的充分肯定,包括物质奖励和精神奖励。对管理创新者个人而言,物质上的奖励只在一种情况下才是有用的:奖金的多少首先被视作衡量个人的工作成果和努力程度的标准。而精神上的奖励也许比物质报酬更能满足驱动人们创新的心理需要。因为,从经济的角度来考虑,物质奖励的效益要低于精神奖励——金钱的边际效用是递减的。

二是奖励不能视作"不犯错误的报酬",而应是对待特殊贡献,甚至是对希望作出特殊贡献的努力的报酬。奖励的对象不仅包括成功以后的创新者,而且应当包括那些成功以前甚至是没有获得成功的努力者。就企业的发展而言,也许重要的不是创新的结果,而是创新的过程。

三是奖励要既能促进内部的竞争,又能保证成员间的合作。内部的竞争与合作对管理创新都是重要的:竞争能激发每个企业成员的创新欲望,从而有利于创新机会的发现、创新构想的产生;而过度的竞争则会导致内部的各自为政,互相封锁甚至恶意敌对;协作能综合各种不同的知识和能力,从而可以使每个创新的构想都更加完善,但没有竞争的合作难以区别个人的贡献,从而会削弱个人的创新欲望。

因此,要保证竞争与合作的有效结合。

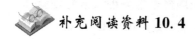
补充阅读资料 10.4

IBM 的创新策略

IBM 1914 年创建于美国,是世界上最大的信息工业跨国企业,在过去的一百多年里,IBM 始终以超前的技术、独树一帜的产品引导着信息产业的发展,凭借其创新的活力在业界表现始终一枝独秀。

1. 重视沟通的作用

IBM 非常重视沟通的作用,把沟通看成激励员工创新的重要手段。IBM 经常会为员工的非正式交流提供一定的支持,很多创新的想法都是在这种交流中产生的。为了保证员工的发明与客户的需求紧密结合,IBM 在内部研究部门与产品部门之间建立了一套成熟的交流体制。IBM 的员工有一个相对宽松的研究环境和自由的研究氛围,不但鼓励团队内部不同成员间的交流,还提倡不同领域、不同行业间的交流,因为不同的的人知识背景和经验不同,因此产生的想法也就不同。

2. 将创新制度化

一些优秀企业常常把创新制度化,IBM 的"革新人员计划"便是其中的一个例子。在 IBM,经常有一些人员被称为"梦想家""天才",他们很受重视,从来没有一家公司像 IBM 一样为这些人提供这么多的位置来专门从事"革新制度"的研究。

为了激发科技人员的创新欲望,公司采取了一系列别出心裁的激励创新人员的制度。对于成功创新者,公司会授予他们"IBM 会员资格",还提供 5 年的时间和必要的物质支持,让创新者有足够的时间和资金进行创新活动。IBM 的这种措施可谓"一箭双雕",它既可以使创新者得到一定的物质奖励,还可以满足其成就感。此外,还可以以此留住人才,鼓励他们为提高公司的业绩而更加努力地去创新。

3. 大量的资金投入

IBM 认为,保障创新一在人才,二在投入。IBM 每年投资 50 亿美元用于技术研发。大规模的投入换来了丰硕成果,在过去的十几年中,IBM 是全球获得专利最多的企业,共获得 28 000 多项美国专利,远远超过惠普、戴尔、微软、SUN 等公司专利数的总和。

资料来源:根据世界经理人网站《IBM 与 3M 的创新策略》资料改写,详见 http://cio.ctocio.com.cn/ponglun/169/6680669.shtml。

本章小结

创新是一种思想以及在这种思想指导下的实践,创新是一种原则以及在这种原则指导下的具体活动。现代组织管理必须不断地调整其活动,发挥创新功能,以适应外部环境的变化。从创新的规模与创新对组织的影响大小来分类,创新可分为局部创新与整体创新;从创新与环境的关系来分,可将其分为消极防御型创新与积极攻击型创新;从创新发生的时期来看,可将其分为系统初建期的创新和运行中的创新;从创新的组织程度上看,可分为自发创新与有组织的创新。

创新主要包括思维创新、技术创新、制度创新、结构创新四个方面。

创新是一个非常复杂的过程,是对旧事物的否定、对新事物的探索,有一定的内在规律性。总结各种创新的基本情况,创新过程可以归纳为以下几个步骤:寻找机会、提出构想、迅速行动、坚持不懈。创新的主体包括企业家、管理者和员工。创新主体要正确扮演好创新活动的角色,制订弹性计划,建立激励机制,营造创新氛围,推动组织创新。

基本训练

一、知识训练

(一) 复习题

1. 单项选择题

(1) (　　)是企业技术创新的核心内容。

A. 要素组合方法的创新　　　　　B. 产品创新

C. 要素创新　　　　　　　　　　D. 人事创新

(2) (　　)是决定企业其他制度的根本性制度。

A. 人事制度　　B. 经营制度　　C. 产权制度　　D. 管理制度

(3) 从(　　)来看,可将创新分为系统初建期的创新和运行中的创新。

A. 创新的规模及创新对系统的影响程度　　B. 创新与环境的关系

C. 创新发生的时期　　　　　　　　　　　D. 创新的组织程度

(4) (　　)的目的在于更合理地组织管理人员的努力,提高管理劳动的效率。

A. 制度创新　　B. 目标创新　　C. 技术创新　　D. 组织创新

(5) 根据熊彼特的观点,一个国家或地区经济发展的快慢和发展水平的高低,在很大程度上取决于(　　)。

A. 资源的丰富程度

B. 居民的教育程度

C. 投资的多少

D. 该国或该地区拥有创新精神的企业家数量以及这些企业家在实践中创新的努力

2. 多项选择题

(1) 从创新与环境的关系分析,可将创新分为(　　)。

A. 局部创新　　B. 消极创新　　C. 积极创新　　D. 整体创新

E. 自发创新

(2) 企业制度创新主要包括( )。
A. 产权制度创新   B. 治理结构创新   C. 人事制度创新
D. 管理制度创新   E. 用工制度创新

(3) 技术创新的主要包括( )。
A. 结构创新   B. 产品创新   C. 工艺创新   D. 服务创新
E. 思维创新

(4) 创新的过程包括( )。
A. 寻找机会   B. 提出构想   C. 迅速行动   D. 坚持不懈
E. 总结提高

(5) 促进创新的奖酬制度应符合的条件有( )。
A. 奖励不能视作"不犯错误的报酬"
B. 注意物质奖励与精神奖励的结合
C. 奖励越多越好
D. 奖励制度要既能促进内部竞争,又能保证成员间的合作
E. 企业量力而行

3. 简答题
(1) 怎样理解管理创新的概念?
(2) 联系实际,简述怎样组织创新活动。

(二) 讨论题

背景资料

有三个庙,这三个庙离河都比较远。怎么解决吃水问题呢?第一个庙,三个和尚商量,咱们搞个接力吧,每人挑一段。第一个人从河边挑到半路,停下来休息,第二个人继续挑,然后传给第三个人挑到缸边倒进去,之后再接着挑。这样接力,他们从早到晚不停地挑,大家都不太累,水缸很快就被挑满了水。这是协作的办法,可以叫"机制创新"。第二个庙,老和尚把三个徒弟叫来,说我们立下了新的庙规,引进了竞争机制,你们三个人都去挑水,谁水挑得多,晚上吃饭加一道菜;谁水挑得少,吃白饭,没菜。三个和尚拼命去挑,一会儿水缸就被挑满了。这个办法叫"管理创新"。第三个庙,三个小和尚商量,天天挑水太累,咱们想办法。山上有竹子,把竹子砍下来接在一起,把竹子掏空,一端架在水缸上,另一端高高地架在河边。第一个和尚通过辘轳把一桶水摇上去,第二个和尚专管倒水,第三个和尚在地上休息。三个人轮流换班,一会儿水缸就满了。这叫"技术创新"。

问　　题

结合本章所学知识,谈谈你对资料中三个庙的和尚取水方法的认识。

二、能力训练

案例分析

"春兰集团"的创新型矩阵管理

1999年年底,"春兰集团"提出了"创新型矩阵式管理"。"春兰集团"的创新型矩阵管理有一个"16字方针",主要内容是"横向立法、纵向运行、资源共享、合成作战"。前8个字重点解决集团和产业公司集权与分权的矛盾,力求放而不乱,提高运行效率。所谓"纵向运行",指按产业公司运行的特点,以产业为纵向;"横向立法",是指针对原来管理有所失控的问题,将集团的法律、人力、投资、财务、信息等部门划属横向部门,负责制定运行的规则,并依据规则对纵向运行部门实施监管。这样一来,横向部门负责"立法"并监管,纵向部门依然"大权在握",能充分发挥主观能动性和积极性,不过是在"法"定的圈子里,要依"法"运行。"16字方针"中的后8个字,重点解决原来资源不能共享的问题。办法是将横向职能部门划分为A系列和B系列,制定运行规则("立法")的是横向职能部门中的A系列;B系列则负责实现对"春兰集团"内部资源的共享,为产业公司提供专家支持和优质服务。

矩阵管理的主要措施:

1. 横向职能的管理模式

(1) 制定规则。横向职能系统在集团公司的授权下,按照国家经济法规、政策,国家经济发展方针及市场游戏规则,根据集团公司的发展战略和总体目标,负责制定或修改各项规章制度,并以集团公司名义颁布实施。

(2) 进行监管。公司各职能副总裁和职能部门依据各项规章制度对各生产经营单位的业务活动进行监督、审查。发现违规现象,要及时进行处理。

(3) 提供支持。集团公司各职能部门对所有生产经营单位的生产经营活动给予专家级支持和优质服务,协助其处理好各种业务问题,共同完成经营目标。

2. 按纵向运行系统的运作模式开展生产经营活动

纵向运行系统按照集团确定的中长期发展战略、经营目标和制定的各项规章制度以及各产业公司及下属单位的职责,围绕各自的年度计划目标和月度经济目标、任务,开展生产和经营活动,努力实现各自的经营目标和生产任务。

3. 明确横向立法和纵向运行系统的关系

矩阵管理的纵向运行系统和横向立法系统都是在同一个层面上,它们之间既互不干扰,又相互联系,都必须接受CEO的领导。横向部门负责"立法"并监管,纵向部门依然"大权在握",从而充分发挥了两者的主观能动性和积极性,依法运行。

4. 构筑四个管理平台

按照矩阵管理"16字方针",构建物资采购、产品营销、科技管理、财务管理四个管理平台,对相关的业务流程进行调整、重组,构成新的业务流程。

　　　　资料来源:周三多. 管理学习题与案例[M]. 北京:高等教育出版社,2013.

问　题

结合本章的内容,谈谈"春兰集团"的组织创新体现在哪些方面?

分析提示

横向职能的管理模式;按纵向运行系统的运作模式开展生产经营活动;明确横向立法和纵向运行系统的关系;构筑四个管理平台。

参 考 文 献

[1] 哈罗德·孔茨,海因茨·韦里克. 管理学[M]. 马春光,译. 北京:经济科学出版社,1998.
[2] 斯蒂芬·罗宾斯,马丽·库尔特. 管理学[M]. 孙健敏,译. 北京:中国人民大学出版社,2004.
[3] 杨善林. 企业管理学[M]. 北京:高等教育出版社,2004.
[4] 周三多. 管理学习题与案例[M]. 北京:高等教育出版社,2013.
[5] 吴照云. 管理学[M]. 北京:经济管理出版社,2006.
[6] 周三多,陈传明,鲁明泓. 管理学:原理与方法[M]. 上海:复旦大学出版社,2003.
[7] 冯国珍. 管理学习题与案例[M]. 上海:复旦大学出版社,2011.
[8] 尤利群. 现代管理学[M]. 杭州:浙江大学出版社,2003.
[9] 单凤儒. 管理学基础[M]. 北京:高等教育出版社,2005.
[10] 徐二明. 企业战略管理[M]. 北京:中国经济出版社,1998.
[11] 芮明杰. 管理学:现代的观点[M]. 上海:上海人民出版社,1999.
[12] 王金台. 管理学[M]. 长春:吉林大学出版社,2010.
[13] 徐国良,王进. 企业管理案例精选简析[M]. 北京:中国社会科学出版社,2009.
[14] 陈劲,郑刚. 创新管理[M]. 北京:北京大学出版社,2013.
[15] 季辉,冯开红. 管理学原理[M]. 北京:北京大学出版社,2007.
[16] 藏有良,暴丽艳. 管理学原理[M]. 北京:清华大学出版社,2007.
[17] 杨文士,焦权斌,张雁,等. 管理学原理[M]. 北京:中国人民大学出版社,2004.
[18] 郭咸纲. 西方管理学说史[M]. 北京:中国经济出版社,2003.
[19] 希尔,琼斯,周长辉. 战略管理[M]. 孙忠,译. 北京:中国市场出版社,2007.
[20] 李福海. 管理学新论[M]. 成都:四川大学出版社,2002.
[21] 孙慧中. 管理学原理[M]. 北京:中国财政经济出版社,2004.
[22] 黄速建. 现代企业管理:变革的观点[M]. 北京:经济管理出版社,2002.
[23] 肖旭,赵宏,梁莉丹. 现代企业组织管理创新[M]. 广州:中山大学出版社,2007.
[24] 余凯成,程文文,陈维政. 人力资源管理[M]. 大连:大连理工大学出版社,2002.
[25] 徐光华,暴丽艳. 管理学:原理与应用[M]. 北京:清华大学出版社,2004.
[26] 蒋永忠,张颖. 管理学基础[M]. 北京:清华大学出版社,2007.